경매의 정도

이 정도는
알아야지

경매의
정도 正道

지지옥션

이기는 경매를 위한 경매실무 지침서가 되기를

이 책은 『경매의 정도(正道)』라는 제목에서 보듯이 민사집행법 법조문을 꼼꼼히 분석하는 심오한 이론서를 지향하는 책이 아니다. 그보다는 부동산에 대한 기본적인 지식에서부터 경매 실무에 필요한 제반 절차, 고수익과 직결되는 유치권이나 법정지상권 및 공유지분 등의 특수조건과 관련 있는 물건을 선별(낙찰)하는 요령과 사후 대응방법, 그리고 경매의 절반이라는 명도에 이르기까지, 철저하게 실무 중심적인 지침서이다.

경매 대중화 시대를 열다

경매절차가 호가입찰제에서 1993년 서면입찰제로 바뀐 데 이어 2002년 민사집행법이 시행(민사소송법 강제집행편이 분리)되면서 인도명령대상자가 매수인에게 대항력이 없는 모든 점유자로 확대되고, 매각허가결정에 대하여 항고를 할 때 모든 항고인에게 항고보증금을 공탁하게 하는 등 매수인(낙찰자)과 채권자를 보호하는 방향으로 제도가 정비되었다. 이를 계기로 경매교육(학원)이 성행하고, 경매가 전문적인 직업이자 투자수단(재테크)으로 각광받으면서 경매에 대한 관심이 실수요자들을 넘어 날로 대중화되고 있다.

대중화로 매각가율은 상승, 수익률은 하락

경매가 대중화된 주요 이유는 제도의 정비 외에도 부동산을 매매시장보다 저렴하게 구입할 수 있다는 기대감, 즉 싸다는 인식이 확산되었기 때문이다. 다만 경매시장도 수요와 공급에 의하여 시장가격(매각가율)이 형성될 수밖에 없는데, 공급(경매물건 수)은 감소하고 수요는 증가(대중화)하다 보니 매각가율은 올라가고 수익률은 떨어질 수밖에 없게 되었다.

수익률이 하락하면 시장을 떠나는 이들이 늘어나는 것이 보통이다. 그러나 날로 거세지는 구조조정의 압력 등으로 조기 퇴직자(명퇴자)가 증가하고, 프랜차이즈를 포함한 대부분의 자영업자들은 현상유지조차 어려운 것이 우리 현실이다. 그러다 보니 경매만 한 투자업종이 많지 않다는 기대감으로 시장을 떠나지 못하고, 특수조건이 붙은 경매물건 등 수익성이 높은 물건으로 방향을 선회하는 경향을 보이고 있다.

권리분석에 강하면 고수익이 보장된다

'권리분석을 잘한다' 또는 '경매업계의 고수'라는 말은 고시(考試)를 볼 정도로 이론에 밝다는 것이 아니라 뭐니 뭐니 해도 수익률이 높다는 의미일 것이다. 즉 경매를 통하여 고수익을 올릴 수 있어야 권리분석을 잘하는 것이고 업계의 고수라고 할 수 있는 것이다.

좀 더 구체적으로 말하면 부동산에 대한 기본적인 이해와 더불어 경매의 기초지식부터 명도까지 소홀히 하지 않고, 고수익의 가능성이 높은 경매물건을 선별할 수 있어야 하며, 그 물건에 대한 기본적인 권리분석과 특수조건을 능숙하게 해결할 수 있어야 한다. 한마디로 고수가 되려면 기초가 튼튼해야 하는 것이다. 무엇이든 기본이 없으면 사상누각(砂上樓閣)에 불과하다.

특수조건에 관심을 집중하자

경매를 할 것이므로 '무엇을' 할 것인가는 정해져 있다. 이제 '어떻게' 할 것인가를 정하면 된다. 경매시장은 가만히 앉아서 감 떨어지기를 기다리면 되는 시장이 아니다. 열정이 있는 노력만이 경매시장에서 승리하는 길이다.

즉 부동산과 경매의 기본 지식을 습득하고, 경험을 쌓으면서 이른바 특수조건이라고 불리는 유치권, 법정지상권, 건물만 매각대상인 사건, 공유지분, 누군가 입찰보증금을 포기한 재매각사건, 선순위 등기권리(가등기, 가처분, 전세권, 임차권), 대항력 있는 임차인 문제, 토지 별도등기, 대지권미등기, 입찰(평가) 외 물건(분묘, 수목, 비닐하우스, 기계기구, 컨테이너 등)이 있는 사건 등에 관심을 집중하여 분석하고 투자하자. 경매의 고수, 투자의 달인이 되는 지름길이 보일 것이다.

『경매의 정도-이 정도는 알아야지』는 현업에 종사하고 있거나 창업을 준비하는 공인중개사, 공인중개사 시험을 준비하는 수험생과 경매강좌 수강생, 경매 컨설팅 실무에 종사하려고 준비하는 사람, 경매실무 지식을 습득하여 재테크의 일환으로 활용하고자 하는 독자들을 대상으로 하는 '경매실무 지침서'임을 다시 한 번 밝혀둔다. 필자의 뜻을 헤아려줄 수 있는 독자들에게 조금이나마 도움이 되기를 간절하게 바라는 마음이다.

끝으로 이 책이 세상의 빛을 볼 수 있도록 흔쾌히 출판을 허락해주신 지지옥션 강명주 회장님과 이명숙 사장님, 편집과 교정에 심혈을 기울여주신 강은 팀장님, 이창동 선임연구원, 법무팀 이주현 선임연구원, 이경희 연구원, 김광훈 연구원, 강연진 연구원에게 진심으로 감사를 표한다.

아울러 바쁜 와중에도 법률자문과 실무 조언에 적극적으로 협조해주신 을지법무법인 대표변호사 김시격님, 30년 공직을 마감하고 새출발하시는 김귀찬 변호사님, 공인중개사 학원가의 대표강사 한병용님에게도 깊은 감사를 전한다.

2018년 새해를 여는 정월에 김 부 철

차례

차례

차례

CHAPTER 1

경매,
시작이 반이다

01
경매의 기본, 부동산의 이해

공동주택의 기준

부동산의 종류 부동산이란 '토지와 그 정착물(민법 제99조)'을 말하므로 부동산의 종류 또한 토지와 그 정착물로 한정된다. 여기서 정착물이란 건물, 수목, 교량, 돌담 등을 포함하지만 등기할 수 있는 부동산은 건물뿐이다. 즉 부동산은 토지와 건물이다.

그리고 토지는 정당한 이익이 있는 범위 내에서 상하(공중과 지하)를 포함하는 개념이며, 이러한 토지와 건물이 경매의 대상이다. 그 밖에 특별법에 의한 공장재단, 광업재단, 입목과 기타 등록이 가능한 자동차, 중기, 선박, 항공기 등도 경매의 대상이 될 수 있다. 다만 등기나 등록이 불가능한 경우에는 유체동산 경매절차를 통하여 매각(집행)한다.

토지 지목의 종류 토지에 인위적인 선을 그어 구분하고 그 각각의 토지 용도마다 이름을 정하게 되는데, 이를 지목(地目)이라고 한다. 현행 공간정보관리법(구 지적법)상 지목은 28가지로 구분되며, 하나의 필지에 한 개의 지목을 부여하는 '일필일목'의 원칙이 적용된다.

지목의 종류는 전(田), 답(畓), 과수원, 목장용지, 임야, 광천지, 염전, 대지(垈地), 공장용지, 학교용지, 도로, 철도용지, 하천, 제방, 구거(소규모의 수로부지), 유지(일정한 구역에 물이 고여 있거나 물을 저장하는 곳), 수도용지, 공원, 체육용지, 유원지, 종교용지, 사적지, 묘지, 주차장, 주유소용지, 창고용지, 양어장, 잡종지(다른 지목에 속하지 아니하는 토지) 등 28개 지목으로 분류된다(공간정보관리법 제67조).

주택의 종류

주택은 크게 단독주택과 공동주택으로 구분하며(건축법시행령 제3조의5), 1세대 1주택 양도소득세 비과세대상을 판단할 때 중요한 기준이 된다.

▇ 단독주택

① **단독주택**(단독주택 형태를 갖춘 가정 어린이집을 포함)

② **다중주택**

다음의 요건 모두를 갖춘 주택을 말한다.

　가. 학생 또는 직장인 등 다수인이 장기간 거주할 수 있는 구조로 되어 있을 것

　나. 독립된 주거의 형태가 아닐 것

　다. 연면적이 330m^2(약 100평) 이하이고 층수가 3층 이하일 것

③ **다가구주택**

다음의 요건 모두를 갖춘 주택으로서 공동주택에 해당하지 아니하는 것을 말한다.

　가. 주택으로 쓰이는 층수(지하층 제외)가 3개 층 이하일 것 : 다만 1층 전부를 필로티 구조로 하여 주차장으로 사용하

는 경우에는 필로티 부분을 층수에서 제외한다.

나. 1개 동의 주택으로 쓰이는 바닥면적(지하주차장 면적 제외)의 합계가 660㎡(약 200평) 이하일 것

다. 19세대 이하가 거주할 수 있을 것

2 공동주택

공동주택 형태를 갖춘 가정 어린이집을 포함하며, 층수를 산정할 때 1층 전부를 필로티 구조로 하여 주차장으로 사용하는 경우에는 필로티 부분을 층수에서 제외하고, 지하층 부분도 층수에서 제외한다.

① 아파트

주택으로 쓰이는 층수가 5개 층 이상인 주택

② 연립주택

주택으로 쓰이는 1개 동의 연면적(지하주차장 면적 제외)이 660㎡(약 200평)를 초과하고, 층수가 4개 층 이하인 주택

③ 다세대주택

주택으로 쓰이는 1개 동의 연면적(지하주차장 면적 제외)이 660㎡(약 200평) 이하이고, 층수가 4개 층 이하인 주택(2개 이상의 동을 지하주차장으로 연결하는 경우에는 각각의 동으로 본다)

④ 기숙사

학교 또는 공장 등의 학생이나 종업원 등을 위하여 사용되는 것으로서 1개 동의 공동취사시설 이용 세대수가 전체의 50% 이상인 주택

건폐율과 용적률

■ 건폐율

건축면적의 대지면적에 대한 비율을 말한다. 예를 들어 대지 100평에 바닥면적 60평의 건물이 있거나 신축(층수와는 무관)하는 경우에 건폐율은 60%가 된다. 건폐율을 정하는 것은 건축물의 밀집을 방지하고 일광, 통풍, 연소의 차단, 방화, 피난 등에 필요한 공지를 확보하기 위함이다. 건폐율은 용도지역(주거지역, 상업지역, 공업지역, 녹지지역)별로 차등 적용되고 있다.

② 용적률

건물면적의 합계(전체 층의 연면적)에 대한 대지면적의 비율을 말한다. 예를 들어 대지 100평에 건물 60평짜리 5층 건물이 있다면 건물면적의 합계는 300평이며, 이때의 용적률은 300%이다. 다만 지하층(건물 바닥으로부터 지표면까지의 평균높이가 당해 층 높이의 1/2 이상인 것)은 용적률 산입에서 제외하며, 연면적 산입에만 포함된다.

등기의 종류

부동산에 대한 등기는 형식에 따라 주등기(독립된 표시번호나 순위번호를 가짐)와 부기등기, 효력에 따라 종국등기와 예비등기(가등기, 예고등기 등)로 구분하며, 내용에 따라서는 다음과 같이 구분할 수 있다.

▮ 기입(記入)등기

등기부에 새로운 사항을 적어 넣는 등기를 말하며 소유권 보존등기, 이전등기, 각종 설정등기 등이 이에 해당한다.

▮ 경정(更正)등기

등기절차에서 잘못 행하여진 것을 정정하는 등기로, 소유자의 성명이나 주소 등을 오기(誤記)한 경우 이를 바로잡는 등기를 말한다.

▮ 변경(變更)등기

정상적으로 행하여진 등기내용 중 변동사항이 발생한 경우의 등기를 말하며, 소유자의 주소가 변경되었거나 근저당권 설정금액이 변경된 경우의 등기이다.

▮ 말소(抹消)등기

정상적으로 행하여진 등기내용을 지우는(朱抹) 등기를 말하며, 변제 등으로 근저당권 등을 말소하는(지우는) 등기이다.

▮ 회복(回復)등기

부당하게 말소된 등기를 원상으로 되돌리는 등기를 말한다.

▮ 멸실(滅失)등기

정상적으로 등기되어 있던 기존의 부동산이 건물의 철거나 화재 등으로 없어진 경우에 하는 등기를 말한다.

**부동산 등기의
일반원칙**

부동산 등기란 등기부등본(등기사항증명서)이라는 공적인 장부에 부동산의 현황 및 그에 따른 권리관계를 기재하는 것을 말하며, 다음과 같은 일반적인 원칙들이 있다.

▪ 당사자 공동신청주의

당사자 공동신청주의란 등기권리자(권리취득자)와 등기의무자(권리이전자)가 동시에 등기소에 출석하여 등기를 신청해야 한다는 원칙이다. 그러나 양 당사자의 위임장(인감도장 날인)과 인감증명서를 지참한 대리인의 신청도 가능하며, 실무에서는 오히려 법무사 등을 통한 대리신청이 일반적이다.

▪ 물적 편성주의

등기부등본에는 하나의 부동산, 즉 한 필지의 토지나 한 개 동의 건물에 대하여 하나의 등기부 용지를 사용하여 편성한다는 원칙을 말한다. 이는 부동산에 관한 법률을 명확하게 공시하여 부동산 거래의 안전을 꾀하려는 데 그 목적을 두고 있다. 부동산을 소유자별로 편성하는 인적 편성주의에 대응하는 개념이다.

❸ 형식적 심사주의

실질적 심사주의에 대응하는 개념으로, 등기 공무원은 등기 신청인이 제출한 서류가 형식에만 부합하면 반드시 등기를 해주어야 한다는 원칙이다. 등기내용이 실질적인 권리관계에 부합하는지 여부는 심사하지 않는다는 뜻이며, 이 점 때문에 우리나라 등기는 공신력이 없다고도 말한다.

❹ 공시의 원칙

부동산에 관한 법률행위로 인한 물권의 득실 변경(권리관계의 변동)은 반드시 등기를 해야만 그 효력을 인정한다는 원칙이다. 예외적으로 경매(낙찰), 판결, 상속, 기타 법률의 규정에 의한 물권의 취득은 그 효력 발생일에 등기가 없어도 소유권의 취득을 인정하지만, 처분을 하기 위해서는 등기가 필수적이다(민법 제187조).

❺ 순위상승의 원칙

순위확정의 원칙에 대응하는 개념으로, 등기부등본상의 을구 선순위가 말소되는 경우에 그다음 순위의 권리가 상승한다는 원칙이다.

등기부등본을 보는 방법

1 등기부의 종류

부동산 등기부등본은 토지 등기부와 건물(집합건물) 등기부, 두 종류로 구분한다.

2 등기부등본의 구성

부동산의 등기부등본은 표제부와 갑구 및 을구 등 세 부분으로 구성되어 있다.

① 일반적으로 표제부는 1장으로 구성되어 있으며, 해당 부동산에 대한 현황, 즉 소재지번, 면적, 지목, 건물의 구조, 사용용도 등이 기재되어 있다. 다만 집합건물(공동주택, 오피스텔 등)에 대한 표제부는 2장으로 이루어지며, 첫 장은 1동 건물 전체의 표제부로, 둘째 장은 전유부분에 대한 표제부로 구성되어 있다.

② 갑구에는 부동산의 소유권에 관한 사항만이 기재되며, 소유권의 이전이나 소유권 행사를 제한하는 가등기, (가)압류, 가처분, 경매개시결정에 대한 기입등기 등이 기재된다.

③ 을구에는 소유권 이외의 사항, 즉 (근)저당권이나 지상권, 전세권 등이 기재된다.

3 등기한 권리의 순위

동일한 부동산에 관하여 등기한 권리의 순위는 법률에 다른 규정이 없는 때에는 등기의 전후에 의한다. 등기의 전후는 등기용지 중 동구(同區)에서 한 등기에 대해서는 순위번호에 의하며, 별구(別區)에서 한 등기의 순위는 접수번호에 의한다(부동산등기법 제4조).

❹ 부기등기와 가등기의 순위

부기등기의 순위는 주등기의 순위에 의하고, 부기등기 상호간의 순위는 그 전후에 의하며, 가등기를 한 경우에 본등기의 순위는 가등기의 순위에 의한다(부동산등기법 제5조).

02

권리분석의 시작, 알쏭달쏭 경매 용어

경매 근원

| 경매란 무엇인가 | 일반적인 채권, 채무관계에 있어서 변제기가 도래하였으나 채무자가 임의로 변제하지 않는 경우에 채권자가 국가기관인 법원의 힘을 빌려(경매신청) 채무자 소유의 재산, 특히 부동산을 '공개경쟁입찰매매'라는 절차를 통해 환가하여 채권자의 채권을 만족시켜주는 제반 절차를 경매라고 한다. |

| 임의경매와 강제경매 | 1990년 이전에는 담보권의 실행을 위한 임의경매 절차는 경매법이 적용되고 집행권원(채무명의)에 기한 강제경매 절차는 민사소송법 강제집행편이 적용되었다. 그러나 1990년 1월 13일 법률 제4201호로써 경매법을 폐지하고 민사소송법에 통합하여 동일한 절차로 운영하고 있기 때문에 이를 특별히 구분하는 데 따른 실익은 크지 않다. 경매절차를 규정하던 민사소송법 강제집행편이 2002년 7월 1일부터 분리되어 민사집행법이 제정, 시행되고 있다. |

1 임의경매

임의경매란 담보권의 실행을 위한 경매를 말한다. 즉 (근)저당권, 전세권, 유치권, 질권, 담보가등기 등의 권리를 가진 채권자가 채무자 임의로 변제기에 채무이행을 하지 아니할 경우에 경매를 신청한 후 담보물을 환가하여 채권을 회수하는 절차이다.

2 강제경매

강제경매란 채권자가 담보물이 아닌 집행권원(채무명의)에 의해서 경매신청을 한 경우, 이를 실현시켜주기 위하여 법원에서 채무자의 부동산을 압류한 후 이를 환가하여 그 매각(낙찰) 대금으로 채권자의 금전채권을 만족시켜주는 절차이다.

집행권원(채무명의)이란 채권자가 채무자에 대하여 급부청구권을 가지고 있음을 표시하는 문서로서, 국가기관(법원)이나 공증기관(합동법률사무소)에서 그 급부청구권을 강제집행할 수 있음을 인정한 공적인 문서를 말한다. 이와 같은 집행권원에는 확정판결, 가집행선고부 판결, 화해조서, 조정조서, 인낙조서, 지급명령결정, 공정증서 등이 있다.

**경매정보
취득방법**

1 일간신문 공고

채권자가 경매를 신청하면 집행법원에서는 경매개시결정을 하고, 이어서 개시결정에 대한 촉탁등기(관할등기소), 감정평가명령(감정평가사), 현황조사명령(집행관), 공과금에 대한 최고(해당 공무소)를 한 후, 매각기일 14일 이전에 일간신문에 공고를 한다. 특정한 부동산에 대하여 경매가 진행된다는 사실을 일간신문에 공고하여 일반인에게 처음으로 알리는 것이다.

이 공고에는 사건번호(타경) 및 물건번호가 기재되고 소재지, 종별(종류), 면적(㎡), 매각기일 및 시간과 장소, 매각결정기일

및 시간과 장소, 감정가격, 최저매각가격, 입찰자 주의사항 등
을 기재한다.

2 매각물건명세서

집행법원은 신문 공고 후 매각물건명세서를 작성하여 매각기
일 7일 전부터 매각기일까지 해당 경매계에 비치(인터넷 공고)
하고, 일반인에게 공람하도록 한다.

매각물건명세서에는

① 부동산의 표시

② 집행관이 조사하여 작성한 점유자의 권원(權原), 점유할
수 있는 기간, 차임, 보증금에 관한 관계인의 진술내용

③ 등기된 부동산에 대한 권리 또는 가처분으로서 매각으
로 효력을 잃지 아니하는 것

④ 매각에 따라 설정된 것으로 보게 되는 지상권의 개요

등을 기재하여야 한다.

입찰에 참여하려는 자는 매각물건명세서를 통하여 보다 상세
한 정보를 얻게 되는데, 이를 잘못 기재하여 매수인이 재산상
의 손해를 입을 때에는 국가가 손해배상 책임을 지기 때문에
매수인의 입장에서는 가장 중요한 문건이다. 매각물건명세서
와 함께 집행관이 작성한 현황조사보고서와 감정평가사가 작
성한 감정평가서 사본도 공개한다.

3 인터넷 경매정보와 정보지(신문)

일간신문이나 대법원 경매정보사이트(www.courtauction.go.kr)에서 공고(제공)하는 경매정보는 경매를 진행하는 데 필요한 기본적인 내용만 포함되어 있다. 따라서 시간과 비용을 절약하기 위해서는 보다 많은 정보가 있고, 권리분석을 해놓은 사설 인터넷 경매정보와 정보지(신문)가 유용하다. 인터넷 경매정보를 제공하는 회사는 유료도 있고 무료도 있지만, 무료로 제공하는 곳은 컨설팅이 주목적일 수 있다는 점을 감안해야 한다. 유료사이트를 이용할 때에는 몇 군데를 비교하여 기본적인 권리분석이 잘되어 있는지는 물론이고, 편집이나 글자체 등 본인의 취향에 맞는 곳을 선택한다.

주의할 것은 유료사이트 경매정보는 '면책고지(免責告知)'를 전제로 제공하고 있으므로 유료로 제공하는 정보는 참고만 하고, 임장활동 등을 통하여 본인이 취득한 내용 및 각종 공부(公簿) 등을 비교분석하여 본인의 책임하에 입찰해야 한다는 점이다. 만약 최고가 매수신고인이 되었는데 혹시라도 권리분석에 필요한 내용 중에 의심 가는 부분이 있다면, 매각결정기일까지 관련 부분에 대한 열람 및 등사 신청을 통하여 최종적인 권리관계를 확인해야 한다. 이때 매각물건명세서에 나타나지 않았던 내용으로 매수인이 불이익을 당할 수 있는 사항이 발견되었다면, 매각불허가 신청 또는 매각허가결정 취소 신청을 하는 등 신속하게 대응책을 마련해야 한다.

**신경매와
재경매**

❶ 신경매

최초의 매각(경매)기일에 실시하는 경매와 매각기일에 입찰자가 없거나 매각(낙찰)이 허가되지 아니하였거나 항고심에서 매각(낙찰)허가가 취소되었을 경우에 새로이 실시하는 경매를 신경매라고 한다.

❷ 재경매

매각(경매)기일에 최고가 매수신고인이 지정되고 이에 대한 매각허가가 있어 대금납부기한이 지정되었으나, 매수인(낙찰자)의 사정으로 대금을 납부하지 못한 경우에 경매법원의 직권으로 새로운 매각기일을 지정하여 실시하는 경매를 말한다.

재매각의 원인은 무엇일까?

재경매(재매각)를 할 경우에 종전 매수인(낙찰자)은 입찰보증금의 반환을 청구할 수 없다(민사집행법 제138조). 입찰보증금을 포기하는 불이익을 당하면서 대금을 납부하지 않는 사건이 전체의 3% 정도나 되는데, 그 주된 이유에 대하여 지지옥션에서는 특수권리 분석의 일환으로 재경매(재매각) 사건의 원인을 분석하여 경매정보와 함께 제공하고 있다.

매수인이 대금을 미납하는 가장 중요한 사유로는 권리분석(각종 인수문제)에 대한 착오가 전체의 60% 정도로 압도적으로 많았으며, 그 외에는 물건분석(물건의 상태와 개발행위)에 대한 착오, 실거래가격 착오, 명도의 난이도 문제, 경락잔금대출 등 매각대금 조달의 어려움, 기타(사유추정 불가) 등이었다.

신경매든 재경매든 응찰자 입장에서 절차상의 차이는 없으나, 재경매를 실시할 때에는 입찰보증금을 할증하여 20% 또는 30%로 경매를 진행한다는 특별매각조건이 붙는 것이 원칙이다. 보증금을 할증하는 주된 이유는 전 최고가 매수신고인이 입찰보증금을 포기하고 대금납부를 하지 않은 사건이므로 주의하라는 경고성 의미를 함축하고 있다.

개별(분할) 경매와 일괄경매

경매는 대지 1필지, 건물 1동 등 각각의 부동산에 대하여 개별적으로 감정하고 최저매각가격을 정하여 입찰에 부치는 개별경매가 원칙이다. 공동담보물의 경매에 있어서도 집행법원에서 각각의 물건에 물건번호를 부여하고, 부여된 물건번호에 따라 입찰하도록 하는 경매도 개별경매이다.

반면에 개별경매를 통해서 매각하는 경우에 이로 인하여 현저한 가치의 감소 등 사회적, 경제적으로 그 필요성이 인정될 때에는 집행법원의 재량으로 전체를 경매에 부칠 수 있는데 이를 일괄경매라고 한다.

매각기일과 매각결정기일

매각기일은 법원에서 일반인을 대상으로 경매를 실시하는 날을 말하며, 일반적으로 1기일에 1회 입찰하는 것이 원칙이나 새로 제정된 민사집행법에서는 1기일에 2회씩 진행할 수 있도록 규정하고 있다. 실제로 2003년 상반기부터 대전지방법원 천안지원에서 시범적으로 실시하는 등 확대 시행되다가 경매물건 진행건수가 급감하면서 2017년 현재 중단되었다. 매각기일에 최고가 매수신고인이 정해지면 7일 후 매각기일의 최고가 매수신고에 대한 허가 여부를 결정하게 되는데, 그 기일을 매각결정기일이라고 한다. 매각허가가 확정되면 30일 이내에 대금납부기한이 잡히지만, 만약 불허가 결정이 내려지면 해당 사유를 보정한 후 다시 매각기일을 정하여 절차를 진행하게 된다.

입찰, 낙찰, 유찰

입찰은 매각기일에 임하여 입찰절차에 따라 입찰표를 작성하여 접수한 자 중에서 최고가격을 써낸 응찰자를 선정하는 절차이며, 이때 최고가격을 써낸 사람을 최고가 매수신고인이라 칭하고 그 사람에게 '낙찰(落札)'되었다고 말한다. 실무에서 유찰(流札)이란 매각기일에 응찰한 사람이 없는 경우를 말하며, 집행법원에서는 유찰을 '입찰불능'이라 하고 입찰불능조서를 작성하여 다음 매각(경매)기일 절차의 준비에 들어가게 된다.

| 저감률 | 매각기일에 응찰자가 없어 집행불능(유찰)이 되면 다음 기일에 최저매각가격을 일정한 금액으로 낮추어 진행하는데, 이 때 감소한 비율을 저감률(低減率)이라고 한다. 저감하는 비율은 집행법원의 자유재량에 속하는 사항으로, 실무에서는 통상 1회 유찰 시마다 20% 또는 30%를 저감하여 진행한다. 유찰이 계속되더라도 매수신고가 있을 때까지 순차로 최저매각가격을 저감하여 경매절차를 진행할 수 있다. 다만 최저매각가격을 계속하여 저감한 결과 남을 가망이 없게 된 때에는 경매절차를 취소하여야 한다(민사집행법 제102조). |

| 정지, 변경, 연기 | **1 정지**
이미 진행 중인 매각(경매)절차가 채권자나 이해관계인의 신청에 의하여 중지되는 것을 말하며, 임의경매 시에는 담보권의 말소, 취하, 미실행 의사, 변제유예 승낙서 등의 서류 제출을 요한다.

2 변경
경매절차 진행 중에 새로운 사항이 추가되거나 매각조건이 변경되거나 송달관계의 미비 등의 사정이 있을 경우에 집행법원의 직권으로 매각기일을 바꾸는 것을 말한다. |

❸ 연기

경매절차 진행 중에 채권자 및 이해관계인 등의 신청에 의하여 이미 지정된 매각기일을 차기 기일로 미루는 것을 말하며, 신청채권자 이외의 자는 채권자의 연기동의서를 첨부하여 제출하여야 한다.

경매절차의 취하와 취소

❶ 취하사유

경매신청채권자는 매수인이 대금을 납부하기 이전까지 변제나 변제유예 등의 사유로 언제든지 경매를 취하할 수 있다. 다만 최고가 매수신고가 있기 전까지는 임의로 취하할 수 있으나 그 이후에는 매수인의 취하동의서를 첨부하여야 한다. 만약 매수신고인이 취하동의서를 작성해주지 않을 경우 임의경매는 경매개시결정에 대한 이의신청을, 강제경매는 청구이의 소송을 제기하면서 집행정지를 신청하여 대응해야 한다. 신청채권자 이외의 이해관계인이 취하하고자 할 경우에는 신청채권자의 취하동의서가 필요하다(103쪽 '경매신청의 취하' 상세설명 참고).

❷ 취소사유

① 매각대상 부동산이 경매진행 중에 화재 등으로 인하여 멸실되어 권리이전이 불가능하게 된 경우에 법원은 직

권으로 경매절차를 취소하여야 한다.

② 법원은 경매를 신청한 압류채권자가 선순위자들의 채권액과 경매절차비용을 변제하고 나면 잉여가 없다고 인정한 때에는 이를 신청채권자에게 통지하여야 하며, 통지를 받은 날로부터 7일 이내에 신청채권자가 잉여가 가능한 금액으로 매수하겠다는 매수신고가 없는 경우에는 해당 경매절차를 취소하여야 한다. 이를 경매실무상에서는 '무잉여'라고 한다.

③ 강제경매에 있어서 집행처분(경매개시결정)의 취소를 명한 집행력 있는 정본이 제출되거나, 집행을 면하기 위한 담보를 제공했다는 증명서류가 제출된 경우에는 집행처분을 취소하고 경매절차를 종결한다.

④ 임의경매에 있어서 담보권의 등기가 말소된 등기부등본이 제출되거나, 담보권 말소를 명하거나 소멸되었다는 취지의 확정판결 정본이 제출된 경우에는 이미 실시한 경매절차를 취소하고 경매절차를 종결한다.

각하와 기각 각하는 경매절차나 신청형식이 잘못된 경우에 신청서류 자체를 반려하는 것을 말하며, 기각은 신청인의 신청내용이나 청구내용이 이유 없다고 인정될 경우에 그 신청이나 청구를 받아들이지 않는 것을 말한다.

제시 외 건물과 입찰(평가) 외 건물

1 제시 외 건물

미등기된 상태의 건물을 말하는 용어로, 증축 또는 개축된 부분이나 주 건물에 부속된 건물 등이 이에 속한다고 볼 수 있다. 실무에서 제시 외 건물은 통상적으로 감정가격에 포함되므로 매각대상 물건에도 포함되는 것이 보통이다.

2 입찰(평가) 외 건물

등기 여부를 불문하고 토지만이 경매가 진행되고 그 지상에 소재하는 건물이 감정평가에서 제외되어 매각대상에 포함되어 있지 않다는 것을 의미한다. 즉 낙찰을 받아도 그 지상건물은 낙찰받지 못한 것이므로 건물의 소유자 등 권리자와 별도로 해결해야 하며, 실무상 이와 같은 경우 법정지상권 문제가 대두되므로 주의해야 한다. 입찰 외 건물을 평가 외 건물 또는 감정 외 건물이라고도 한다.

미등기 건물의 조사명령을 받은 집행관은 채무자 또는 제3자가 보관하는 관계자료를 열람·복사하거나 제시하게 할 수 있고, 건물의 지번, 구조, 면적을 실측하기 위하여 필요한 때에는 감정인이나 그 밖에 필요한 사람으로부터 조력을 받을 수 있다.

**중복사건과
병합사건**

경매정보를 취득함에 있어서 경매 사건번호가 2개 이상으로 진행되는 경우가 있는데, 이를 중복사건 또는 병합사건이라고 한다. 경매 부동산의 소유자는 1인 또는 공동소유지만, 다수의 채권자가 각각 경매를 신청하게 되면 각각의 경매 신청 사건마다 사건번호를 부여하기 때문에 생기는 현상이다. 즉 채권자는 경매진행 여부와 관계없이 다시 경매를 신청할 수 있으며, 이미 진행되는 경매사건에 또 다른 채권자가 추가로 경매를 신청할 경우에 이를 중복(병합)하여 진행하게 된다.

하나의 부동산에 2건 이상의 경매신청이 있으면 중복사건이라고 하고, 단독주택의 대지에 경매가 진행 중인데 제3의 채권자가 대지와 건물에 대하여 일괄경매를 신청한 경우에는 병합사건이라고 한다.

중복(병합)사건의 실익은 첫째, 하나의 부동산에 대하여 신청 채권자별로 경매를 진행하는 경우에 감정가격 또는 매각(낙찰)가격이 다르거나 최고가 매수신고인이 2인 이상 발생하는 등의 혼란을 예방할 수 있다.

둘째, 먼저 경매를 신청한 채권자가 특별한 사유로 인하여 경매를 취하하는 경우, 처음부터 다시 경매를 진행하는 것이 아니라 그때까지 진행한 상태를 후에 신청한 채권자가 이어받아 계속 진행함으로써 경매가 신속히 진행될 수 있다.

셋째, 먼저 진행한 사건을 기준으로 무잉여나 과잉경매 또는 기타 취소사유나 정지사유가 있다 하더라도, 후에 신청한 경매사건을 기준으로 그와 같은 사유가 보정될 수 있는 경우에는 이를 유효한 경매로 보아 계속 진행한다.

중복(병합)사건의 경매 부동산을 매수하고자 응찰하는 경우에 입찰표나 입찰봉투 등에는 가장 먼저 진행하는 사건번호(선행사건이라고 하며, 신문이나 인터넷에 공고된 사건번호)를 기재하는 것이 원칙이다. 다만 선행 사건번호가 아닌 다른 사건번호를 기재한 경우에도 선행사건을 특정할 수 있는 경우에는 유효한 입찰이다.

CHAPTER 2

쉽게 풀어보는
경매 제도와 절차

01

경매제도 살펴보기

관할법원	부동산에 대한 강제집행(경매)은 부동산의 소재지를 관할하는 지방법원에서 관할하게 되며, 경매신청 시에 채권자나 채무자의 주소지에 접수하지 않도록 주의해야 한다. 이는 전속관할이므로 당사자 간의 합의에 의하여 다른 법원을 정할 수 없으며, 관할권이 없는 법원에 접수된 경우에는 이를 관할법원으로 이송하여 진행하게 된다. 부동산이 복수의 지방법원 관할구역에 속하는 때에는 각 지방법원에 관할권이 있는데, 법원이 필요하다고 인정한 때에는 다른 관할 지방법원으로 이송하여 진행할 수 있다.

경매절차상의 송달종류	경매절차에서는 특히 대금을 납부한 후 인도명령이나 명도소송절차 진행 중에 송달불능 문제로 인하여 각종 절차 등이 지연되는 경우가 상당히 많으므로, 아래의 송달방법을 이용하여 그때그때 주소보정을 해야 한다.

■ 우편송달
우체국을 통한 일반적인 등기우편 송달을 말한다.

■ 보충송달
수취인을 만나지 못한 경우에 그 사무원, 고용인, 동거가족으로서 사리 분별이 가능한 지능 있는 자에게 하는 송달을 말한다.

③ 유치송달

수취인이 송달받기를 거부하는 경우, 송달할 장소에 서류를 두고 오는 것을 말한다.

④ 전화송달

변호사가 소송대리인인 경우에는 법원 사무관 등이 전화나 팩스를 이용하여 송달할 수 있다.

⑤ 특별송달

위와 같은 4가지 방법으로 송달을 할 수 없는 경우에 신청인 또는 원고의 신청에 의하여 법원 집행관으로 하여금 송달하게 하는 방법으로 주간 특별송달, 야간 및 휴일 특별송달 등이 있다. 특별송달을 신청하는 경우에는 집행관의 인건비에 상당하는 금액의 우편환 요금증서를 제출해야 한다.

⑥ 공시송달

특별송달로도 송달이 불가능한 경우에 신청하는 방법으로, 수취인의 주민등록이 말소상태인 경우에는 공시송달신청서에 말소된 주민등록등본을 첨부하고, 말소되지 않은 경우에는 해당 주소지의 통장 등이 발행하는 불거주사실확인증명서에 통장의 재직증명서 사본을 첨부하여 제출하여야 한다. 공시송달 신청에 대하여 해당 집행법원(재판부)의 허가가 있으면 법원 게시판에 2주일간 게시하며, 본 게시기간이 경과하면 송달이 된 것으로 간주하게 된다.

경매절차상의 이해관계인

경매절차를 진행할 때에는 반드시 절차상의 이해관계인에게 관련서류를 송달하도록 규정되어 있으며, 이해관계인에게 송달되지 않은 상태로 경매절차를 진행한 경우는 매각불허가 사유에 해당한다.

① 압류채권자(경매신청채권자)와 집행력 있는 정본에 의하여 배당을 요구한 채권자
② 당해 사건의 채무자와 소유자
③ 등기부등본에 기입된 부동산 위의 권리자, 즉 경매개시결정 기입등기 당시의 지상권자, 전세권자, 근저당권자, 담보가등기권리자 등
④ 부동산 위의 권리자로서 그 권리를 증명한 자, 즉 법정지상권자, 유치권자, 대항력을 갖춘 임차인, 배당요구를 한 우선변제권이 있는 임금채권자 등(민사집행법 제90조)
⑤ 이해관계인의 권리
  • 집행에 관한 이의신청권
  • 부동산에 대한 침해방지신청권

- 경매개시결정에 대한 이의신청권

- 매각기일과 매각결정기일을 통지받을 수 있는 권리

- 매각허가에 관한 의견을 진술할 수 있는 권리

- 매각허부의 결정에 대하여 즉시 항고할 수 있는 권리

- 배당기일의 통지를 받을 수 있는 권리

- 배당기일에 출석하여 배당표에 관하여 의견을 진술할 수 있는 권리

- 배당기일에 출석하여 배당표에 관하여 합의할 수 있는 권리(『법원실무제요』 2권 89쪽)

여기서 잠깐!

경매절차상의 이해관계인이 아니어도 경매기록의 열람·복사가 가능하다?

경매절차의 이해관계인은 아니지만 경매기록에 대하여 열람·복사를 신청할 수 있는 이해관계인은 다음과 같다.

1. 파산관재인이 집행당사자가 된 경우의 파산자인 채무자와 소유자

2. 최고가 매수신고인과 차순위 매수신고인

3. 민법·상법, 그 밖의 법률에 의하여 우선변제청구권이 있는 배당요구채권자

4. 대항요건을 구비하지 못한 임차인으로서 현황조사보고서에 표시되어 있는 사람

5. 건물을 매각하는 경우의 그 대지 소유자, 대지를 매각하는 경우의 그 지상건물 소유자

6. 가압류권자, 가처분권자(점유이전금지가처분 채권자 포함)

경매기록에 대하여 열람·복사를 신청하는 사람은 위에 규정된 이해관계인에 해당된다는 사실을 소명하여야 한다. 다만 이해관계인에 해당한다는 사실이 기록상 분명한 때에는 그러하지 아니하다. 경매기록에 대하여 복사청구를 하는 때에는 경매기록 전체에 대한 복사청구를 하여서는 아니 되고 경매기록 중 복사할 부분을 특정하여야 한다(부동산 등에 대한 경매절차 처리지침 제53조).

법정매각조건과 특별매각조건

1 법정매각조건

민사집행법에서 정한 일반적인 조건과 절차 등을 말한다. 즉 최저매각(경매)가격의 결정, 최초 매각기일의 입찰보증금 비율(10%), 대금납부시기, 소유권 취득시기 등 이미 법률에 정해 놓은 조건이나 절차들을 말한다.

2 특별매각조건

경매진행 중에 이해관계인들의 합의나 법원의 직권에 의하여 매각조건을 변경할 수 있는데, 이를 특별매각조건이라고 한다. 현재 실무상의 특별매각조건으로는 대금납부 지연에 따른 지연이자율을 연 15%로 적용한다든가, 재경매 시 입찰보증금액을 20% 또는 30%로 할증한다든가, 농지취득자격증명원의 제출을 요구한다든가, 대지권이 없다든가, 특정 권리를 인수하라는 등의 매각조건을 들 수 있다.

무잉여와 과잉경매

1 무잉여(잉여 가능성이 없는 경매취소)

법원은 경매를 신청한 압류채권자가 선순위 채권자들의 채권액과 경매절차 비용을 변제하고 잉여가 없다고 인정한 때에는 이를 신청채권자에게 통지하여야 하며, 신청채권자가 이 통지를 받은 날로부터 7일 이내에 잉여가 가능한 금액으로 매

수하겠다는 매수신고가 없는 경우에는 해당 경매절차를 취소
하여야 한다. 이를 경매실무상에서는 무잉여라고 한다(민사집
행법 제102조).

2 과잉경매

복수의 부동산을 경매에 부친 경우, 한 개의 부동산 매각대금
으로 각 채권자에 대한 변제 및 강제집행 비용 지불이 충분한
때에는 다른 부동산에 대한 매각을 허가하지 아니한다. 이때
에 당해 사건의 채무자는 그 부동산 중 매각할 부동산을 지정
할 수 있다(민사집행법 제124조). 또한 위의 요건에 충족되지는
않지만 실무상에서 극히 소액 채권으로 고가의 부동산에 대
하여 경매를 신청한 경우도 불허가 대상이 될 수도 있다.

**입찰에 참가할
수 없는 자**

1 당해 사건의 채무자

채무자는 적법한 매수인이 될 자격이 없다. 채무자가 부동산
을 매수할 능력이 있다면 변제하는 것이 먼저이고, 변제할 돈
이 없다면 매각대금을 납부하지 못할 가능성이 높으며, 채권
의 만족을 얻지 못한 채권자가 다시 강제경매를 신청하는 등
절차가 복잡해질 수 있기 때문이다. 여기서 채무자는 당해 사
건의 주 채무자만을 말하며, 연대채무자나 연대보증인 및 주
채무자가 아닌 소유자(물상보증인)도 입찰에 참여할 수 있다.

2 매각절차에 관여한 집행관

3 매각 부동산을 평가한 감정인

4 재경매 사건에 있어서 대금을 납부하지 않았던 전 매수인

5 무능력자, 즉 미성년자, 금치산자, 한정치산자는 단독으로 유효한 법률행위를 할 수 없어 입찰 참여가 불가능하므로 법정대리인을 통해서 입찰해야 한다.

6 경매와 직간접적으로 관련된 범죄(입찰방해, 담합, 강제집행면탈 등)를 범하여 유죄판결이 확정된 지 2년이 경과하지 아니한 자

기일입찰제, 기간입찰제 및 호가입찰제

현행 민사집행법상 부동산의 매각은 매각기일에 하는 호가경매(呼價競賣), 기일입찰(당일 입찰과 개찰까지 진행) 또는 기간입찰의 세 가지 방법으로 진행한다(민사집행법 제103조). 다만 실무에서 부동산 경매는 기일입찰 또는 기간입찰의 방법으로 매각하는 것을 원칙으로 하며, 호가경매는 동산에 한하여 시행하고 있다(부동산 등에 대한 경매절차 처리지침 제2조).

1 **기일입찰제**

현재 시행 중인 가장 일반적인 입찰방법으로, 특정 기일의 특정 장소와 시간에 실시하는 입찰을 말한다. 입찰 장소에는 다른 사람이 알지 못하게 입찰표를 작성할 수 있는 시설을 갖추

어야 하고, 매각기일에 본인 또는 대리인이 출석하여 입찰표를 집행관에게 제출하는 방식으로 진행한다. 기일입찰에서 한번 제출한 입찰은 분쟁과 혼란 방지 및 투명한 입찰을 위하여 취소나 변경 또는 교환할 수 없다(민사집행규칙 제62조).

❷ 기간입찰제

입찰기일을 정하는 대신 일정 기간을 두어 입찰표를 접수받고 특정 기일에 개찰하는 제도를 말한다. 기간입찰은 원격지의 입찰을 용이하게 하고, 우편접수를 함으로써 매각기일에 출석해야 하는 불편을 덜어주고 브로커의 담합을 방지하기 위하여 현행 민사집행법에서 도입한 제도인데, 실무에서 활성화될지는 미지수이다.

① 입찰기간

민사집행규칙의 규정에 따르면 기간입찰에서 입찰기간은 1주일 이상 1개월 이하의 범위에서 사건별로 정하고, 매각기일(경매기일)은 입찰기간이 끝난 후 1주일 안으로 정하도록 하고 있다.

② 기간입찰의 입찰방법

입찰표를 기재하여 넣고 봉함을 한 봉투 겉면에 이미 공고된 매각기일(개찰)을 적어 지정된 집행관에게 직접 제출하거나, 지정된 집행법원(경매계) 또는 집행관에게 해당 봉투를 등기우편으로 송부한다.

③ 입찰(매수)보증금의 제출방법

다음 각 호 중 하나를 입찰표와 같은 봉투에 넣어 집행관 등에게 직접 제출하거나 등기우편으로 송부한다. 일반적인 입찰의 경우와 달리 기간입찰에서는 현금이나 유가증권이 유효한 보증금으로 활용될 수 없음을 주의하여야 한다.

가. 법원의 예금계좌에 일정액(합당한 입찰보증금)의 금전을 입금하였다는 내용으로 해당 금융기관이 발행한 증명서

나. 은행 등이 보증한 지급보증위탁계약서, 즉 은행 등이 매수신청을 하려는 사람을 위하여 일정액의 금전까지는 법원의 최고(납부독촉)에 따라 지급한다는 취지의 기한의 정함이 없는 지급보증위탁계약이 매수신청을 하려는 사람과 은행 등 사이에 맺어진 사실을 증명하는 문서

다. 기간입찰에서도 한번 제출한 입찰(입찰표)은 취소, 변경, 또는 교환할 수 없다.

④ 입찰봉투의 보관과 개찰

집행관은 매각(개찰)기일별로 입찰봉투를 구분하여 잠금 장치가 되어 있는 입찰함에 넣어 봉인(封印)하고 매각기일 까지 보관해야 한다. 입찰기간이 끝난 후 개찰은 매각기일 에 입찰자가 출석한 가운데 실시하며, 입찰가격을 비교해 서 최고가 매수신고인을 결정한다. 이때 차순위 매수신고

가 있으면 차순위 매수신고인을 정하고 입찰을 종결한다. 최고가 매수신고인이 2명 이상일 경우에는 즉시 추가입찰을 실시하되, 매각기일에 출석하지 아니한 사람(법인)에게는 추가입찰 자격을 부여하지 아니한다. 추가입찰은 기간으로 할 수 없고 기일입찰의 방법으로만 진행한다.

③ 호가경매

매각기일 당일에 매각되는 호가경매는 입찰하고자 하는 사람(법인)들이 집행관 앞에서 가격을 서로 올려서 불러가며 최고가 매수인을 결정하는 방식으로 진행되는데, 1993년까지 이런 방식의 입찰이 이루어졌으나 브로커 양산과 폭력행위 등 부작용이 많아 폐지되고 서면입찰 방식으로만 진행되다가 2002년 현행 민사집행법에서 새로 도입한 제도이다.

호가경매는 입찰하고자 하는 사람(법인)들이 최저가의 10%에 해당하는 보증금을 집행관에게 보관(납부)하고, 집행관 앞에서 입찰가격을 서로 올려가며 최고가 매수신고인을 결정하는 방법으로 진행한다. 한번 매수신청을 한 사람은 더 높은 금액의 매수신청이 있을 때까지 신청액에 구속된다(민사집행규칙 제72조). 호가(입찰가격)는 이미 호가한 금액보다 반드시 고가여야 유효하며, 호가 방법은 신고한 매수가격보다 "100만 원 더"식으로 일정한 금액을 불러도 되고, "10% 더"처럼 비율을 불러도 된다. 미술품 등 고가의 예술품 경매도 가격을 올려가며 진행하는 것이 일반적이다.

매각기일 오전에 한 번, 오후에 한 번 등 하루에 2회 진행하는 입찰제도(오전과 오후로 나누지 않고 일정한 시간 간격을 두고 진행할 수도 있음)이다. 경매물건이 급증할 때 신속한 경매진행을 위하여 도입된 제도로, 2003년 상반기부터 대전지방법원 천안지원 등에서 시범적으로 실시된 바 있으나 경매물건 진행건수가 급감하면서 현재 시행하는 법원은 거의 없다. 다만 경매물건 진행건수가 급증하는 시기에 다시 시행될 여지는 충분하다. 1기일 2회 입찰제도는 기일입찰과 호가경매에만 적용되며 기간입찰에는 적용할 수 없다.

■ 채권자 매수신청권

집행법원은 최저매각가격으로 압류채권자의 채권에 우선하는 경매 부동산상의 모든 부담과 절차비용을 변제하고 나면 남을 것이 없다고 인정한 때에는 압류채권자에게 이를 통지하여야 하고, 압류채권자는 해당 통지를 받은 날로부터 1주일 이내에 선순위자의 채권액과 절차비용을 공제하고 남을 만한 가격을 정하여 매수신청을 할 수 있는데, 이를 '채권자 매수신청권'이라고 한다.

압류채권자가 매수신청을 함에 있어서는 충분한 보증을 제공하여야 하는데, 실무에서는 '저감된 최저매각가격과 매수신청액(우선하는 부담과 비용을 변제하고 남을 가격)의 차액'을 충분한 보증액의 기준으로 삼고 있다(『법원실무제요』 2권 180쪽).

신청채권자의 매수신청이 있으면 그 신청금액을 입찰을 준비하는 불특정의 일반인에게 공개하여야 하며, 매수신청된 부동산을 낙찰받고자 하는 사람은 그 금액을 초과하는 금액으로 입찰하여야 한다. 만약 매수신고된 금액보다 많이 써낸 응찰자가 없거나 개찰 결과 입찰자가 없는 경우에는 매수신청한 채권자가 최고가 매수신고인이 된다.

2 공유자 우선매수신청권

공유물의 지분 일부에 대한 경매가 진행되는 경우에 다른 공유자는 매각기일에 집행관이 매각을 종결한다는 고지를 하기 전까지 최저매각가격의 10%에 해당하는 매수신청보증금(입찰보증금)을 제공하고, 최고가 매수신고인의 가격과 동일한 가격으로 채무자의 지분을 우선매수할 것을 신고할 수 있다. 이를 공유자 우선매수신청권이라고 한다.

공유자에게 우선매수신청권을 부여하는 것은 일종의 법률상 특혜인데, 이를 인정하는 취지는 생면부지(生面不知)의 사람(법인) 간에 공유자가 되는 것은 또 다른 법적분쟁(공유물분할신청과 공유물분할을 위한 경매진행 등)이 발생할 수 있기 때문에 사전에 분쟁을 예방하기 위하여 가능하면 다른 공유자가 매수하도록 특혜를 주는 것이다.

**최고가
매수신고인과
차순위
매수신고인**

동일한 1개 사건에 응찰한 자 중 1등을 한 자를 최고가 매수 신고인이라 한다. 최고가 매수신고인의 응찰가격에서 입찰보 증금을 공제한 금액 이상으로 응찰하였으나 떨어진 자에게 차순위 매수신고인 자격이 주어지며, 차순위 매수신고를 하 면 최고가 매수신고인이 매각(낙찰)대금을 납부하기 전까지는 입찰보증금을 반환받을 수 없다. 그러나 최고가 매수신고인 이 대금지급기한까지 대금을 납부하지 아니하는 경우에는 재 경매 절차를 거치지 않고 차순위 매수신고인에게 매각(낙찰) 을 허가해준다.

만약 차순위 매수신고를 원하는 자가 다수일 경우에는 그들 중에서 가장 높은 가격에 응찰한 자 1인만을 차순위 매수신고 인으로 결정하고, 신고한 매수가격이 같은 때에는 추첨으로 차순위 매수신고인을 정한다(민사집행법 제114조, 제115조 2항).

**매각불허가
사유 및 효력**

법률의 규정상 불허가 사유는 다음 8가지이다. 그중 6항에서 말하는 경매진행 절차상의 중대한 하자가 발생한 경우에 대 해서는 실무적인 측면에서의 사유를 첨언한다.

1 최고가 매수신고인이 부동산을 취득할 능력이나 자격이 없는 경우

2 최고가 매수신고인이나 그 대리인이 타인의 입찰을 방해하였거나 담합하여 입찰하였을 경우

3 법률상의 매각조건에 위반하여 매수하였거나 모든 이해관계인의 합의 없이 매각조건을 변경하였을 경우

4 경매기일공고가 법률의 규정을 위반한 경우

5 최저매각가격의 결정, 일괄경매의 결정 또는 물건명세서의 작성 등에 중대한 하자가 있는 경우

6 기타 경매진행 절차상의 중대한 하자가 발생한 경우

7 복수의 부동산을 경매한 경우, 하나의 부동산 매각대금으로 채권금액과 집행비용 지불이 충분한 때에는 나머지 부동산에 대하여 경매를 불허가한다(과잉경매 시 불허).

8 최고가격 매수신고 후 천재지변 등 기타 최고가 매수신고인이 책임질 수 없는 사유로 인하여 부동산이 훼손된 때에는 최고가 매수신고인은 매각불허가신청을 할 수 있으며, 또한 매수인은 대금을 납부할 때까지 매각허가결정의 취소신청도 할 수 있다.

위와 같은 불허가 사유가 발견된 때에는 선고(宣告)로써 불허가하여야 하며, 불허가가 확정된 경우에는 최고가 매수신고인이나 매수인은 매수에 관한 책임이 면제된다. 법원은 불허가된 내용을 보완하여 신경매기일을 지정하고, 다시 경매절차를 진행하거나 취소(**8**의 경우)하여야 한다. 매각불허가결정은 법원의 직권에 의한 판단으로 선고하는 경우도 있으며, 경

매절차상 이해관계인의 불허가 신청이 받아들여진 경우에 선고되기도 한다.

앞 6항 '중대한 하자'에 해당하는 실무사례

1. 이해관계인들에게 적법한 송달이 이루어지지 않은 경우
2. 감정가격이 현실과 차이가 상당하여 재감정이 필요한 경우
3. 개별경매로 진행하였으나 경제적인 요인이나 사실적인 요인 등으로 인하여 일괄경매가 필요한 경우나 그 반대의 경우
4. 감정시점과 매각시점 사이에 부동산이 훼손되어 그 손실이 상당한 경우
5. 경매 부동산의 부속물이 명백하여 감정에 포함하여 진행함이 마땅하나, 담보물이 아니라는 이유로 감정에 포함되지 않은 경우 등

항고보증금

매각기일의 최고가 매수신고인에게 매각 허가결정이나 불허가결정이 내려지면 해당 결정에 불복하는 이해관계인이 항고법원에 결정의 취소를 구하는 항고를 제기하는 경우에 매각(낙찰)금액의 10%에 해당하는 금액을 공탁하도록 하고 있는데, 이를 항고보증금이라고 한다.

구 민사소송법에서는 소유자, 채무자, 경매개시결정 이후의 점유자만이 항고보증금을 납부하도록 하였으나, 현행 민사집행법(2002년 7월 1일 시행)에서는 모든 항고인에게 항고보증금을 공탁하도록 하고 있다. 이는 항고의 남발로 인한 경매절차의 지연

을 방지하고 신속한 집행절차가 이루어지도록 하는 데 그 목적이 있으며, 경매 대중화에 크게 기여한 제도로 평가받고 있다.

입찰 외 물건 처리방법

지지옥션에서는 매각대상 토지 지상에 소재하는 입찰(평가) 외 물건에 대한 사후 처리(대응) 방안을 분석하여 제공하고 있는데, 입찰 외 물건 중 가장 대표적인 것은 건물, 수목, 분묘가 있다. 그 외에도 비닐하우스, 컨테이너, 각종 기계기구, 주유기, 세차기, 정원석, 각종 적치물(積置物), 농작물, 송전탑(송전선), 참호 등 군사시설 등이 있다. 이 중 건물과 수목은 법정지상권(분묘기지권) 성립 여부의 판단이 선행되어야 하는데, 성립될 경우에는 지료만 청구할 수 있고, 성립하지 않을 경우에는 건물(지장물) 철거와 토지인도 및 지료지급 청구소송을 제기하여 대응해야 한다. 분묘의 경우 분묘기지권이 성립할 수 없는 경우에 한하여 이장(移葬)이나 개장(改葬)을 요구하여 대응할 수 있다. 그 외에 비닐하우스는 법정지상권이 성립할 수 없다는 대법원 판례(90도2095호)가 있으므로 지장물철거소송을 제기하여 대응하면 되고, 컨테이너나 기계기구, 주유기 등은 모두 동산이므로 인도명령결정문을 집행권원으로 강제집행을 신청하여 대응할 수 있다.

1 소유자와 채무자의 항고

소유자와 채무자가 항고를 제기하였으나 항고 이유가 없어 기각결정이 확정된 때에는 항고 시 보증으로 공탁한 금전이나 유가증권의 반환을 요구할 수 없으며, 법원은 이를 매각대금에 산입하여 채권자들에게 배당한다(민사집행법 제130조).

2 기타 이해관계인의 항고

소유자와 채무자 외의 이해관계인이 항고를 제기하였으나 항고가 기각된 경우, 항고인은 항고 시 보증으로 공탁한 금전이나 유가증권을 현금화한 금액 가운데 항고를 제기한 날로부터 기각결정이 확정된 날까지의 매각대금에 대한 연 15% 이율에 의한 금액에 대하여 반환을 요구하지 못한다. 다만 보증으로 제공한 금전이나 유가증권을 현금화한 금액이 위 이율에 의한 금원을 초과할 때에는 보증으로 제공한 금액을 한도로 하며, 남은 금원이 있을 경우에는 이를 항고인에게 돌려준다.

채권자의 상계신청

배당을 받을 수 있는 채권자가 매수인(낙찰자)인 경우에는 집행법원에 신고(채권자 상계신청서 제출)하고 배당받아야 할 금액을 제외한 나머지 대금을 배당기일에 낼 수 있다. 경매실무에서 상계신청이 있고 이를 허가한 경우에는 실무상의 편의 등을 감안하여 대금지급기일과 배당기일을 동일한 날짜에 지정하여 잔금지급과 배당절차를 동시에 진행하고 있다.

매각대금 지급기한제도

매각결정(경락)기일에 최고가 매수신고인에게 매각허가결정이 내려지면 언제까지 매각대금을 납부하라는 지급기한을 정해준 뒤, 그 기한 이내에 매각대금을 납부하고 소유권이전 촉탁등기를 할 수 있도록 하는 제도이다. 압류재산 공매에서 시행하던 제도로, 개정된 민사집행법에서 도입하였다.

대금납부기일을 특정 기일로 지정할 경우, 매수인은 지정된 기일 이외에 어떠한 경우에도 대금을 납부할 수가 없어 불안한 지위에 놓여 있었다. 특히 매각 후 부동산 가격이 오르는 경우에는 채무자나 소유자가 경매를 취하하는 사례가 발생할 수 있고, 이로 인해 피해를 입는 매수자가 있었으나 대금납부기한제도가 도입됨으로써 불안한 지위에서 벗어날 수 있게 되었다.

민사집행규칙에 대금지급기한은 매각허가결정이 확정된 날로부터 1개월 안으로 정하도록 하고 있으며, 경매사건기록이 상소법원에 있는 경우에는 그 기록을 송부받은 날부터 1개월 안으로 정하도록 하고 있다.

가격감소행위 규제

가격감소행위란 채무자나 소유자, 기타 점유자가 경매에 나온 부동산의 가격을 현저하게 감소시키거나 감소시킬 우려가 있는 경우를 말한다. 이때 압류채권자나 최고가 매수신고인 등의 신청이 있을 경우, 집행관에게 보관할 것을 명하는 등으로 그와 같은 행위를 규제할 수 있도록 하고 있다.

02

경매절차 따라가기

한눈에 보는 경매절차 흐름도

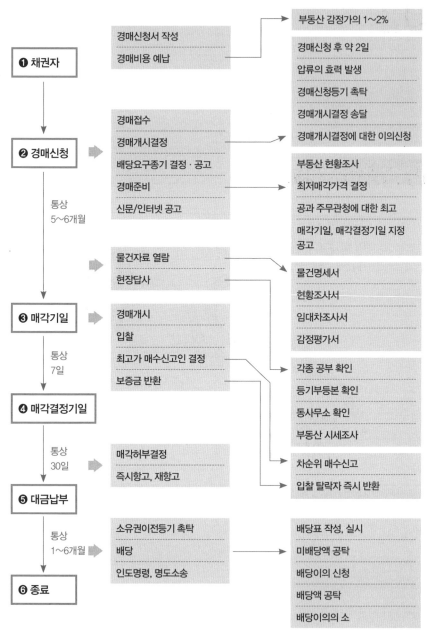

*경매신청에서 종료까지 기간은 통상적인 기간이며, 이의신청이나 송달여부, 기타 절차 등에 따른 시간별로 다름

경매신청과 경매개시결정

❶ 경매신청

채권자는 변제기가 도래하였음에도 채무자가 임의로 변제하지 않을 경우, 담보권을 실행(임의경매 신청)하기 위해서나 기타 집행권원(강제경매 신청)에 의하여 부동산의 소재지를 관할하는 법원에 경매를 신청하게 된다. 즉 채권자는 법원의 힘을 빌려 채무자의 재산을 환가함으로써 채권자 본인의 채권을 만족시키기 위하여 경매를 신청하는 것이다.

❷ 경매개시결정

집행법원은 채권자의 경매신청이 이유 있다고 인정하는 경우에 경매를 시작한다는 경매개시결정을 하고, 이를 채권자와 채무자 및 소유자에게 송달을 해준다. 동 개시결정문에는 "부동산의 압류를 명하고 채권자를 위하여 경매절차를 개시한다"고 기재한다. 다만 채권자가 제출한 경매신청서류 자체에 흠결이 있는 경우에는 법원은 이를 각하할 수 있다.

경매개시결정을 하는 경우에 부동산에 대한 채무자나 소유자의 관리나 이용에는 영향을 미치지 않는 것이 원칙이며, 부동산에 대한 압류의 효력은 그 개시결정문이 채무자에게 송달된 때 또는 촉탁등기가 이루어진 때에 발생한다.

❸ 임의경매 신청절차

① 신청서의 작성

담보권 실행을 위한 임의경매신청서에는 채권자와 채무자의 주소와 성명을 기재한 후 경매 대상 부동산의 목록을 작성한다. 청구채권금액 및 신청취지와 신청원인을 기재한 후 작성한 연월일과 신청인 이름을 기명날인하고, 담보권을 입증할 등기필증(설정계약서)의 사본 등을 첨부한다. 다만 경매신청 청구금액에 따른 등록세 등을 절감하기 위하여 청구금액을 줄여서 경매를 신청한 후 채권계산서를 제출할 때 청구금액을 늘리는 것은 금지사항이므로 청구하는 채권금액은 정확하게 표시하여야 한다.

② 경매예납금 납부

채권자의 경매신청이 적법하고 신청이유가 합당하면 집행법원은 경매개시결정을 하고 이에 대한 촉탁등기를 한 후 신문 공고 등을 통하여 공개경쟁을 통한 매각절차(경매)를 진행하게 된다. 이때마다 들어가는 비용은 법원이 대납해주는 것이 아니라 경매를 신청한 채권자로 하여금 경매신청 시 그 진행에 필요한 예상비용을 납부하게 하는데, 이를 경매예납금액이라고 한다.

경매예납금에는 신문공고료(건당 220,000원), 임대차 현황조사료(70,000원), 집행관의 출장여비, 감정평가수수료, 경매수수료, 유찰수수료 등이 포함된다. 이때 감정평가수수료나 경매수수료는 부동산의 시가표준액과 감정평가금액, 채권자의 청구금액에 따라 차이가 있다.

실무에서는 경매신청 시 예납금액을 산정하여 접수하는 것이 아니라 접수창구에서 산정해주는 금액을 납부한다. 대법원 법원경매정보 홈페이지에서 부동산가격과 청구금액을 입력하면 예납비용 산출이 가능하며, 최근에는 전자소송제도를 통해 인터넷으로도 경매신청이 가능하다.

경매예납금액은 매각이 되면 그때까지 사용한 비용을 집행비용이라고 하여 가장 우선적으로 동 배당해주지만, 채권자가 경매를 취하하는 경우에는 그때까지 사용한 금액을 제외한 금액을 환불해주게 된다.

송달료 집행법원은 경매개시결정문을 채권자와 채무자 등 이해관계인에게 등기우편으로 통보(송달)해주고 그 이후의 진행사항에 대해서 통보를 해주게 되는데, 이때 들어가는 등기우편 요금을 송달료라고 한다. 이 비용도 법원에서 대납해주는 것이 아니라 경매신청서 접수 시 채권자로 하여금 미리 납부하게 한다. 송달료의 산정은 경매 부동산의 이해관계인 수에 3을 더한 후 10회분의 송달료를 곱하여 산정한다. 이를 식으로 표시하면 다음과 같다.

▶ 송달료 = (이해관계인의 수 + 3) × 45,000원(2018년 현재 1회분의 송달료 4,500원×10회분)

등록세 집행법원은 부동산 소재지를 관할하는 등기소에 경매개시결정의 기입등기를 촉탁하는데, 등기를 할 때마다 납부하는 세금이 등록세이며, 등록세의 20%에 해당하는 교육세를 납부해야 한다. 등록세는 채권자의 청구금액의 0.2%와 그 금액의 20%에 해당하는 교육세에 대한 고지서를 부동산 소재지 시·군·구청의 세무과에서 발급받아 납부해야 한다.

수입인지 경매신청서에는 임의경매의 경우 실행할 담보권 1건마다(강제경매의 경우에는 집행권원 1건당) 정부에서 발행하는 수입인지 5,000원을 첨부한다.

경매신청서에 위에 기재한 세금과 비용 등을 납부하고 관련된 서류들을 첨부하여 부동산 소재지를 관할하는 법원의 민사신청과(민사집행과)에 접수하는 것으로 신청절차가 종료된다. 또한 인터넷을 이용하여 간편하게 접수할 수도 있다.

④ 강제경매 신청절차

강제경매의 신청절차 및 진행절차도 임의경매 절차와 원칙적으로 동일하다. 다만 채권원인을 증명하는 서류로 확정판결문이나 가집행선고부 판결문, 화해조서, 조정조서, 지급명령결정문, 공정증서 등의 집행권원에 집행문을 부여받아 송달증명 및 확정증명원을 첨부하여 제출하면 된다.

부동산임의경매신청서

수입인지
5000원

채 권 자　　(이름)　　　(주민등록번호　　　　　　-　　　　　)
　　　　　　(주소)
　　　　　　(연락처)

채 무 자　　(이름)　　　(주민등록번호 또는 사업자등록번호　　　-　　　　)
　　　　　　(주소)

청구금액　　　금　　　　　　원 및 이에 대한 20 . . .부터 20 . . .까지 연　%의 비
　　　　　　율에 의한 지연손해금

신 청 취 지

별지 목록 기재 부동산에 대하여 경매절차를 개시하고 채권자를 위하여 이를 압류한다
라는 재판을 구합니다.

신 청 이 유

채권자는 채무자에게 20 . . . 금　　　　　원을, 이자는 연　%, 변제기는 20 . . .
로 정하여 대여하였고, 위 채무의 담보로 채무자 소유의 별지 기재 부동산에 대하여　　지방법원 20
. . . 접수 제　　　호로 근저당권설정등기를 마쳤는데, 채무자는 변제기가 경과하여도 변제하지
아니하므로, 위 청구금액의 변제에 충당하기 위하여 위 부동산에 대하여 담보권실행을 위한 경매절차를
개시하여 주시기 바랍니다.

첨 부 서 류

1. 부동산등기사항증명서　　1통

20 . . .
　　　　　채권자　　　　　　(날인 또는 서명)

○○지방법원 귀중

◇ 유 의 사 항 ◇

1. 채권자는 연락처란에 언제든지 연락 가능한 전화번호나 휴대전화번호(팩스번호, 이메일 주소 등도 포
   함)를 기재하기 바랍니다.
2. **부동산 소유자가 개인이면 주민등록번호를, 법인이면 사업자등록번호를 기재하시기 바랍니다.**
3. 이 신청서를 접수할 때에는 (신청서상의 이해관계인의 수＋3)×10회분의 송달료와 집행비용(구체적인
   액수는 접수담당자에게 확인바람)을 현금으로 예납하여야 합니다.
4. 경매신청인은 채권금액의 1000분의2에 해당하는 등록면허세와 그 등록면허세의 100분의20에 해
   당하는 지방교육세를 납부하여야 하고, 부동산 1필지당 3,000원 상당의 등기신청수수료를 제출하여야
   합니다.

경매개시
결정에 대한
이의신청

1 이의신청 사유

경매개시결정에 대하여 당해 사건의 이해관계인이 불복하는
절차가 경매개시결정에 대한 이의신청이며, 강제경매 개시결
정에 대한 이의 사유로는 경매신청 요건의 하자나 경매개시
요건의 하자 등 경매개시결정에 관한 절차상의 하자만이 가
능하다.

임의경매 개시결정에 대한 이의신청 사유로는 강제경매 개시
결정의 절차상의 이유와 함께 실체상의 하자인 경매신청의
기본이 되는 담보권의 부존재나 원인무효인 경우와 피담보채
권의 불성립, 무효, 변제나 공탁으로 인한 소멸, 변제기의 미
도래나 변제기 유예 등이 해당한다.

2 신청방법 및 시기

경매개시결정에 대한 이의신청은 개시결정을 한 법원에 이의
사유를 명시한 서면을 제출하면 되고, 경매개시결정을 한 때
로부터 매각대금을 완납하기 전까지는 언제든지 가능하다.

3 이의신청권자의 범위

개시결정에 대한 이의신청은 당해 사건의 이해관계인만이 할
수 있으며, 부동산 위의 권리자는 그 권리를 증명한 후에 가능
하다.

◢ 심리 및 결정

법원은 필요한 경우 이해관계인을 소환하여 심문한 후 이의신청의 이유가 있다고 판단되면 개시결정을 취소하는 결정을 하고, 이의신청이 적법하지 않거나 이유 없다고 판단되는 경우에는 각하 또는 기각결정을 한다. 이와 같은 이의신청이 강제집행에 대한 정지의 효력은 없으므로, 경매진행 절차를 정지시키고자 하는 경우에는 별도로 강제집행에 대한 정지결정을 받아야 한다.

경매개시결정 기입등기 촉탁 및 공고

경매개시결정을 하면 법원은 즉시(2일 이내) 관할등기소에 경매개시결정에 대한 기입등기를 촉탁하며, 본 기입등기가 경료되면 부동산에 대한 압류의 효력이 발생하여 그 이후 권리를 취득하는 자는 압류채권자에게 대항하지 못한다.

그리고 법원은 매각기일 14일 이전에 일간신문과 법원 게시판에 공고하여 일반인들로 하여금 동 부동산의 경매가 진행된다는 사실을 공개하고 경쟁입찰을 유도한다. 위와 같은 신문 공고는 최초 매각기일 전 1회에 한하여 실시하는 것이 일반적이며, 그 이후 추가공고 시에는 대법원 홈페이지(www.courtauction.go.kr)를 통하여 인터넷 공고로 대체할 수 있다.

감정평가명령 및 현황조사명령

① 감정평가명령

법원은 감정평가사를 선임하여 경매 부동산에 대한 평가를 의뢰하고, 감정평가사는 동 부동산의 위치, 주위 상황, 건물의 구조나 사용된 건축자재 등을 참작하여 평가한다. 감정 시에는 대지와 건물의 가격을 구분하여 평가해야 하며, 법원은 이 평가액을 참작하여 최저매각가격을 결정한다. 대지와 건물의 감정가격을 구분하여 평가하는 것은 대지와 건물은 서로 다른 부동산이기 때문에 갑구와 을구 각각의 권리사항이 다를 수 있기 때문이다.

감정평가는 실제 시가의 평가에 목적을 둠으로써 경매 부동산이 실시세보다 훨씬 저가에 낙찰되는 것을 방지하고, 입찰을 하고자 하는 사람들에게는 부동산의 공정 타당한 가격의 기준을 제시해줌으로써 입찰의 공정성을 꾀하는 데 그 목적이 있다.

② 현황조사명령

법원은 경매개시결정이 내려지면 지체 없이 집행관으로 하여금 부동산의 현황, 점유관계, 임차인의 보증금액, 차임 및 기타 현황에 관하여 현황조사명령을 한다. 이 조사를 위하여 집행관은 부동산에 출입하여 소유자나 채무자, 기타 점유자에게 질문하거나 문서의 제시를 요구할 수 있으며, 문이 잠겨 있는 경우에는 문을 여는 등의 적절한 처분을 할 수 있다(민사집행법 제28조). 다만 실무상에서는 문이 잠겨 있는 경우, 현황조사보고서에 '폐문부재'라고 기재하는 것이 일반적이다.

관공서에 대한 최고

법원은 경매개시결정을 한 때에는 조세와 기타 공과금을 주관하는 공무소에 대하여 해당 경매 부동산에 대한 채권의 유무와 한도를 일정한 기간 내에 신고하도록 최고하여야 한다. 공무소의 채권 중 당해세는 다른 채권자보다 우선변제대상이지만, 기타 채권은 다른 권리들과 순위를 비교하여 배당받게 된다.

물건명세서의 작성과 비치 및 열람

법원은 부동산의 매각물건명세서를 작성하고 집행관의 현황조사보고서와 감정인의 감정평가서 등을 첨부하여 경매기일 7일 전까지 법원(경매계)에 그 사본을 비치함으로써 입찰을 준비하는 일반인들이 열람할 수 있도록 하고, 인터넷으로도 제공하고 있다.

법원이 작성하는 매각물건명세서에는 다음 사항을 기재하여야 한다.

1 경매 부동산의 표시

2 부동산의 점유자와 점유의 권원 및 점유할 수 있는 기간

3 임차인들의 임차보증금 및 차임 등에 관한 이해관계인들의 진술

4 등기된 부동산에 관한 권리 또는 가처분으로서 경락에 의하여 그 효력이 소멸되지 아니하는 것

5 매각에 의하여 설정된 것으로 보게 되는 지상권의 개요

본 조항은 등기된 지상권과 관련된 조항으로 볼 수 있으며, 법정지상권의 성립 유무에 대한 판단내용은 기재하지 않고 "법정지상권 성립이 불분명하거나 성립 여부는 미상이다"라고 기재하는 것이 일반적이므로, 입찰을 하려는 사람이 직접 법정지상권 성립 여부에 대한 조사와 판단을 해야 하는 어려움이 있다.

매각기일 입찰과 매각(낙찰)

매각물건명세서 등의 열람까지 완료하면 입찰표를 작성하여 접수하는데, 입찰표 작성 시에는 입찰자의 인적사항과 사건번호(경매 부동산을 특정함) 및 물건번호(개별경매 시)를 명확하게 기재해야 한다. 입찰가격 결정은 현장의 분위기에 휩쓸려서 고가의 입찰이 되지 않도록 주의해야 하고, 입찰가격의 기재내용을 수정하면 입찰을 무효로 처리하므로 수정할 내용이

있을 때에는 반드시 다른 입찰표를 사용해야 한다.

입찰서류 접수가 마감되면 곧바로 사건번호 순으로 정리한 다음 개찰을 하고, 입찰자들 중 가장 높은 가격을 기재하여 입찰한 사람을 최고가 매수신고인이라 하는데, 1주일 뒤 매각결정기일에 매각허가를 얻으면 비로소 매수인이라 칭하게 된다.

■ 입찰 준비서류

① 본인 직접입찰

주민등록증(또는 여권, 운전면허증), 도장, 입찰보증금. 입찰보증금은 현금이나 시중 금융기관에서 발행하는 자기앞수표로 준비한다. 당좌수표, 약속어음, 가계수표 등은 사용할 수 없다.

② 대리인 입찰

매수하고자 하는 본인의 인감증명서를 첨부하고 인감도장을 날인한 위임장, 대리인의 도장과 주민등록증(또는 여권, 운전면허증) 및 입찰보증금을 준비한다.

현행법상 변호사나 법무사 및 공인중개사 외에는 명목 여하를 불문하고 금품을 수령하는 대리입찰은 변호사법 위반으로 처벌될 수 있으며, 법원에서도 금품을 수수하는 대리입찰을 강력하게 단속하고 있으므로 주의해야 한다. 즉 집행관은 매수신고 대리인 명단을 작성하여 매월 집행법원에 보고해야 한다(부동산 등에 대한 경매절차 처리지침 제55조).

③ 법인 대표이사 직접입찰

대표이사의 주민등록증, 도장, 대표이사의 자격을 증명하는 법인 등기부등본과 대표이사의 신분증 및 입찰보증금을 준비한다.

④ 법인 대리인 입찰

부동산을 매입하려는 법인의 인감증명서를 첨부하고 인감도장을 날인한 위임장과 법인 등본을 지참한다. 그리고 대리인의 주민등록증(또는 여권, 운전면허증), 도장과 입찰보증금을 준비한다.

⑤ 공동입찰

하나의 부동산(경매사건)에 2명 이상이 입찰하는 것을 공동입찰이라고 한다. 공동입찰 사전허가제는 폐지되었기 때문에 가족, 친인척, 지인 등 2명 이상이 각자의 지분을 정하여 입찰에 참여할 수 있으며, 현행 민사집행규칙상 공동입찰은 누구나 제한 없이 할 수 있다.

공동입찰 시에는 기일입찰표에 공동입찰신고서와 공동입찰자 목록을 첨부하여 제출하고, 목록에는 공동입찰자 성명, 주소, 주민등록번호, 연락처 및 각자의 지분을 기재한다. 만약 지분을 표시하지 않으면 동등한 것으로 보기 때문에 각자의 지분을 명확하게 표시해야 한다.

기일입찰표의 본인 인적사항에는 "별첨 공동입찰자목록

기재와 같음"이라고 기재하고, 대리인이 입찰하는 경우 대리인 난에 대리인 인적사항을 기재하는 것은 단독입찰과 같다.

공동입찰은 공동입찰자 전원이 입찰법정에 나가도 되고, 공동입찰자 중 1인만 참석하여 불참자를 대리하는 것도 가능하다. 또한 공동입찰자가 아닌 사람이 공동입찰자 전원을 대리하여 입찰하는 것도 허용된다. 대리입찰하는 경우 위임장의 본인 난에 공동입찰자 인적사항을 기재하고 본인의 인감증명서를 첨부해야 한다.

여러 명이 공동입찰을 한 경우, 그들 각각이 각자 매수할 지분을 정하여 입찰하였더라도 일체로서 그 권리를 취득하고 의무를 부담하는 관계에 있으므로 그 공동입찰자에 대하여는 일괄하여 매각허부를 결정하여야 하고, 공동입찰인 중의 일부에 낙찰불허가 사유가 있으면 전원에 대하여 불허가하여야 한다(대법원 판례 2001마1226 결정).

경매 대중화와 공동입찰

경매가 대중화되면서 소액투자자들이 모여 공동입찰을 하는 경우가 늘어나고 있는데, 공동입찰은 곧 공동투자(공투)라는 점에서 관심을 가져볼 만하다. 다만 아무리 가까운 사이라도 돈이 관련된 문제이다 보니 보유하는 동안, 또는 매각시기 등에 대한 분쟁이 발생할 수 있으므로 사전에 약정서(공증)를 작성하여 보관하는 것이 좋다.

2 입찰사건 목록확인

매각기일에 경매법정에 도착하면 먼저 법원 게시판(경매법정 입구)에 공고되어 있는 입찰사건의 목록을 확인해야 한다. 경매기일 14일 전에 일간신문(또는 인터넷)에 공고된 이후부터 매각(입찰)기일까지 취하, 취소, 변경, 정지, 연기, 대금납부 등의 사유로 인하여 공고는 되었으나 경매를 진행하지 않는 사건이 있을 수 있으므로, 자신이 입찰하고자 하는 사건의 진행 여부를 확인한 후에 입찰해야 한다.

3 입찰가격의 결정과 방법

법원경매를 통하여 부동산을 취득하고자 하는 경우, 입찰가격의 결정은 상당히 중요하고 경매의 성패(成敗)를 좌우하는 일이므로 입찰장에 가기 전에 최고 입찰할 예정가격을 마음속으로 결정해두는 것이 좋다. 왜냐하면 입찰장에 가면 예상되는 경쟁률과 분위기에 편승하여 무조건 낙찰을 받고 보자는 심리가 작동하여 예정금액보다 상당히 높은 가격으로 낙찰을 받게 될 수 있기 때문이다. 특히 여러 차례에 걸쳐 패찰(敗札)을 거듭하는 경우에는 고가 입찰을 해서라도 1등을 하고 말겠다는 심리를 제어하기가 어려우므로, 반드시 입찰 예정가격을 결정해두자. 입찰가격은 다음 사항들을 고려하여 냉정하게 결정하도록 한다.

응찰가격 결정에 반영해야 할 사항

1. 임장(臨場)활동을 통하여 급매물가격 등 실거래가격을 철저히 파악한다(개별성).
2. 장기간의 관리부실로 인한 수리비용을 반영한다(매각대금의 약 3% 정도).
3. 명도(합의명도, 집행명도)비용을 반영한다(평당 약 8만 원 정도).
4. 항고 및 재항고 기간, 명도기간을 예측하고 그에 따른 기회비용을 반영한다.
5. 취득세와 촉탁등기에 따른 수수료를 반영한다.
6. 경쟁자 수를 예측해보고, 자신의 입찰이 경쟁 입찰자들에게 노출되지 않도록 주의한다.

4 입찰표 작성방법

① 입찰표 작성

입찰표는 1개의 부동산(사건)마다 별도의 용지를 사용해야 하며, 일괄입찰인 경우에는 하나의 용지를 사용하게 된다. 입찰표에는 먼저 매각기일을 기재하고, 사건번호와 물건번호(공동담보의 개별매각인 경우)를 명확하게 기재해야 한다. 법원경매에 있어서 매수하고자 하는 부동산을 특정하는 것이 바로 사건번호와 물건번호이므로, 이를 잘못 기재하면 다른 부동산을 매수하는 경우가 발생할 수도 있으니 주의하여 기재한다.

그리고 매수하고자 하는 본인의 인적사항과 대리인이 입찰을 하는 경우에는 본인의 인감증명이 첨부된 위임장과 함께 대리인의 인적사항도 기재하고, 본인 및 대리인의 도장을 날인한 후 입찰가격과 입찰보증금을 기재하는 것으로 입찰표의 작성은 마무리된다.

이때 가장 주의를 요하는 것은 입찰가격은 수정을 할 수 없으며, 수정할 경우에는 입찰 자체가 무효처리된다는 점이다. 부득이 수정을 해야 할 경우에는 반드시 새로운 입찰 용지를 사용하여야 한다. 기타 다른 곳의 수정은 정정인을 날인하여 작성하면 된다.

② 보증금 봉투와 입찰 대봉투의 작성

입찰보증금 봉투와 입찰 대봉투에는 사건번호와 물건번호를 기재하고, 부동산을 매수하고자 하는 본인의 이름과 대리인이 입찰하는 경우 대리인의 이름까지 기재한 후 본인과 대리인의 도장을 날인하면 된다.

③ 매수신청보증금(입찰보증금)

기일입찰에서 매수신청의 보증금액은 최저매각가격의 10%이다. 입찰가격의 10%이던 것을 완화하여 입찰보증금 마련에 대한 부담을 줄였다. 입찰보증금보다 많이 넣은 경우에는 유효한 입찰이 되지만 1원이라도 부족하면 무효처리되므로 주의가 필요하다.

입찰보증금은 현금 또는 시중 금융기관에서 발행하는 자기앞수표만이 유효하고 당좌수표, 약속어음, 가계수표는 사용할 수 없다. 다만 은행이 매수신청을 하려는 사람이 최고가 매수신고인이 되면 법원에서 최고하는 금액을 지급하겠다고 하여 은행과 매수신청을 하려는 사람 간에 작성된 '지급위탁계약서'로도 입찰보증금에 갈음할 수 있도록 하고 있다. 본 제도의 도입으로 입찰예정자들은 입찰보증금을 마련하는 부담이 줄어들고, 자금여력이 부족한 서민들도 입찰에 참여할 수 있는 길이 넓어졌다고 볼 수도 있지만 실무상 활성화되고 있지는 않다.

④ 접수 및 수취증 수령

입찰표, 입찰보증금 봉투, 입찰 대봉투의 작성이 완료되고 입찰보증금까지 넣어 봉함을 한 다음, 입찰한 사건번호를 타인이 볼 수 없도록 반으로 접어 집행관의 면전에서 접수한다. 집행관이 본인 여부를 확인하고 대봉투에 붙어 있는 수취증에 날인하여 교부해주며 입찰함에 투함하는 것으로 모든 입찰은 종료된다.

입찰 시작시간은 법원마다 차이가 있을 수 있지만, 대부분 오전 10시(의정부법원 10시 30분)이며, 입찰표의 제출을 최고한 후 1시간이 지나서 마감을 선언해야 하고, 마감을 선언한 후에는 추가입찰을 받지 아니한다.

⑤ 응찰사건 번호순 정리

입찰 마감이 선언된 후 집행관과 사무원 등은 입찰함을 개봉하여 입찰한 사건번호 순으로 입찰봉투를 정리하며, 정리가 완료되면 당일 입찰자가 없어서 입찰불능(유찰) 처리하는 사건 또는 응찰한 사건을 호창해준다. 그리고 당일 입찰자가 없어서 입찰불능(유찰)된 사건은 추후 새 매각기일을 지정하여 일정비율로 저감한 최저입찰금액으로 경매를 진행한다.

⑥ 개찰과 최고가 매수신고인의 결정

사건번호 순으로 정리되면 즉시 공개 개찰을 한다. 개찰 시에는 경쟁 입찰자 모두가 참석해야 하지만, 부득이한 경우에는 법원 사무관 등 상당하다고 인정되는 자를 출석시킨 후 개찰할 수 있다. 개찰을 하여 경쟁 입찰자 중 1등을 한 자를 최고가 매수신고인이라 하고, 이 사람의 성명과 입찰가액을 호창한다. 아울러 적법한 차순위 매수신고를 원하는 입찰자가 있으면 차순위 매수신고인의 성명과 입찰가액도 호창하며, 경매의 종결을 고지하는 것으로 개찰절차는 종료된다.

동점자 처리

개찰한 결과 최고가 매수신고인의 입찰가격과 동점자가 나온 경우에는 그 동점자만을 상대로 즉석에서 추가입찰을 실시한다. 추가입찰 시에는 동점을 기록한 가격 이상으로 입찰해야 한다. 다만 동점자 모두가 추가입찰을 거부하거나 추가입찰에서도 동점이 된 경우에는 추첨을 통하여 최고가 매수신고인을 결정한다.

차순위 매수신고인의 자격

적법한 차순위 매수신고인이 되기 위해서는 최고가 매수신고인의 입찰가격에서 그 보증금을 공제한 가격 이상으로 매수신고를 해야만 자격이 주어진다. 매각절차를 종결한다는 고지를 하기 전까지(개찰하는 즉석에서) 신고할 수 있다.

차순위 매수신고를 한 자는 매각대금 지급기한까지 입찰보증금을 돌려받을 수 없는 반면, 최고가 매수신고인이 매각대금을 납부하지 아니하는 경우에는 재매각을 생략하고 차순위 매수신고인에게 매각을 허가해준다. 그러나 실무에서 차순위 매수신고는 많이 이용하지 않는 편이며, 실제로 특별히 필요한 부동산이 아닌 경우에는 차순위 매수신고의 실익은 적은 편이다.

차순위 매수신고인이 2인 이상인 경우

차순위 매수신고를 원하는 자가 2인 이상인 경우에는 신고한 매수가격이 높은 사람을 차순위 매수신고인으로 정하고, 매수가격이 같은 경우에는 추첨에 의하여 결정한다. 즉 차순위 매수신고는 1인만 할 수 있다.

5 공유자 우선매수신고

공유물의 지분 일부에 대한 경매가 진행되는 경우, 다른 공유자는 매각기일에 집행관이 매각기일을 종결한다는 고지를 하기 전까지 최저매각가격의 10%에 해당하는 매수신청보증금(입찰보증금)을 제공하고 최고가 매수신고인의 가격과 동일한 가격으로 채무자의 지분을 우선매수할 것을 신고할 수 있다.

① 공유자 우선매수신고 공개

공유자 우선매수신고가 이루어진 경우에 법원은 이를 공개해야 하며, 최고가 매수신고인이 있더라도 우선매수신고를 한 공유자에게 낙찰을 허가하여야 한다. 이때 최고가 매수신고인은 자동적으로 차순위 매수신고인으로 보아 보증금을 반환해주지 않으므로, 우선매수신고가 된 경매 부동산의 입찰은 피하는 것이 좋다. 다만 최고가 매수신고인은 집행관이 매각기일을 종결한다는 고지를 하기 전까지 차순위 매수신고인의 지위를 포기할 수 있다.

복수의 공유자가 우선매수신고를 한 경우, 공유자 간에 특별한 협의가 없는 한 각 공유지분의 비율에 의하여 지분을 매수하게 된다(민사집행법 제140조, 동 규칙 제72조).

만약 공유자가 우선매수신고를 하였으나 다른 매수신고인이 없을 때에는 그 공유자를 최저매각가격에 의한 최고가 매수신고인으로 간주하게 되므로, 앞으로 공유자 우선매수신청을 할 때에는 적절한 매수시점을 선택해야 한다는 점을 기억하자.

② 공유자 우선매수신고의 제한

공유지분 매각사건에서 공유자가 우선매수신고를 한 후 다른 매수신고인이 없을 경우에 매수신청보증금을 납부하지 않으면 입찰불능(유찰)이 되는데, 이는 공유자 우선매수신고 제도를 악용하는 사례이다. 이와 같이 공유자 우선매수신고를 한 후에 매수신청보증금을 납부하지 않은 공유자는 다음 매각기일에 공유자 우선매수신청권을 인정하지 않는다는 매각조건을 붙이는 것이 대부분인데, 이를 우선매수신고의 제한이라고 한다.

이를 뒷받침하는 대법원 판례가 있다. 공유자가 민사집행법 제140조의 우선매수권제도를 이용하여 공유 부동산의 채무자 지분에 관한 경매절차에서 두 차례에 걸쳐 우선매수신고를 하였으나, 두 번째 매각기일까지 다른 매수신고인이 없자 매수신청보증금을 납부하지 않는 방법으로 유찰시켰다가 세 번째 매각기일에 다시 우선매수신고를 하면서 입찰에 참가한 사안에서, 이 공유자는 "매각의 적정한 실시를 방해한 사람"에 해당하므로 매각을 불허가한 결론은 정당하다(대법원 판례 2008마637 매각불허가결정에 대한 이의)고 판결한 것이다.

③ 일부 지분 매각 시 우선매수신청 불가

집행법원이 여러 개의 부동산을 일괄매각하기로 결정한 경우, 여러 개의 매각대상 부동산 중 일부는 전체를 매각하고 일부만 공유지분일 수 있는데, 이와 관련하여 대법원은 "집행법원이 일괄매각결정을 유지하는 이상, 매각대상 부동산 중 일부에 대한 공유자는 특별한 사정이 없는 한 매각대상 부동산 전체에 대하여 공유자의 우선매수권을 행

아슬아슬한 2등의 비밀

경매입찰에서 1등을 하는 것도 중요하지만, 2등과 가격 차이가 적은 금액으로 낙찰을 받을 수 있다면 얼마나 통쾌할까? 예를 들어 감정가격이 2억 원인 주택을 1억 6,500만 원에 입찰하여 1등을 했는데 2등의 입찰가격이 1억 6,490만 원으로 차액이 10만 원에 불과하다면, 그 매수인(낙찰자)은 1등의 기쁨이 배가(倍加)될 것이다.

그런데 과연 이런 결과는 우연일까? 우연일 수도 있겠지만, 각본에 의한 2등일 가능성이 농후하다. 왜냐하면 일부 악덕 컨설팅업체가 무조건 1등을 하고 수수료를 받기 위하여 입찰장에 진정한 입찰 의사가 없는 2등을 동행하고 고객의 입찰가와 근소한 차이의 가격으로 입찰하게 할 수 있기 때문이다. 그 주된 이유는 고가입찰을 적극 유도할 수 있고, 근소한 가격 차이로 낙찰을 받아야 매수인(고객)의 기쁨이 배가되어 원활하게 수수료를 받아내고, 능력 있는 컨설턴트로 인정받을 수 있기 때문에 실무에서 종종 악의적으로 이용되기도 한다.

그러므로 입찰을 준비하는 사람은 무조건 1등을 하겠다고 고가에 입찰하기보다는 나름대로의 입찰 예정가격을 염두에 두고 입찰장으로 향하는 자세가 중요하다. 이번 입찰에서 1등을 하지 못하면 다음에 도전하겠다는 현명한 자세가 필요하고, '내일도 경매법정은 열린다'는 평범한 진리를 기억해야 한다.

사할 수 없다"고 판시하고 있다(대법원 판례 2005마1078 매각허가결정에 대한 이의).

⑥ 입찰보증금 반환과 보관영수증 교부

최고가 매수신고인과 차순위 매수신고인을 제외한 매수신고인의 입찰보증금은 개찰이 완료되는 즉시 반환해준다. 최고가 매수신고인이 입찰보증금 보관영수증을 교부받는 것으로 매각절차는 종료된다.

⑦ 입찰표 작성 무효사유

입찰이 제한되는 사람의 입찰이나 기타 다음과 같은 사유가 발생하는 경우에는 그 입찰을 무효로 처리한다. 이때 무효처리된 입찰자 외의 사람이 없는 경우(단독입찰)에는 입찰불능(유찰) 처리하고, 무효처리된 입찰자가 최고가 매수신고인인 경우에는 차점자를 최고가 매수신고인으로 결정한다.

① 당해 사건의 채무자의 입찰 : 소유자가 물상보증인인 경우에는 입찰이 가능하지만, 소유자인 동시에 채무자인 경우에는 입찰할 수 없다.
② 재경매 사건에서 전 매수인의 입찰
③ 입찰표의 입찰가격을 수정한 경우
④ 입찰보증금액이 부족한 경우(많은 경우에는 유효)
⑤ 동일 사건의 입찰자가 타인의 입찰을 대리하거나 2인

이상을 대리입찰한 경우

⑥ 1장의 입찰표에 복수의 사건이나 복수의 물건번호를 기재한 경우

⑦ 무능력자(특히 미성년자)가 직접 입찰한 경우

⑧ 매각절차에 관여한 집행관의 입찰

⑨ 매각 부동산을 평가한 감정인의 입찰

⑩ 자격을 증명하는 문서를 첨부하지 아니한 경우

경매실무에서는 개찰 시에 미첨부한 서류(위임장, 인감증명서, 법인 등기부등본 등)를 보정하면 유효한 입찰로 처리하는 경우가 많다. 위와 같은 사유 외에도 최저입찰가격 미만으로 입찰한 경우나 연필을 사용하여 입찰표를 작성한 경우도 당연히 무효사유에 해당한다.

(앞면)

기 일 입 찰 표

지방법원 집행관 귀하　　　　　　　　　입찰기일 :　년　월　일

사 건 번 호		타 경　　　　　호		물건 번호	※물건번호가 여러개 있는 경우에는 꼭 기재

입 찰 자	본인	성　　명		전화 번호	
		주민(사업자) 등록번호		법인등록 번　호	
		주　소			
	대리인	성　　명		본인과의 관　계	
		주민등록 번　　호		전화번호	－
		주　소			

입찰 가격	천 억	백 억	십 억	천 억	백 만	십 만	만	천	백	십	일	원	보증 금액	백 억	십 억	천 억	백 만	십 만	만	천	백	십	일	원

보증의 제공방법	☐ 현금·자기앞수표 ☐ 보증서	보증을 반환 받았습니다. 　　　　　　　　　입찰자

주의사항.

1. 입찰표는 물건마다 별도의 용지를 사용하십시오. 다만, 일괄입찰시에는 1매의 용지를 사용하십시오.
2. 한 사건에서 입찰물건이 여러개 있고 그 물건들이 개별적으로 입찰에 부쳐진 경우에는 사건번호외에 물건번호를 기재하십시오.
3. 입찰자가 법인인 경우에는 본인의 성명란에 법인의 명칭과 대표자의 지위 및 성명을, 주민등록란에는 입찰자가 개인인 경우에는 주민등록번호를, 법인인 경우에는 사업자등록번호를 기재하고, 대표자의 자격을 증명하는 서면(법인의 등기부 등·초본)을 제출하여야 합니다.
4. 주소는 주민등록상의 주소를, 법인은 등기부상의 본점소재지를 기재하시고, 신분확인상 필요하오니 주민등록증을 꼭 지참하십시오.
5. **입찰가격은 수정할 수 없으므로, 수정을 요하는 때에는 새 용지를 사용하십시오.**
6. 대리인이 입찰하는 때에는 입찰자란에 본인과 대리인의 인적사항 및 본인과의 관계 등을 모두 기재하는 외에 본인의 위임장(입찰표 뒷면을 사용)과 인감증명을 제출하십시오.
7. 위임장, 인감증명 및 자격증명서는 이 입찰표에 첨부하십시오.
8. 일단 제출된 입찰표는 취소, 변경이나 교환이 불가능합니다.
9. 공동으로 입찰하는 경우에는 공동입찰신고서를 입찰표와 함께 제출하되, 입찰표의 본인란에는"별첨 공동입찰자목록 기재와 같음"이라고 기재한 다음, 입찰표와 공동입찰신고서 사이에는 공동입찰자 전원이 간인 하십시오.
10. 입찰자 본인 또는 대리인 누구나 보증을 반환 받을 수 있습니다.
11. 보증의 제공방법(현금·자기앞수표 또는 보증서)중 하나를 선택하여 ☑표를 기재하십시오.

공유자 우선매수신고서

사　건　　　　　타경　　　　　부동산강제(임의)경매

채권자

채무자 (소유자)

공유자

■ **매각기일**　**20**　　．　　．　　．　　：

부동산의 표시 : 별지와 같음

　공유자는 민사집행법 제140조 제1항의 규정에 의하여 매각기일까지(집행관이 민사집행법 제115조 제1항에 따라 최고가매수신고인의 성명과 가격을 부르고 매각기일을 종결한다고 고지하기 전까지) **민사집행법 제113조에 따른 매수신청보증을 제공하고** 최고매수신고가격과 같은 가격으로 채무자의 지분을 우선매수하겠다는 신고를 합니다.

첨부서류

1.

2.

200　　．　　．　　．

우선매수신고인(공유자)　　　　　　인

(연락처 :　　　　　　　　　)

지방법원　경매　　계 귀중

[전산양식 A3364]

공 동 입 찰 신 고 서

법원   집행관   귀하

사건번호   20   타경   호

물건번호

공동입찰자   별지 목록과 같음

위 사건에 관하여 공동입찰을 신고합니다.

20 년   월   일

신청인   외   인(별지목록 기재와 같음)

매각허부(許否)
결정에 대한
항고와 재항고

매각결정기일에 최고가 매수신고인에게 매각(낙찰)의 허부결정을 하게 되며, 그 허부결정에 대하여 이해관계인들이 불복하는 절차를 항고라고 한다. 항고재판부의 결정에 대한 불복절차를 재항고라 하고 대법원에서 관할한다.

항고재판부나 대법원에서 허가결정에 대한 항고나 재항고에 대한 심리를 진행한 결과, 그 이유가 있다고 판단되는 경우에는 매각허가결정을 취소하고 다시 경매를 진행한다. 그러나 심리 결과 이유가 없다고 인정하는 경우에는 기각결정을 내린 후 관련 경매재판기록은 해당 법원(경매계)으로 이관하게 된다. 만약 불허가결정에 대한 항고나 재항고가 받아들여진 경우에 경매계는 매각허가결정을 하고 대금납부기한을 잡는다.

1 항고절차

매각결정기일에 최고가 매수신고인에게 매각허부에 대한 결정을 하는데, 이 결정에 대하여 불이익을 받는 이해관계인들이 매각허가결정 또는 불허가결정에 대하여 불복하는 절차를 항고라고 하며, 매각허가결정 또는 매각불허가결정을 취소하고 다시 상당한 재판을 구한다는 신청이다.

① 항고인의 자격과 제기기간

이해관계인은 매각의 허가 또는 불허가 결정에 대하여 손해를 받을 경우에 그 결정에 대하여 항고를 할 수 있다. 그러므로 경매절차에서의 이해관계인만이 항고권을 갖는 것이다(민사집행법 제90·제129조).

매각의 허가 또는 불허가 결정은 선고로써 하고, 이해관계인에게 송달을 해주는 것이 아니라 법원 게시판에 공고하는데, 항고 제기기간은 이 공고일로부터 7일 이내이다.

통상적으로 매각결정기일에 공고하므로 항고 마감기간은 매각기일부터 7일째가 되는 날, 법원의 업무가 종료되는 시간까지이다.

② 항고장 작성

항고를 하려면 항고장을 작성해야 하는데, 항고장에는 항고인의 주소와 성명을 기재하고 원결정(매각결정의 허가 또는 불허가)을 표시하며, 그 결정에 대하여 불복한다는 항고취지와 항고이유를 기재하여 제출한다.

매각허부결정을 판사가 아닌 사법보좌관이 결정한 때에는 즉시항고에 앞서 '사법보좌관 처분(매각허부결정)에 대한 이의신청'을 제출해야 한다. 다만 동 이의신청서를 제출하지 않고 즉시항고장을 제출한 경우에도 실무상 사법보좌관의 처분에 대한 이의신청서를 제출한 것으로 보고 처리한다(『법원실무제요』 2권 291쪽).

항고장에 항고이유를 기재하지 아니한 때에는 항고인은 항고장을 제출한 날부터 10일 이내에 항고이유서를 원심법원에 제출해야 한다. 항고이유서를 제출하지 아니한 때에는 항고를 각하하여 항고 지연을 방지하고 있다(민사집행법 제15조 제5항).

③ 항고보증금 납부

매각허가결정에 대하여 항고를 하고자 하는 사람은 보증으로 매각대금의 10%에 해당하는 금전 또는 법원이 인정한 유가증권을 공탁하여야 한다. 항고를 제기하면서 항고보증금을 제공한 사실을 증명하는 서류를 붙이지 아니한 때에는 원심법원은 항고장을 받은 날부터 1주 이내에 각하하여야 한다.

채무자 및 소유자가 제기한 항고가 기각된 때에는 항고인은 보증금 반환을 요구하지 못한다. 채무자 및 소유자 외의 사람이 제기한 항고가 기각된 때에는 항고인은 보증으로 제공한 금액 가운데 항고를 제기한 날부터 항고기각결정이 확정된 날까지의 매각대금에 대한 15% 이율에 의한 금액에 대하여는 반환을 요구할 수 없다. 항고인이 항고를 취하한 경우에도 동일하게 적용된다(민사집행법 제130조).

다만 매각불허가결정에 대한 항고를 제기할 때에는 항고보증금을 공탁하지 아니한다.

④ 민사신청과(집행과) 접수

항고장을 작성하여 항고보증금을 납부하고 송달료를 납부

한 후, 해당 경매계를 경유하여 경매를 진행한 집행법원의 민사신청(집행)과에 접수한다.

⑤ 항고재판부로 이관

경매를 진행한 집행법원은 항고 제기기간이 종료되는 날까지의 모든 항고장을 취합하고 집행법원의 의견서를 첨부하여 일괄적으로 항고부에 항고장과 더불어 경매재판기록 전부를 이관하게 된다. 즉 하나의 경매사건에 여러 명이 항고를 제기한다고 해도 병합하여 일괄적으로 이관, 처리한다.

⑥ 심리와 결정 및 처리기간

항고심에서는 일반적으로 경매재판기록에 의한 서류상의 심리만으로 진행하지만, 필요한 경우에는 반대진술을 청취하기 위하여 항고인의 상대방을 정할 수도 있으며, 항고인은 다른 이해관계인의 권리에 관한 이유로는 항고하지 못한다.

심리 결과 항고가 이유 있다고 인용(인정)한 경우에는 매각허가결정 또는 불허가결정을 한 원결정을 취소하지만, 이유 없다고 인정한 경우에는 집행법원이 매각결정기일에 내린 매각허부에 대한 원결정은 그대로 유지된다.

⑦ 항고결과 결정문의 송달

집행법원의 원결정을 유지 또는 기각하거나 파기하는 항고법원의 재판은 집행법원이 법원 게시판에 공고하도록 하고 있으며, 실무에서는 항고인에게 송달도 해주고 있다.

2 재항고 절차

① 재항고인의 자격과 재항고 사유

집행법원의 결정에 대하여 항고인이 주장한 항고이유가 타당하지 않아 항고의 신청이 기각된 경우에 해당 항고인만이 재항고를 할 수 있다. 집행법원의 결정을 취소하는 결정(항고인의 신청이 이유가 있어 받아들여진 경우)을 한 경우에는 이로 인하여 불이익을 보게 되는 이해관계인도 재항고를 할 수 있다고 봄이 합리적일 것이다.

재항고 사유로는 항고법원의 결정에 대하여 재판에 영향을 미친 헌법, 법률, 명령 또는 규칙의 위반이 있음을 이유로 제기하는 때에 한하여 가능하도록 규정하고 있다.

② 재항고 제기기간

재항고는 항고법원의 항고기각결정문을 송달받은 날로부터 7일 이내에 항고법원에 제기하여야 한다.

③ 재항고장의 작성

재항고장에는 재항고인의 주소와 성명을 기재하고 항고법

원의 결정에 대하여 불복한다는 재항고 취지와 재항고 이유를 기재하여 제출한다.

④ 재항고부(대법원 민사과) 이관 등

항고법원에 재항고장이 접수되면 재항고 제기기간까지 접수된 재항고장을 일괄하여 재항고부(대법원 민사과)에 이관하게 된다. 이관받은 대법원은 일반적으로 재항고장, 재항고이유서 등을 기준으로 심리나 변론 없이 결정한다.

⑤ 재항고 소요기간

항고와 재항고에 소요되는 처리기간은 법원(사건)별로 약간의 차이는 있으나 2017년을 기준으로 항고사건은 약 4~5개월, 재항고사건은 약 6~7개월 소요된다. 항고와 재항고를 합하면 대략 1년 전후의 기간 동안 매수인의 불안정한 지위가 계속될 수 있다. 이와 같은 현실을 감안하여 항고의 남발을 방지하고 신속한 경매절차의 진행과 매수인의 불안정한 지위를 해소해주기 위하여 모든 항고인에게 항고보증금을 공탁하도록 하였고, 그 결과 항고가 크게 줄어들었다.

⑥ 경매재판기록 집행법원으로 이관

재항고사건이 종료되면 이를 집행법원에 이관하고, 대법원의 결정으로 매각허가결정이 확정된 경우에는 확정된 날로부터 30일 이내에 매각납부기한을 지정한다. 불허가 결정이 확정된 경우에는 매수인은 대금납부의 책임이 면제되며, 집행법원은 불허가 사유를 보정한 후 새로운 경매기일을 지정하여 신경매를 진행하게 된다.

여기서 잠깐!

몰취한 항고보증금의 운명은?

매각허가결정에 불복하여 항고할 때에는 매각대금의 10%에 해당하는 금액을 공탁하며, 그 항고가 기각된 경우에 채무자와 소유자는 항고보증금 전액을 반환받지 못하고 그 외의 자는 기각결정이 확정된 날까지 연 15%에 상당하는 금액에 대하여 반환받지 못하는데, 항고를 취하했을 때에도 기각당한 경우와 마찬가지로 항고보증금의 반환청구를 하지 못하는 등 동일한 제한을 받는다. 이 항고보증금은 매각대금에 산입하여 채권자에게 배당을 해주고, 경매절차가 취하(취소)된 때에는 항고인에게 반환해준다.

항　　고　　장

사　건　　　　타경　　　　　호　　부동산임의(강제)경매

항고인(채무자) ○ ○ ○

　　　　　　　　주소

　위 사건에 관하여 귀원이　　년　　월　　일에 한 결정은　　년 월 일
에 그 송달을 받았으나, 전부 불복이므로 항고를 제기합니다.

원결정의 표시

항　　고　　취　　지

원결정을 취소하고 다시 상당한 재판을 구함.

항　　고　　이　　유

첨 부 서 류

1.

2.

　　　　　　　　　　년　　　　월　　　　　일

　　　　　위 항고인

　　　　　연락처(☎)

　　　지방법원　　　　　　　　　귀중

☞유의사항

1) 이해관계인은 매각허부여부의 결정에 따라 손해를 볼 경우에만 그 결정에
　　대하여 즉시항고를 할수 있고 매각허가에 정당한 이유가 없거나 결정에 적은
　　것 외의 조건으로 허가하여야 한다고 주장하는 매수인 또는 매각허가를 주장
　　하는 매수신고인도 즉시항고를 할 수 있습니다.

2) 매각허가결정에 대한 항고는 민사집행법에 규정한 매각허가에 대한 이의신청
　　사유가 있다거나, 그 결정절차에 중대한 잘못이 있다는 것을 이유로 드는
　　때에만 할 수 있습니다.

3) 매각허가결정에 대하여 항고를 하고자 하는 사람은 보증으로 매각대금의 10분
　　의 1에 해당하는 금전 또는 법원이 인정한 유가증권을 공탁하여야 합니다.

**대금납부와
재경매**

항고가 없는 사건이나 항고와 재항고의 기각결정이 확정된 후 관련 경매재판기록이 해당 법원(경매계)에 도착하면 그로부터 30일 이내에 대금납부기한을 지정하여 매수인에게 대금납부기한 통지서를 발송한다. 매수인은 매각허가결정일 이후부터 지정된 대금납부기한의 법원 업무 종료 시까지 해당 법원에 대금을 납부하면 즉시 소유권을 취득한다. 매수인이 대금납부기한까지 대금을 납부하지 못한 경우에는 지연일수에 대해 연 15%의 이자를 계산하여 재매각기일 3일 전까지 납부하면 된다.

1 실무상 대금(현금)납부 절차

① 대금납부기한 통지서(소환장)

매각허가결정이 확정되면 집행법원은 직권으로 30일 이내에 대금납부기한을 정하고 매수인에게 대금납부기한 통지서(소환장)를 발송해준다. 통지서를 받은 매수인은 그 기한 마지막 날 업무시간 종료 시까지 대금을 납부해야 한다. 대금납부기한이 경과하여 납부할 경우에는 그 익일부터 매각대금의 연 15%에 해당하는 지연이자 및 재매각 절차 진행비용까지 납부해야 한다.

② 준비서류

신분증과 도장, 대금납부기한 통지서 또는 입찰보증금 영

수증 및 매각대금을 준비하여 집행법원을 방문한다. 매각
대금을 납부한 후에는 소유권이전등기 촉탁신청서와 인도
명령신청서에 첨부하기 위하여 매각대금 완납증명원을 발
급받아두는 것이 좋다.

③ 법원보관금 납부명령서 수령

준비서류를 지참하고 해당 경매계를 방문하면 법원보관금
납부명령서에 매수인이 납부해야 할 금액과 사건번호를
기재하여 교부해주는데, 매수인은 자신의 인적사항을 기
재하여 법원 보관금계에 제출한다.

④ 법원보관금 납부서 수령

법원 보관금계는 최종적으로 서류를 검토한 후 보관금 납
부명령서에 따라 매수인이 납부해야 할 금액과 사건번호,
매수인의 인적사항을 기재한 법원보관금 납부서를 교부해
준다. 최근에는 절차의 간소화를 위하여 보관금 납부명령
서만 지참하고 법원 구내은행에 바로 대금을 납부하는 경
우도 있다.

⑤ 대금납부 및 영수증 수령

법원보관금 납부서(납부명령서)를 제시하고 법원 구내은행
에 대금을 납부하면 은행은 영수증 2매를 교부해준다. 그
중 '법원제출용'이라 기재된 영수증 1매는 해당 경매계에

제출하고, 1매는 매수인이 보관하는 것으로 매각대금 납부절차가 종료된다.

매수인은 매각대금의 완납으로 소유권이전등기 유무와 관계없이 소유권을 취득한다. 다만 처분하기 위해서는 반드시 등기해야만 한다(민법 제187조).

⑥ 매각대금 완납증명원 신청

대금을 납부할 때에는 소유권이전등기 촉탁신청이나 인도명령신청 또는 명도소송을 제기하는 데 첨부하기 위하여 매각대금 완납증명원(부동산목록과 인지 첨부)을 발급받아두는 것이 유익하다.

▣ 특수한 대금납부

매각대금 납부는 현금이 원칙이지만, 매수인의 편의 등을 위하여 특수한 대금납부 제도가 있다(민사집행법 제143조).

① 채권자 상계신청에 의한 대금납부

경매절차상 매각대금에서 배당받을 수 있는 채권자가 매수인이 된 경우에 매각결정기일이 끝날 때까지 집행법원에 신고(채권자 상계신청서 제출)하고, 매수인이 배당받아야 할 금액을 제외한 나머지 금액만을 납부할 수 있다. 채권자 상계신청이 있는 경매사건은 다른 채권자와 매수인 등의 편의와 절차상의 번잡을 피하기 위하여 대금납부일과 배당기일을 같은 날에 진행하고 있다.

② 채무인수에 의한 대금납부

매수인은 배당표의 실시에 관하여 매각대금의 한도 내에
서 배당을 받게 될 관계 채권자의 승낙이 있는 경우에는
매각대금의 지급에 갈음하여 채무를 인수할 수 있다. 즉 배
당받을 수 있는 채권자의 승낙을 전제로 그 금액을 인수하
고 매각대금의 지급을 대신할 수 있다. 다만 실무에서 자주
이용되는 제도는 아니다.

③ 잔금대출에 의한 대금납부(실무)

경락잔금에 대한 대출은 주로 제2금융권을 중심으로 활발
하게 이루어지고 있는데, 제1금융권(은행)의 금리보다 높
은 이자율이 부담으로 작용한다. 다만 최근에는 제1금융
권도 마땅한 대출처를 찾지 못해 경락잔금 대출에 적극 나
서고 있으며, 1금융권과 2금융권의 이자율 차이도 감소하
는 추세이다.

매각대금의 잔금대출 한도는 부동산의 종별에 따라 다소
차이가 있으나 2016년 말 현재 매각대금의 50~80% 정도
로 대출을 해주고 있으며, 대출금리는 부동산 종별, DTI,
LTV, 개개인의 신용도에 따라 다소 차이가 있으므로 대출
기관이나 알선업체(금융기관 퇴사자나 지인 등이 운영) 3~4군데
를 방문하여 비교해본 후 선택하는 것이 좋다.

❸ 대금미납 시의 재경매

① 대금지급기한 경과 후의 납기

매수인이 대금납부기한에 대금을 납부하지 못하면 집행법원은 바로 재매각 절차를 진행하는데, 정해진 재매각 기일 3일 전까지 매각대금과 함께 지연일수에 따른 이자(연 15%)와 재매각을 진행한 절차비용을 계산하여 매각대금을 납부할 수 있다. 재매각 절차 3일 전의 이후라도 재매각 기일 전에 매수인이 대금납부를 원할 경우에는 재매각 기일을 변경하여 대금납부를 허가하는 경우가 많다. 대금을 납부하면 재매각 절차는 취소되고 매수인은 정당한 소유권을 취득한다. 재매각 기일 3일 전까지 대금을 납부하지 못한 종전의 매수인은 재매각 절차에서 매수신청을 할 수 없으며, 매수신청보증금의 반환을 요구하지 못한다.

② 차순위 매수신고인에 대한 매각허부결정

최고가 매수신고인이 대금을 납부하지 않았는데 해당 사건에 차순위 매수신고인이 있는 경우에는 차순위 매수신고인에게 매각에 대한 허부결정을 하여야 한다. 이때 허가결정이 내려지면 종전 매수인은 입찰보증금의 반환을 청구하지 못한다.

만약 차순위 매수신고인이 매각허가결정을 받아 매수인이 되었으나 차순위 매수신고인도 대금을 지급하지 아니하여 재매각을 하는 경우에는 최고가로 매수인이 된 자와 차순위로 매수인이 된 자 모두 같은 입장이기 때문에 둘 중 먼저 매각대금을 납부한 매수인이 매각대상 부동산의 권리를 취득한다(민사집행법 제138조).

③ 재매각 실시와 입찰보증금의 할증

대금을 납부하지 않은 경우에는 입찰보증금은 몰취되고 차순위 매수신고인이 있는 경우에는 그 사람에게 매각이 허가되지만, 없는 경우에는 새로운 매각기일을 지정하여 재매각에 부쳐지고 재매각 시에는 입찰보증금액을 20% 내지 30%로 할증하여 진행하는 것이 상례이다. 할증을 하는 것은 전 매수인이 대금을 납부하지 않은 데에는 나름의 이유가 있을 수 있으므로 다시 입찰을 준비하는 사람들에게 주의를 환기시키기 위함이다. 다만 재매각 절차에서 매수신청보증금을 할증하는 것이 의무사항은 아니며, 집행법원의 판단에 따라 증액하는 등 조정이 가능하다(민사집행규칙 제63조).

대금을 납부하지 아니한 전 매수인은 보증금의 반환을 요구할 수 없으며, 이는 배당할 금액에 편입하여 채권자에게 배당한다. 다만 재매각 절차가 취소되거나 경매신청이 취하되면 매수신청보증금을 반환받을 수 있다.

채 권 상 계 신 청 서

사건번호   타경   호

채 권 자

채 무 자

위 사건에 관하여 매수인이 납부할 매각대금을 민사집행법 제143조 제2항에 의

하여 매수인이 채권자로서 배당받을 금액한도로 상계하여 주시기 바랍니다.

년   월   일

매수인 겸 채권자   (인)
연락처(☎)

지방법원   귀중

경매신청의 취하

경매를 신청한 채권자는 변제를 유예해줄 수 있고, 채무자가 변제를 하는 등의 사유가 발생하면 원칙적으로 매수인이 대금을 납부하기 전까지 취하가 가능하다. 다만 최고가 매수신고가 있기 전후의 절차가 상이하므로 나누어 기술한다.

1 매수신고 전까지의 취하

매각기일에 최고가 매수신고가 있기 전까지는 경매신청인은 언제든지 임의로 경매를 취하할 수 있다. 다른 채권자나 이해관계인의 동의를 받을 필요도 없다. 매각기일에 경매가 진행되는 과정에 취하서가 접수된 경우에는 매각절차를 진행하는 집행관에게 즉시 연락하여 매각절차를 중지하도록 해야 한다. 만약 집행관에게 연락을 받지 못하고 최고가 매수신고인이 결정된 경우에는 법원 사무관 등이 최고가 매수신고인에게 취하된 사실을 통지하고 취하하거나 매각불허가결정을 한 후 취하하면 될 것이다(『법원실무제요』 2권 619쪽).

2 매수신고 이후의 취하

매각기일에 최고가 매수신고가 이루어진 후 취하하려는 경우에는 최고가(차순위) 매수신고인 또는 매수인(매각허가결정이 확정된 자)의 동의를 받아야 그 효력이 생긴다(민사집행법 제93조). 이 취하동의서에는 매수인의 인감도장을 날인하고 인감증명서를 첨부하여야 한다.

문제는 최고가 매수신고인 등이 수고비 또는 합의금 명목으로 돈을 요구하는 것이 보통이고, 과다한 요구로 인하여 합의를 못 하고 취하에 동의해주지 않는 경우인데, 동의를 해주지 않아도 취하는 가능하다. 이를 임의경매와 강제경매로 나누어 살펴보자.

① 임의경매

임의경매 절차에서 최고가 매수신고인 등이 취하동의서를 작성해주지 않을 경우에는 경매를 실행한 담보권의 등기가 말소된 등기사항증명서, 담보권 등기를 말소하도록 명한 확정판결의 정본, 담보권이 없거나 소멸되었다는 취지의 확정판결의 정본 등을 첨부하여 집행정지를 신청하고, '경매개시결정에 대한 이의신청'을 하여 취소할 수 있다. 이의신청은 경매개시결정을 한 법원에 해야 한다.

② 강제경매

강제경매는 임의경매보다는 취하절차가 다소 복잡한데, 강제경매를 신청한 집행권원에 대하여 '청구이의의 소(訴)를 제기'하여 대응해야 한다. 청구이의의 소는 집행권원(채무명의)에 표시된 채무가 변제되었으므로 강제집행을 허용하지 않는다는 판단을 구하는 소송이며, 1심 판결을 한 수소법원(受訴法院)에 제기해야 한다(민사집행법 제44조).

주의할 것은 청구이의 소송을 제기하였다고 하여 경매절

차가 정지되는 것은 아니므로, 소송을 제기하였다는 접수증명원을 첨부하여 강제집행정지 신청을 하여야 한다는 점이다. 집행정지 사유가 법률상 정당한 이유가 있다고 인정되고 사실에 대한 소명(疏明)이 있을 경우, 수소법원은 당사자의 신청에 따라 판결이 있을 때까지 담보를 제공하게 하거나, 담보를 제공하게 하지 아니하고 강제집행을 정지하도록 명할 수 있다(민사집행법 제46조). 담보제공 명령은 일정 금액의 금전공탁이나 보증공탁인데, 경매가 취하되면 바로 찾을 수 있는 금액(공탁금 회수)이므로 큰 부담을 갖지 않아도 된다. 집행정지 신청을 할 때에는 그 사유를 소명하는 것이 매우 중요하므로 변호사 등 법률전문가의 도움을 받아 제출해야 한다.

소유권이전등기 촉탁신청

경매를 통하여 부동산을 취득하는 경우, 소유권 이전등기를 법원에서 직접 해주는 것이 아니므로 매각대금을 완납한 후 매수인 본인이나 법무사를 통해 촉탁등기신청서를 작성하여 첨부서류와 함께 접수하면, 법원은 관할등기소에 등기를 하라는 촉탁만을 대신해준다.

▌ 소유권이전등기 촉탁신청서의 작성

소유권이전등기 촉탁신청서는 각 법원과 지지옥션 경매정보

인터넷사이트 등에 비치되어 있으므로 이를 이용하면 편리하다. 신청서에는 해당 경매사건의 사건번호와 채권자, 채무자, 소유자와 함께 매수인을 기재하고, 언제 매각대금을 완납하였으므로 별지목록 부동산에 대한 소유권이전 및 기타 말소등기를 촉탁해달라는 내용을 기재하여 작성한다.

❷ 첨부서류

소유권이전등기 촉탁신청서에는 부동산의 등기부등본, 토지대장, 건축물관리대장, 공시지가확인원, 매수인의 주민등록등본(또는 초본), 취득세 영수증(이전), 등록세 영수증(말소)을 첨부하여야 한다.

❸ 부동산목록 작성

경매를 통하여 매수한 부동산의 소재지, 면적, 지목, 구조 등을 기재한 것을 부동산목록이라고 한다. 매각대금을 완납한 후 매각대금 완납증명원을 발급받으면 부동산목록이 첨부되어 있으므로 이를 복사하여 사용하면 된다.

❹ 말소목록 작성

경매를 통하여 매수한 부동산의 등기부등본에는 전 소유자 채권자들의 근저당권이나 지상권, 전세권과 가압류, 압류, 경매개시결정의 기입등기 등 매수인에게 대항할 수 없는 권리를 말소하기 위해서 그 목록을 작성하여야 한다. 말소목록에는 각 권리의 순위번호, 접수일자, 접수번호, 채권자 등을 기재한다. 목록에서 빠뜨린 권리는 말소되지 못할 수도 있으므로 누락되지 않도록 주의한다.

5 세금납부

① 이전에 따른 등록세와 지방교육세

경매를 통하여 부동산을 취득한 경우, 매각대금을 완납했다는 완납증명서를 지참하고 관할 시·군·구청의 세무과를 방문하여 자진납부신고를 하면 취득세 등의 세금을 계산하여 고지서를 발급해준다. 취득세 등을 은행에 납부하면 등기소 제출용 영수증, 등기소의 구청 통보용 영수증과 본인 보관용 영수증을 교부해준다. 이 중 등기소 제출용 영수증과 구청 통보용 영수증을 촉탁신청서에 첨부하여 제출한다.

② 말소에 따른 등록세와 지방교육세

말소목록에 따라 말소대상 건수를 계산하여 관할 시·군·구청에서 말소등록세 등의 고지서를 발급받아 세금을 납부하고, 등기소 제출용 영수증을 촉탁등기신청서에 첨부한다. 말소에 따른 등록세와 지방교육세는 1건당 3,600원이므로 말소대상 건수에 이 금액을 곱하여 신고하면 된다.

6 국민주택채권 매입

경매(매매)를 통하여 부동산을 구입하면 국민주택채권을 매입하여 소유권이전 촉탁등기신청서에 첨부하여야 한다. 국민주택채권 매입 시의 기준금액은 매각가격이 아니므로 토지는 공시지가를, 건물은 과세시가표준 금액을 기준으로 하여 다음과 같은 누진표에 따라 매입해야 한다.

☑ 국민주택채권 매입기준표

구분	공시가격 (원)	의무매입 비율 (%)	
		특별시, 광역시	기타 지역
주택	2천만 ~ 5천만	1.3	1.3
	5천만 ~ 1억	1.9	1.4
	1억 ~ 1.6억	2.1	1.6
	1.6억 ~ 2.6억	2.3	1.8
	2.6억 ~ 6억	2.6	2.1
	6억 이상	3.1	2.6
토지	5백만 ~ 5천만	2.5	2
	5천만 ~ 1억	4	3.5
	1억 이상	5	4.5
주택과 토지 이외 (예: 상가건물)	1천만 ~ 1.3억	1	0.8
	1.3억 ~ 2.5억	1	1
	2억 5천만 이상	2	1.8

* 국민주택채권은 매입 후 만기 때까지 보관해도 되지만 일반적으로 매입 후 바로 매각한다. 할인율은 매일 달라질 수 있다.

⑦ 이전 및 말소에 따른 증지매입

소유권이전등기 촉탁신청서에는 대법원에서 발행하는 수입증지(정부발행 수입인지 아님)를 매입하여 첨부하여야 하며, 소유권이전 1건마다 1만 5,000원, 말소대상 1건마다 각 3,000원씩을 매입하여 첨부한다(2017년 기준).

⑧ 민사신청(집행)과 접수 및 등기촉탁

촉탁등기신청서와 각종 첨부서류가 구비되면 그 사본을 4부씩 만들어 해당 경매계에서 확인을 받아 민사신청과에 접수한다. 이후 법원은 해당 서류를 관할등기소에 이관하면서 소유권이전 및 말소등기의 촉탁을 한다.

⑨ 등기필정보 및 등기필완료통지서 수령

촉탁을 받은 관할등기소는 매수인에 대한 소유권이전등기와 함께 대항력이 없는 전 소유자의 모든 권리를 말소한 후 등기필정보 및 등기필완료통지서를 해당 집행법원에 송부한다. 소요기간은 접수일 기준 약 2~3주이며, 매수인은 이후 직접 해당 경매계를 방문하여 등기필정보 및 등기필완료통지서를 수령하여야 한다. 등기필정보는 과거의 등기권리증(등기필증)에 갈음하는 문서로, 일련번호(영문과 아라비아 숫자를 조합한 12개)와 비밀번호(50개)로 구성되어 있다. 매매 등을 이유로 소유권을 이전해줄 때 과거처럼 등기권리증을 첨부하는 것이 아니라 등기신청서에 등기필정보만 기재하여 신청하면 된다.

부동산소유권이전등기 촉탁신청서

사건번호   타경   부동산강제(임의)경매

채 권 자

채 무 자(소유자)

매 수 인

　위 사건에 관하여 매수인   는(은) 귀원으로부터 매각허가결정을 받고
　　　　년　　월　　일 대금전액을 완납하였으므로 별지목록기재 부동산에 대하여
소유권이전 및 말소등기를 촉탁하여 주시기 바랍니다.

첨부서류

1. 부동산목록　　　　　　　　4통
1. 부동산등기사항전부증명서　1통
1. 토지대장등본　　　　　　　1통
1. 건축물대장등본　　　　　　1통
1. 주민등록등본　　　　　　　1통
1. 취득세 영수증(이전)
1. 등록면허세 영수증(말소)
1. 대법원수입증지-이전 15,000원, 말소 1건당 3,000원(토지, 건물 각각임)
1. 말소할 사항(말소할 각 등기를 특정할 수 있도록 접수일자와 접수번호) 4부

년　　　　월　　　　일

　　　신청인(매수인)　　　　　　　　　　(인)

　　　연락처(☎)

　　　　지방법원　　　　　귀중

☞유의사항
1. 법인등기사항증명서, 주민등록등(초)본, 토지대장 및 건물대장등본은 발행일로부터 3월 이내의
　것이어야 함
2. 등록세 영수필확인서 및 통지서에 기재된 토지의 시가표준액 및 건물의 과세표준액이 각 500
　만원 이상일 때에는 국민주택채권을 매입하고 그 주택채권발행번호를 기재하여야 함

인도명령 신청 **1** **신청인과 피신청인 및 신청시기**

① 신청인

매각대금을 납부한 매수인이며, 매수인의 상속인이나 회사합병이 이루어진 경우 등 일반승계인도 승계한 사실을 입증하여 인도명령을 신청할 수 있다. 인도명령 결정이 이루어진 후의 상속인 등 일반승계인은 승계집행문을 부여받아 집행을 신청하여야 한다.

다만 매각대상 부동산을 매수한 양수인(특별승계인)은 인도명령을 신청할 수 없으며, 매수인을 대위하여 신청하는 것도 허용되지 않는다(대법원 판례 66마713호).

② 피신청인

인도명령의 피신청인은 채무자와 소유자 및 매수인에게 대항할 수 없는 부동산의 모든 점유자이다. 채무자나 소유자의 일반승계인도 피신청인이 될 수 있다. 매수인에게 대항할 수 있는 권원에 의하여 점유하고 있는 경우에는 인도명령 대상자가 될 수 없는데, 대항력(형식상) 있는 임차인, 유치권자, 법정지상권자 등이 있다.

실무에서 대항력과 우선변제권이 있는 임차인에 대하여 매각대금을 납부한 후 바로 인도명령을 신청하기도 하는데, 배당표가 확정되고 임차인이 배당금을 지급받을 때까지 임차권은 소멸하지 않기 때문에 배당기일 이후에 인용해주는 것이 일반적이다(대법원 판례 2003다23892호).

③ 신청시기

인도명령 신청은 매각대금을 납부한 뒤 6개월 이내에 신청서를 제출하고, 6개월이 경과한 때부터는 명도소송을 제기하여야 한다. 그러므로 매각대금을 납부하는 즉시 인도명령신청서를 제출하는 것이 좋다. 합의명도 가능성이 있다는 이유로 인도명령을 신청하지 않은 채로 6개월이 경과하면 그때에는 명도소송을 제기할 수밖에 없으므로 각별히 주의해야 한다.

❷ 인도명령신청서 작성

인도명령신청서는 법원마다 비치되어 있다. 신청서에 사건번호와 당사자명을 기재한 후 "언제 매각대금을 납부하였으므로 피신청인으로 하여금 신청인에게 별지목록 부동산을 인도하라는 결정을 구합니다"라고 작성하여 신청인의 도장을 날인하고, 매각대금을 납부한 증명서를 첨부하여야 한다.

❸ 인지대 및 송달료 납부

인도명령신청서에는 국가에서 발행하는 수입인지 1,000원을 첨부하고 당사자에 대한 결정문 등의 송달에 필요한 송달료 4회분을 납부하는 것으로 비용은 충족되며, 실무적으로 송달료는 우표를 매입하여 신청서와 함께 제출하면 된다.

4 민사신청(집행)과에 접수

인도명령신청서에 인지 등을 첨부하여 해당 경매계를 경유한 후 민사신청(집행)과에 접수하는 것으로 동 신청은 종료된다.

5 인도명령에 대한 재판

법원이 채무자 및 소유자 외의 점유자에 대하여 인도명령을 하려면 그 점유자를 심문하여야 한다. 다만 그 점유자가 매수인에게 대항할 수 있는 권원에 의하여 점유하고 있지 아니함이 명백한 때에는 그러하지 아니하다. 실무에서 인도명령은 서면심리만으로 이루어지는 경우가 많지만, 말소기준권리보다 전입신고일이 빠르고 임차내역이 미상인 점유자는 심문하거나 변론을 열 수도 있다.

6 처리기간

피신청인이 소유자나 채무자 등 매수인에게 대항할 수 없는 점유자가 명백한 경우에는 통상적으로 심문절차 없이 진행하므로 신청 후 10여 일 정도 소요된다. 다만 필요할 경우 법원이 피신청인을 소환하여 심문절차를 진행할 수 있고, 이 경우에는 1개월가량이 소요될 수도 있다.

7 인도명령결정에 대한 즉시항고

①즉시항고기간

인도명령결정문을 송달받은 피신청인은 송달을 받은 후 7

일 이내에 불복할 수 있으며, 즉시항고를 할 경우에는 집행
법원의 결정으로 일정 금액을 공탁하게 할 수 있다. 항고장
에 항고이유를 적지 아니한 경우에는 접수한 날부터 10일
이내에 항고이유서를 제출해야 한다. 이 기간 내에 항고이
유서를 제출하지 아니한 경우에는 각하처리한다.

인도명령에 대한 즉시항고는 항고법원에서 강제집행에 대
한 일시정지 처분을 하지 않는 한 집행정지 효력이 없으므
로, 이의신청을 할 때에는 집행정지 신청을 병행해야 한다.
이미 강제집행이 종료된 후에는 이의신청을 할 수 없을 뿐
만 아니라 즉시항고사건 계속 중에 강제집행이 종료된 경
우에도 불복대상을 잃게 되므로 부적법하여 각하하여야
한다(대법원 판례 2010마458호).

② 항고이유

인도명령에 불복할 수 있는 사유로는 인도명령 발령 시에
판단하여야 할 절차적 · 실체적 사항인 신청인의 자격과
상대방의 범위 및 신청기한 위반, 심리절차의 하자, 인도
목적물의 불특정, 상대방의 불특정, 매수인에게 부동산의
인도를 거부할 수 있는 점유권원이 발생(예를 들어 신청인과
임대차나 매매계약을 체결한 경우 등)한 경우 등이다.

1 신청대상자 및 신청시기

현행 민사집행법상 명도소송 대상자는 많지 않지만, 인도명령신청 대상자 중 대금납부 후 6개월이 경과한 자, 형식상 대항력이 있는 임차인, 유치권을 주장하는 자 등이 대상자이며, 매각대금을 납부한 후부터 부동산을 인도받을 때까지 언제든지 제기할 수 있다.

2 명도소송 소장 작성

명도소송을 제기하기 위해서는 청구취지와 청구원인을 기재한 소장을 작성해야 하는데, 일반인들이 작성하기에는 어려움이 있어 법무사나 변호사를 이용하는 경우가 많다. 하지만 소장은 특정한 형식이 있고 법원마다 양식을 비치하고 있으며 인터넷상에 작성 사례가 많으므로 조금만 신경 쓰면 직접 작성할 수도 있다. 소장을 작성한 후 명도를 구하는 부동산의 목록과 건물 부분의 도면, 매각대금을 납부했다는 증명서, 부동산 등기부등본 등을 첨부하면 된다.

여기서 잠깐!

부동산 인도명령 신청사건에서 매수인은 상대방의 점유사실만 소명하면 되고, 점유자가 매수인에게 대항할 수 있는 권원에 의한 것인지는 이를 주장하는 상대방이 소명하여야 한다(대법원 판례 2015마2025호).

3 소송물가액의 산정

명도소송을 제기할 때에는 국가에서 발행하는 수입인지(소송비용)를 매입해야 하는데, 그 금액을 결정하기 위하여 소송물가액을 산정해야 한다. 토지의 인도를 구하는 경우에는 공시지가를 기준으로 하므로 어려움이 없으나, 건물의 명도를 구하는 경우에는 경과년수, 구조, 지역지수, 위치지수 등을 반영한 과세시가표준액(과세시가표준액의 1/2이 소송물가액임)에 따라 매입해야 하므로 일반인들이 산정하기에는 상당한 어려움이 따른다. 다만 법원 민사과나 법률구조공단 사이트(www.klac.or.kr) 등을 이용하면 소송물가액 산정을 용이하게 할 수 있다.

4 인지대 및 송달료 납부

명도소송 소장에 첨부하는 인지대는 이미 산정한 소송물가액에 따라 다음의 기준을 따른다.

☑ **첨부인지대 기준표**

소송물가액	수입인지
1천만 원 미만	소송물가액 × 0.5%
1천만 원 이상 ~ 1억 원 미만	소송물가액 × 0.45% + 5,000원
1억 원 이상 ~ 10억 원 미만	소송물가액 × 0.4% + 5만 5,000원
10억 원 이상	소송물가액 × 0.35% + 55만 5,000원

* 단, 인지대가 1,000원 미만인 경우에는 1,000원으로 하고, 1,000원 이상인 경우 100원 미만의 단수는 산입하지 아니한다. 즉 인지대의 최소단위는 1,000원이다.

소송물가액	민사사건 분류	납부금액(횟수)
2천만 원 미만	민사소액사건	4만 5,000원(10회분)
2천만 원 이상 ~ 2억 원 미만	민사단독사건	6만 7,500원(15회분)
2억 원 이상	민사합의사건	6만 7,500원(15회분)

* 위 금액은 소송 당사자 1인 기준이며, 원고와 피고의 숫자 합계에 위 금액을 곱하여 산정한다. 경매사건의 명도소송은 민사단독사건으로 취급하므로 항상 15회분을 납부하면 된다. 참고로 경매를 신청할 때의 송달료는 신청인과 피신청인 및 이해관계인들의 숫자에 3을 더하여 10회분을 납부해야 한다.

5 민사과 접수

명도소장을 작성하여 인지대와 송달료를 납부한 후 경매를 진행했던 민사신청과가 아닌 일반적인 소송의 접수를 담당하는 민사(단독)과에 접수해야 한다. 민사과에 접수한다는 것은 경매사건이 새로운 민사소송사건으로 바뀌었다는 것을 의미하며, 새로운 민사재판부로 경매관련 서류 모두가 이송된다.

6 처리기간 및 비용

명도소송은 통상 1심을 기준으로 약 5~6개월이 소요되지만, 소송 특성상 피고의 응소(應訴)방법이나 송달지연 문제 등으로 인하여 기간을 쉽게 예측하기 어렵다. 소송비용은 당사자가 직접 진행할 경우에는 인지대와 송달료가 전부이지만, 소송대리인으로 변호사를 선임할 경우에는 그 비용을 감안해야 한다.

참고로 민사소송법에서는 답변서 의무제출 제도 및 무변론 판결제도 도입으로 소송에 소요되는 기간이 줄어들 것으로 기대하였으나, 소송사건의 증가로 단축되지 못하고 있다.

무변론 판결제도란 소장부본을 송달받은 피고 측에서 30일 이내에 답변서 등의 제출이 없는 경우에는 바로 원고의 주장 사실을 인용하여 변론 없이 판결을 하는 제도를 말한다.

인도명령과 명도소송 비교

구분	인도명령	명도소송
분류	민사신청사건	민사소송사건
신청시기	매각대금 납부 후 6개월 이내	매각대금 납부 후 명도받을 때까지
신청대상	점유권원이 없는 모든 점유자	대금납부 후 6개월이 경과한 인도명령대상자, 점유권한이 있다고 주장하는 유치권자 등의 점유자
신청방법	인도명령신청서를 작성하여 민사신청과(경매계)에 접수	명도소송 소장을 작성하여 해당 법원 민사과에 접수 (경매계에서 이관)
처리기간	약 15일 전후	피고의 응소방법 등에 따라 상이 통상적으로 약 5~6개월 소요
진행절차	소유자나 채무자 등 점유권원이 없음이 명백한 점유자의 경우 심문 없이 진행	정식 재판절차에 따라 준비서면과 답변서 제출, 증인심문, 검증절차 등을 거쳐 진행
주문형식	피신청인은 신청인에게 별지목록 부동산을 인도하라	피고는 원고에게 별지부동산을 명도하라/가집행할 수 있다
강제집행신청 구비서류	인도명령결정문, 집행문부여, 송달증명서	승소판결문, 송달증명서, 집행문부여신청, 확정증명원
강제집행비용	송달료, 인지대, 집행비용 등 평당 10만 원 이내	좌동(左同). 다만 소송대리인으로 변호사를 선임할 경우 변호사 선임비용 별도

부동산인도명령 신청서

사건번호

신청인(매수인)

    ○시 ○구 ○동 ○번지

피신청인(임차인)

    ○시 ○구 ○동 ○번지

위 사건에 관하여 매수인은   . . . 에 낙찰대금을 완납한 후 채무자(소유자, 부동산점유자)에게 별지 매수부동산의 인도를 청구하였으나 채무자가 불응하고 있으므로, 귀원 소속 집행관으로 하여금 채무자의 위 부동산에 대한 점유를 풀고 이를 매수인에게 인도하도록 하는 명령을 발령하여 주시기 바랍니다.

년   월   일

매 수 인   (인)

연락처(☎)

지방법원   귀중

☞유의사항

1) 낙찰인은 대금완납 후 6개월내에 채무자, 소유자 또는 부동산 점유자에 대하여 부동산을 매수인에게 인도할 것을 법원에 신청할 수 있습니다.
2) 신청서에는 1,000원의 인지를 붙이고 1통을 집행법원에 제출하며 인도명령정본 송달료(2회분)를 납부하셔야 합니다.

CHAPTER 3

꼭 알아야 하는
임대차보호법

01

주택임대차보호법 및 주요 판례

1 제정목적

주택임대차보호법(이하 주임법이라고 한다)은 주거용 건물의 임대차에 대하여 민법에 규정되어 있는 임대차계약의 특례를 규정함으로써 국민의 주거생활 안정을 보장하는 것을 그 목적으로 1981년에 제정되었고, 그동안 여러 차례의 개정을 거쳐 현재에 이르고 있다. 전체 조문은 31개에 불과하지만 경매의 권리분석을 함에 있어서 상당히 중요한 조항들이 많을 뿐만 아니라, 우리의 일상생활에 필요한 주요 내용들도 포함하고 있다. 민법상의 계약은 계약자유의 원칙이 지배하지만, 주임법은 사회적·경제적 약자인 임차인을 강자인 임대인으로부터 보호하려는 사회보장법적 성격을 담고 있기 때문에 강행규정으로 임차인에게 불리한 내용은 그 효력이 없다(주임법 제10조).

2 적용범위

주임법은 주거용 건물, 즉 주택의 전부 또는 일부의 임대차에 관하여 적용되며, 그 임차주택의 일부가 주거 이외의 목적으로 사용되는 경우에도 적용된다. 주거 외의 부분이 어느 정도여야 하는가의 문제가 제기될 수 있는데, 일정 비율을 가리키는 것은 아니다. 가령 주거 외의 부분이 주거 부분보다 넓다고 하더라도 그곳에서 실제 주거생활을 하고 있다면 적용되는 것이다. 주거용 건물의 등기나 미등기, 허가 여부를 불문하고 실제 주거생활을 하고 있으면 주임법이 적용된다. 다만 일시적으로 사용하기 위한 임대차임이 명백한 경우에는 주임법이 적용되지 아니한다.

여기서 잠깐!

주거용 건물로 보호받을 수 있는 범위

1. 등기된 건물인지 미등기 건물인지와 관계없다.
2. 무허가 건물인지 위법 건축물인지와 관계없다.
3. 가건물이거나 불법으로 용도를 변경한 경우에도 관계없으나, 주거용이 아닌 건물을 주거용으로 사용하고 있는 경우에는 구체적인 사안에 따라 다른 판례들이 있다. 그러나 어떠한 경우든 가장 중요한 판단 기준은 그곳이 임차인이 실제 주거생활을 하고 있는 유일한 공간인지 여부이다.

**대항력과
소액
최우선변제권**

1 대항력의 요건

주택의 인도(점유)와 전입신고를 대항력이라고 하며, 이 요건을 마친 때에는 그 익일부터 제3자에 대하여 대항력이 발생하고, 그 익일이란 익일이 시작되는 0시이다. 그러므로 전입신고일과 최초 근저당권 설정일자가 같은 날이면 임차인이 후순위가 된다. 임차인이 매수인에게 대항력을 주장하려면 그 주택의 최초 근저당권의 설정일자 등 말소기준권리보다 먼저 점유하고 하루라도 빨리 전입신고가 되어 있는 경우에만 가능하다.

임차인이 매수인에게 대항력이 있다는 것은 보증금 전액을 반환받을 때까지 매수인에게 임차주택의 인도를 거절할 수도 있고, 잔여 임대차기간까지 거주할 수도 있다는 의미이다. 다만 적법하게 배당요구신청을 하면 계약 해지의사를 표시한 것으로 본다.

대항력과 우선변제권이 있는 임차인은 선택에 따라 권리신고 겸 배당요구를 한 후 보증금을 배당받아 이사 갈 수도 있고, 배당신청을 하지 않고 매수인에게 대항력을 행사할 수도 있다.

2 소액 최우선변제권의 요건과 범위

주택임차인이 소액 최우선변제금액을 배당받기 위해서는 경매개시결정 기입등기 이전에 대항력 요건(입주 및 전입신고)을 갖추어야 한다. 그리고 주임법 시행령에서 정하는 임차보증금의 상한액을 초과하지 않아야 하며, 소액 최우선변제금액의 합산액은 주택가액(토지가격 포함)의 2분의 1 범위 이내여야 한다.

임차인이 경매개시결정일 이전에 대항력 요건을 갖추면 보증금 중 일정 금액을 다른 담보물권자(擔保物權者)보다 우선하여 변제받을 권리가 있다. 담보물권에는 근저당권과 담보가등기권은 포함되지만 가압류권은 포함되지 않는다. 확정일자를 갖춘 임차인이 포함되는지에 관해서는 견해가 나뉘는데, 확정일자를 갖춘 임차인은 부동산 담보권자와 유사한 지위에 있다는 대법원 판례(2007다45562호)를 근거로 긍정하는 견해가 다수설이다(법원행정처 발행『민사집행 실무제요』2권 456쪽).

임대차보증금이나 차임이 경제상황의 변동에 따라 증액되면서 소액 최우선변제금액의 범위도 계속해서 상향되고 있으며, 그 기준일은 임차인의 전입신고일이 아니라 동 주택에 설정되어 있는 우선변제권이 있는 근저당권 등 담보물권의 설정일이다.

일정한 요건을 갖춘 소액임차인에 대해서는 순위와 관계없이 보증금 중 일정 금액을 우선적으로 배당해주는데, 소액 최우선변제금액이 경제의 발전과 함께 상향되면서 담보물권을 확보하려는 채권자들에게 피해를 줄 수 있다는 문제점이 대두하였다. 이에 따라 금융기관도 주거용 건물의 대출 가능금액을 산정할 때 소액 최우선변제금에 해당하는 금액을 공제하고 있다.

☑ **주택임대차보호법**

- 주택소액임차인 최우선변제금 : 주민등록 전입과 건물의 인도가 있어야 한다(매각금액의 1/2 한도).
- 설정일의 기준은 임대차계약일이 아닌 담보물권(근저당권, 담보가등기, 전세권 등)으로 한다.

담보물권 설정일	지역	보증금 범위(이하)	최수선변제액(까지)
1984. 6. 14 ~ 1987. 11. 30	특별시, 직할시	300만 원	300만 원
	기타 지역	200만 원	200만 원
1987. 12. 1 ~ 1990. 2. 18	특별시, 직할시	500만 원	500만 원
	기타 지역	400만 원	400만 원
1990. 2. 19 ~ 1995. 10. 18	특별시, 직할시	2,000만 원	700만 원
	기타 지역	1,500만 원	500만 원
1995. 10. 19 ~ 2001. 9. 14	특별시, 광역시(군지역 제외)	3,000만 원	1,200만 원
	기타 지역	2,000만 원	800만 원
2001. 9. 15 ~ 2008. 8. 20	과밀억제권역(인천광역시 포함)	4,000만 원	1,600만 원
	광역시(군지역과 인천광역시지역 제외)	3,500만 원	1,400만 원
	기타 지역(광역시군 포함)	3,000만 원	1,200만 원
2008. 8. 21 ~ 2010. 7. 25	과밀억제권역(인천광역시 포함)	6,000만 원	2,000만 원
	광역시(군지역과 인천광역시지역 제외)	5,000만 원	1,700만 원
	기타 지역(광역시군 포함)	4,000만 원	1,400만 원
2010. 7. 26 ~ 2013. 12. 31	서울특별시	7,500만 원	2,500만 원
	과밀억제권역	6,500만 원	2,200만 원
	광역시(과밀억제권역에 포함된 지역과 군지역 제외), 안산시, 용인시, 김포시, 광주시	5,500만 원	1,900만 원
	기타 지역(광역시군 포함)	4,000만 원	1,400만 원
2014. 1. 1 ~ 2016. 3. 30	서울특별시	9,500만 원	3,200만 원
	과밀억제권역	8,000만 원	2,700만 원
	광역시(과밀억제권역에 포함된 지역과 군지역 제외), 안산시, 용인시, 김포시, 광주시	6,000만 원	2,000만 원
	기타 지역(광역시군 포함)	4,500만 원	1,500만 원
2016. 3. 31 ~	서울특별시	1억 원	3,400만 원
	과밀억제권역	8,000만 원	2,700만 원
	광역시(과밀억제권역에 포함된 지역과 군지역 제외), 안산시, 용인시, 김포시, 광주시, 세종시	6,000만 원	2,000만 원
	기타 지역(광역시군 포함)	5,000만 원	1,700만 원

수도권 정비계획법 중 과밀억제권역

서울특별시, 의정부시, 구리시, 하남시, 고양시, 수원시, 성남시, 안양시, 부천시, 광명시, 과천시, 의왕시, 군포시, 시흥시(반월특수지역 제외), 남양주시(호평동, 평내동, 금곡동, 일패동, 이패동, 삼패동, 가운동, 수석동, 지금동 및 도농동에 한함), 인천광역시(강화군, 옹진군, 서구 대곡동 · 불로동 · 마전동 · 금곡동 · 오류동 · 왕길동 · 당하동 · 원당동, 인천경제자유구역 및 남동국가산업단지 제외)

확정일자 있는 우선변제권	주택의 인도와 전입신고를 마친 임차인이 임대차계약 증서상 확정일자를 갖추면 민사집행법에 의한 경매나 국세징수법에 의한 공매 시 임차주택의 대지가격과 건물가격을 합한 환가 (낙찰)금액에서 후순위 권리자, 기타 채권자에 우선하여 보증 금을 변제받을 수 있다. 임차권은 채권이지만 확정일자를 갖 춘 임차인에게 경매나 공매 시의 물권처럼(채권의 물권화) 후순 위 권리자보다 우선변제권을 부여하고 있는 것이다. 이 제도 는 민법상 임차권이나 전세권을 등기하려고 해도 우월적 지 위에 있는 임대인들이 협조해주지 않아 등기를 못 하는 임차 인들이 늘어나고, 이로 인하여 경매나 공매 시 선의의 피해를 입는 임차인들이 증가하자 1989년 12월 30일부터 주임법을 개정하여 시행하고 있다.

임차권 등기명령	**1 임차권등기명령 제도** 임차인이 소액 최우선변제권이나 대항력을 주장하고 확정일 자 있는 우선변제권을 행사하려면 반드시 해당 임차주택에 전입신고를 하고 점유하고 있어야 한다. 그러나 경매가 진행 되는 도중에 임차인의 부득이한 사정으로 보증금을 반환받지 못하고 전입신고를 옮기거나 이사를 가야 할 사정에 처한 경 우, 임차인이 이미 취득하고 있던 권리내용을 기재하여 임차

권등기명령을 신청하면 그 내용을 등기부등본상에 등기해주는 제도가 임차권등기명령이다. 경매를 당하지 않은 임차주택의 임차인도 임대차기간이 종료되고 보증금을 반환받지 못한 경우에는 이 제도를 활용할 수 있다.

2 신청서의 기재사항

각 법원에 비치되어 있는 임차권등기명령신청서에 신청하는 취지와 이유를 기재하고, 임차주택의 도면(일부 임대차인 경우), 반환받지 못한 보증금액, 전입신고일자, 임차주택을 점유한 날, 임대차계약서상의 확정일자를 받은 날 등을 기재하여 신청한다. 신청비용은 등록세와 교육세 3,600원, 인지대와 증지대 각각 2,000원과 송달료 6회분이 소요된다.

3 임차권등기명령의 효력

임차권등기명령에 의한 등기가 이루어지면 임차인이 그 이후에 점유를 상실하거나 주민등록을 타지로 이전하더라도 기존에 취득한 권리의 순위를 유지하게 된다. 임차권등기명령은 임대인의 도움 없이 임차인 단독으로 신청이 가능한 제도이므로, 임차인을 보호하는 데 그 목적을 두고 있다. 임대차등기명령의 집행에 의해 임차권등기가 경료된 주택을 그 이후에 임차한 임차인은 소액임차인에 해당하더라도 최우선변제권이 없다.

임대차기간의 보장과 갱신요구권

① 계약기간의 보호

임대인의 지나친 임대차보증금이나 월차임(월세)의 인상요구를 억제할 목적으로 임대차 계약기간을 최소 2년으로 정하여 경제적 약자인 임차인을 보호하고 있다. 임차인은 2년 미만으로 계약기간이 정해져 있을 경우에는 그 효력이 유효함을 주장할 수 있으나, 임대인은 주장할 수 없도록 하여 계약 체결 당시 임대인의 우월적 지위를 이용한 계약을 방지하고 있다. 임대차 계약기간이 종료한 경우에도 임차인이 임차보증금 전액을 반환받을 때까지는 임대차 관계가 존속하는 것으로 간주한다.

② 계약의 갱신과 묵시적 갱신

계약기간이 종료하여 새로운 계약을 체결하거나 거절하고자 할 경우에 임대인은 계약기간 만료 6개월 전부터 1개월 전까지, 임차인은 1개월 전까지 계약의 갱신 거절이나 조건 변경에 관한 통지를 해야만 효력이 있다. 만약 상호간에 이와 같은 통보가 없었다면 전 임대차와 동일한 조건으로 다시 임대차한 것으로 간주하는데, 이를 '묵시적 갱신'이라 하며 임대차 존속기간은 2년으로 본다. 다만 임차인이 2기(期)에 달하는 차임을 연체하였거나 임차인의 의무를 현저하게 위반한 경우에는 적용하지 아니한다.

① 차임 등의 증감청구권

임차한 주택에 대한 조세, 공과금이나 경제사정의 변동으로 인하여 보증금 및 차임이 상당하지 아니하게 된 때에는 당사자는 장래에 대해서만 그 증감을 청구할 수 있다. 그러나 임대인이 증액을 요구한 경우에는 보증금 및 차임의 5%를 초과하여 요구할 수 없으며, 임대차계약 또는 약정한 차임 인상이 이루어진 후 1년이 경과하지 않으면 다시 증액을 요구할 수 없다.

② 전세의 월세 전환이율

시중 금융기관 등의 금리인하와 맞물려 그동안 일명 전세보증금(등기를 하지 않은 전세권리)을 월세로 전환하는 사례가 빈번해졌다. 이때 경제적으로 강자인 임대인의 과다한 월차임(월세) 요구로 임차인들이 피해를 입는 것을 방지하기 위하여, 보증금의 전부 또는 일부를 월차임으로 전환하는 경우에 그 전환이율의 범위를 제한하는 것을 골자로 하는 주임법 시행령이 2002년 6월 30일부로 개정되었다. 동 시행령에서 인정하는 월차임에 대한 전환이율은 연 10%이다.

다만 실효성 여부는 불투명하다. 왜냐하면 처음 계약할 때 전세가 아닌 월세로 계약하는 경우에는 제한할 방법이 없는 데다, 임대차 계약기간 중이나 기간이 종료되는 시점에 임대인의 월세 전환조건을 수용하지 못하는 임차인에 대해서 임대인이 합법적인 계약해지 통보(계약만료 전 6개월에서 1개월 사이에 통보하면 해지효력이 있음)를 하고 차후 다른 임차인과 계약하는 경우에도 적용될 여지가 없기 때문이다. 오히려 월세전환 이율이 종전의 거래 관행보다 낮게 고정됨으로써 임대인들은 처음 계약 시에 월차임을 인상하여 적용하려고 하는 등, 전월세보증금의 인상효과를 초래할 우려마저 있다.

계약의 해지

1 일반적인 경우

임대차도 원칙적으로 계약이기 때문에 계약기간이 종료되면 소멸하지만, 묵시적으로 갱신될 수 있기 때문에 계약기간이 종료되기 일정 기간 전에 유효한 해지통보를 해야 한다. 계약기간 중이라도 임차인에게 불리하지 않은 내용으로 당사자간의 합의에 의해서 해지할 수는 있다.

2 묵시적 갱신의 경우

묵시적 갱신의 경우, 임대인은 계약기간 내에 임차인이 계약내용을 위반하는 등의 특별한 사유가 없는 한 계약을 해지할 수 없다. 다만 임차인은 임대인에게 언제든 계약해지를 통보할 수 있고, 해지통보가 임대인에게 도달한 후 3개월이 경과하면 해지효력이 발생한다.

주택임차권의 승계

임차인이 상속권자 없이 사망한 경우에 그 주택에서 가정생활을 하던 사실상의 혼인관계에 있었던 자는 임차인의 권리와 의무를 승계한다. 또한 상속권자가 있다 하더라도 사망 당시 그 주택에서 공동생활을 하고 있지 아니한 때에는 사실상의 혼인관계에 있었던 자와 2촌 이내의 친족이 공동으로 임차인의 권리와 의무를 승계하도록 함으로써, 법률상 혼인신고는 하지 않았더라도 사실혼 관계에 있던 자를 보호하고 있다. 권리와 의무를 승계할 자가 피상속인이 사망한 후 1개월 이내에 임대인에 대하여 반대의사를 표시한 때에는 적용하지 않지만, 그렇지 않은 경우에는 임대차 관계에서 발생한 모든 채권과 채무는 임차인의 권리와 의무를 승계한 자에게 귀속된다.

경매에 의한 임차권의 소멸

민사집행법에 의해 경매의 진행으로 인하여 매각이 된 경우에는 임차주택의 임차권은 소멸하는 것이 원칙이다. 다만 주임법 제3조 제1항의 대항력을 갖춘 임차인의 임차권(최초 근저당권 설정일자보다 먼저 점유하고 전입신고가 되어 있는 임차인)은 임차보증금 전액을 변제받을 때까지 유지된다.

확정일자 있는 계약서를 분실한 경우의 구제방법

임대차계약서상의 확정일자는 읍·면·동사무소(주민센터), 법원, 등기소, 공증사무소 등에서 날인받을 수 있다. 확정일자를 날인해준 기관은 해당 주택의 소재지, 확정일자 부여일, 차임 및 보증금 등을 기재한 확정일자부를 작성하여야 한다.

만약 확정일자를 부여받은 임대차계약서를 분실하였다면 임차인을 포함, 주택의 임대차에 대하여 이해관계가 있는 자는 확정일자 부여 기관에 해당 주택의 확정일자 부여일, 차임 및 보증금 등 정보의 제공을 요청할 수 있다. 이 경우 요청을 받은 확정일자 부여 기관은 정당한 사유 없이 이를 거부할 수 없다(주임법 제3조의6 제3항, 2013년 8월 신설). 즉 경매가 진행 중인 주택의 임차인이 확정일자를 받아둔 계약서를 분실했다면 확정일자를 부여해준 기관을 방문, 정보제공(확정일자조제부의 등사신청)을 요청하여 법원에 제출하면 우선변제 등의 구제를 받을 수 있다.

반드시 알아야 할 대법원 판례 20선

경매사건의 권리분석에서 상당한 비중을 차지하고 있는 주임법과 관련한 판례는 헤아릴 수 없이 많지만. 그중 반드시 알아두어야 할 의미 있는 판례 20가지를 소개하고자 한다. 사건개요나 쟁점 및 판결이유 등은 분량이 너무 방대하므로 판결요지를 중심으로 소개하는 바, 보다 구체적이고 자세한 정보를 원한다면 대법원 홈페이지 등에서 사건번호로 조회하여 전문(全文)을 참고하기 바란다.

[1] 주민등록을 마친 익일의 의미

사건번호	99다9981호 건물명도청구. 1999년 5월 25일 대법원 선고
참고조문	주택임대차보호법 제3조
판결요지	주임법 제3조의 임차인이 주택의 인도와 주민등록을 마친 때에는 그 '익일부터' 제3자에 대하여 효력이 생긴다고 함은 익일 오전 0시부터 대항력이 생긴다는 취지이다. 　그러므로 임차인이 1996년 8월 27일 전입신고를 했다면 그 익일인 1996년 8월 28일 0시부터 대항력을 취득하는 것이므로, 1996년 8월 28일 주간에 경료된 이 사건 근저당권에 기한 경매사건의 경락인에게 대항할 수 있다고 할 것이다.
해설	주임법상 대항력의 효력이 익일 0시부터 발생한다는 것은 말소기준권리(최초근저당권 등)일자와 전입신고일자가 같은 날짜인 경우에는 임차인이 후순위가 된다는 의미이다. 　전입신고는 빠르고 말소기준권리일자와 확정일자가 같은 날짜인 경우에는 우선변제권에 한해서는 동일 순위로 안분(비율)배당을 받게 되고, 이때 임차인이 배당받지 못한 보증금액이 있다면 매수인(낙찰자)에게 대항력을 행사하여 나머지 보증금을 반환받을 수 있다.

[2] 소유자가 임차인이 된 경우 전입신고의 의미

사건번호	99다59306호 건물명도청구. 2000년 2월 11일 대법원 선고
참고조문	주택임대차보호법 제3조 제1항
판결요지	갑이 주택에 관하여 소유권이전등기를 경료하고 주민등록의 전입신고까지 마친 다음 처와 함께 거주하다가, 을에게 매도함과 동시에 그로부터 이를 다시 임차하여 계속 거주하기로 약정하고, 임차인을 갑의 처로 하는 임대차계약을 체결한 후에야 을 명의로 소유권이전등기가 경료된 경우, 제3자로서는 주택에 관하여 갑으로부터 을 명의로 소유권이전등기가 경료되기 전에는 주택임대차의 대항력 인정의 요건이 되는 적법한 공시방법으로서의 효력이 없고, 을 명의의 소유권이전등기가 경료된 날에야 비로소 갑의 처와 을 사이에 임대차를 공시하는 유효한 공시방법이 된다 할 것이다. 즉 주임법 제3조 제1항에 의하여 유효한 공시방법을 갖춘 다음 날인 을 명의의 소유권이전등기일 익일부터 임차인으로서의 대항력을 갖는다.

[3] 신축되는 연립주택의 지번에 전입신고를 한 경우

사건번호	99다66212호 배당이의의 소. 2000년 4월 7일 대법원 선고
참고조문	주택임대차보호법 제3조 제1항
판결요지	신축 중인 연립주택 중 1세대를 임차한 자가 주민등록 전입신고를 함에 있어서 호수를 기재하지 않은 채 그 연립주택 부지의 지번만으로 전입신고를 하였다가 그 후 동 연립주택이 준공검사가 이루어지면서 건축물관리대장이 작성되자 호수를 기재하여 주소 정정신고를 하였다면, 임차인의 최초의 전입신고에 따른 주민등록으로는 일반 사회통념상 임차권자가 세대별로 구분되어 있는 위 연립주택의 특정 호수에 주소를 가진 자로 인식할 수 없을 것이므로, 그 주민등록은 위 임대차의 공시방법으로 유효한 것이라 볼 수 없다.

[4] 주거용 건물에 해당하는지 여부

사건번호	94다52522호 건물명도청구. 1995년 3월 10일 대법원 선고
참고조문	주택임대차보호법 제2조
참고판례	85다카1367호, 95다51953호, 86다카2407호
판결요지	건물이 공부상으로 단층 작업소 및 근린생활시설로 표시되어 있으나, 실제로 임차인 갑은 주거 및 인쇄소를 경영할 목적으로, 임차인 을은 주거 및 슈퍼마켓을 경영할 목적으로 임차하여 가족과 함께 입주하여 그곳에서 일상생활을 영위하는 한편 인쇄소 또는 슈퍼마켓을 경영하고 있으며, 갑의 경우는 주거용으로 사용하는 면적이 비주거용으로 사용되는 면적보다 넓고, 을의 경우는 비주거용으로 사용하는 부분이 넓기는 하지만 주거용으로 사용하는 면적도 상당한 면적이고, 위 각 부분이 갑과 을의 유일한 주거생활의 공간인 경우, 주임법 제2조 후단의 주거용 건물로 봄이 상당하다.
해설	주임법을 적용받기 위한 주거용 건물인지 여부를 판단하기 위한 문제로, 위 사례 외에도 관인 피아노학원을 운영하면서 주거생활을 겸하고 있던 경우, 공부상의 용도는 공장이었지만 주거시설로 사용하고 있던 경우에도 동법을 적용받을 수 있다는 판례가 있다. 다만 여인숙이나 다방을 경영하기 위하여 그 시설의 일부를 내실이나 주거시설처럼 사용한 경우와 비주거용 건물을 임대인의 동의 없이 주거시설로 개조한 경우 등에는 동법의 적용을 배제한 판례가 있으며, 궁극적으로 주거시설인지 여부의 판단 기준은 건물 등기의 유무나 공부상의 용도나 불법건축물 또는 가건물인지 여부 등이 아니라, 임차인이 점유하여 사용하고 있는 곳이 그들의 유일한 주거생활 장소인지 여부라는 것이 판례의 핵심요지임을 유의해야 한다.

[5] 실제 지번 중 '산'자 기재가 누락된 경우, 유효한 공시방법인가?

사건번호	2000다8069호 건물명도청구. 2000년 6월 9일 대법원 선고
참고조문	주택임대차보호법 제3조
판결요지	주임법 제3조 제1항에서 주택의 인도와 더불어 대항력 요건으로 규정하고 있는 주민등록은 거래의 안전을 위하여 임차권의 존재를 제3자가 명백히 인식할 수 있는 공시방법으로 마련된 것이라고 볼 것이므로, 주민등록이 어떤 임대차를 공시하는 효력이 있는지 여부는 일반 사회통념상 그 주민등록으로 당해 임대차건물에 임차인이 주소 또는 거소를 가진 자로 등록되어 있는지를 인식할 수 있는가의 여부에 따라 결정된다고 할 것이다. 그런데 원심(서울지방법원 99나40783호)이 확정한 사실관계에 나타난 사정을 모두 참작하더라도 건물의 실제 지번인 '파주시 금촌동 산53-6'을 동소 53-6으로 등재된 피고의 주민등록으로는 피고가 건물 소재지에 주소를 가진 자로 등록되었다고 인식할 수 없다고 보아야 하므로, 이 주민등록으로는 임대차 공시방법으로 유효한 것이라 할 수 없다.
해설	주임법상 대항력 요건을 충족하기 위한 주민등록(전입신고)은 제3자들이 주민등록이 되어 있다는 사실을 알 수 있어야 한다. 즉 객관적으로 유효한 공시방법을 갖출 정도의 요건을 필요로 한다. 그런데 임야의 지번을 칭하는 '산'자를 누락하고 일반 대지지번으로 전입신고를 하였다면, 이러한 사실을 제3자들이 알 수 없기 때문에 유효한 공시방법으로서 그 효력이 없다는 것이다.

[6] 담당 공무원의 착오로 지번이 잘못 기재된 경우의 대항력 인정 여부

사건번호	91다18118호 건물명도청구. 1991년 8월 13일 대법원 선고
참고조문	주택임대차보호법 제3조 제1항
참고판례	85다카1367호, 95다51953호, 86다카2407호
판결요지	임차인이 전입신고를 건물 소재지 지번으로 올바르게 하였다면, 이로써 그 임대차의 대항력이 생기는 것이므로 설사 담당 공무원의 착오로 주민등록표상에 지번이 다소 틀리게 기재되었다 하여 그 대항력에 영향을 끼칠 수 없다 할 것이다. 원심이 적법하게 확정한 바와 같이 피고 임차인이 이 건물 일부를 임차하여 그 전입신고를 함에 있어 건물 소재지 지번인 A시 B동의5로 정확하게 기재하였는데도 담당 공무원의 실수로 주민등록표상의 거주지를 A시 B동의2로 잘못 기재한 것이라면(그 후 피고의 요청으로 그 착오도 정정되었다) 피고의 전입신고는 적법한 것이어서 이로써 그 임대차는 제3자에 대하여 대항력을 취득하였다 할 것이다.
해설	임차인이 정상적으로 전입신고를 하였다면, 담당 공무원의 착오에 의하여 전입신고가 잘못 기재되었고 그 후 임차인의 요청에 의하여 정정이 된 경우라도, 그 정정된 시점부터 대항력을 인정하는 것이 아니라 최초에 전입신고를 한 시점부터 대항력을 인정해도 제3자의 권리를 해칠 우려가 없다는 것이다.

[7] 전입신고를 한 후 대지가 분할된 경우의 대항력 인정 여부

사건번호	2000다1549 건물명도청구. 2000년 4월 21일 대법원 선고 2000다1556 임대차보증금반환 등(반소)
참고조문	주택임대차보호법 제3조 제1항
판결요지	주임법 제3조 제1항에서 대항력의 요건으로 규정하고 있는 주민등록은 거래의 안전을 위하여 임대차의 존재를 제3자가 명백히 인식할 수 있게 하는 공시방법으로 마련된 것이라고 할 것이므로, 주민등록이 어떤 임대차를 공시하는 효력이 있는가의 여부는 사회통념상 그 주민등록으로 당해 임대차건물에 임차인이 주소 또는 거소를 가진 자로 등록되어 있는지를 인식할 수 있는가의 여부에 따라 결정된다. 그러므로 주택을 임차하여 전입신고를 마친 후에 그 대지가 분할됨으로써 주택의 지번이 변경되자 갱신된 임대차계약서에는 새로운 지번을 표시하였으나 주민등록상 주소는 임차주택에 대한 경매개시결정 기입등기가 경료된 후에야 변경된 경우, 임차인은 주택에 대한 유효한 공시방법인 주민등록을 갖추었다고 볼 수 없어 경락인에게 대항할 수 없다고 보는 것이 상당하다.
해설	임차인이 임차한 주택의 대지가 분할되었음을 이미 알았고, 그로 인하여 임대차계약서상의 임차주택 소재지는 변경하였으나 전입신고는 변경하지 않고 있다가 경매개시결정 기입등기 이후에야 지번을 변경한 것은 제3자가 객관적으로 명백히 인식할 수 있는 유효한 공시방법이 될 수 없다는 것이다.

[8] 소액우선변제금을 노린 위장임차인 배척사례

사건번호	2000다53397호 배당이의, 2001년 3월 23일 대법원 선고
참고조문	주택임대차보호법 제8조, 민사소송법 제187조
판결요지	원심에서 동 건물의 구조가 1, 2층으로 독립되어 있고 각 방 3개씩, 화장실 각 1개씩이 있는 점, 소외 감정평가한 정찬운이 "이 사건 건물 전체가 임대 중인 것으로 탐문조사되나 자세한 임대내역은 재조사를 한다"는 취지의 감정평가서를 제출한 사실, 소외 집행관 조윤석이 이 사건 건물에서 임차인들을 만난 다음 피고인들의 임차사실을 확인하였다는 취지의 부동산현황조사보고서를 작성하여 제출한 점, 소외 채무자 조경희가 대출금을 변제하지 못할 정도로 어려워 이 사건 건물 전부를 사용하였다고는 볼 수 없다고 하여 피고들은 소액우선변제권이 있는 임차인들이라 하여 원고의 청구를 배척하고 있으나 이 사건 건물의 구조상 5세대의 임차인이 있기는 어려운 점, 임차인들의 전입신고가 임대인이 채권자로부터 대출연체에 대한 법적인 조치를 취하겠다는 최고장을 받은 이후에 집중되어 있는 점, 협의이혼하여 따로 살고 있던 부부가 같은 날 전입신고하면서 따로 방 1개씩을 임차하였다고 주장하는 점, 건물 모두를 임대하고 다른 곳에 거주한다는 부부가 경매개시결정 정본 및 배당기일소환장을 같은 건물에서 받았고 채권자의 직원이 방문하였을 때에 임대인의 처가 위 건물에서 잠을 자고 있었던 점에 비추어 보면, 피고들은 우선변제권이 있는 소액임차인으로 보기에는 의심스러운 부분이 많아 대법관 일치된 의견으로 원심을 파기하고 사건을 광주지방법원 합의부에 환송한다.
해설	경매 부동산의 소유자나 채무자 또는 임차보증금에 대한 우선변제권을 확보하지 못한 임차인이나 우선변제의 순위가 늦은 임차인들은 해당 부동산이 경매에 부쳐질 것이라는 사실을 가장 먼저 알 수 있고, 소액우선변제금은 경매개시결정 기입등기 이전에 주택의 인도와 전입신고만 갖추고 배당신청을 하면 보증금 중 일부를 배당받을 수 있다는 점을 악용하여 경매절차에서 종종 공동주택 등에 위장임차인을 전입신고하게 하여 소액우선변제금을 수령해 가던 사례에 경종을 울린 판례이다. 현재 일부 지방검찰에서는 이처럼 위장임차인들이 배당요구를 신청한 경우에 형사상 사기의 실행에 착수한 것으로 간주, 사기혐의가 있음을 이유로 처벌하기도 한다.

[9] 담보물 현황조사 시 임차인임을 부인한 임차인의 대항력 유무

사건번호	97다12211호 배당이의. 1997년 6월 27일 대법원 선고
참고조문	주택임대차보호법 제8조, 민사소송법 제187조
판결요지	근저당권자가 담보로 제공된 건물에 대하여 담보가치를 조사할 당시에 대항력을 갖춘 임차인이 그 임대차 사실을 부인하고 임차보증금에 대한 권리주장을 않겠다는 내용의 확인서를 해준 경우, 그 후 그 건물에 대한 경매절차에서 이를 번복하여 대항력 있는 임대차를 주장함과 아울러 근저당권자보다 우선적 지위를 가지는 확정일자부 임차인임을 주장하며 그 임차보증금 반환채권에 대한 배당요구를 하는 것은 특별한 사정이 없는 한 금반언 및 신의칙에 위반되어 허용될 수 없다.

[10] 점유보조자의 주민등록 대항력 인정

사건번호	87다카14호 건물명도. 1987년 10월 26일 대법원 선고
참고조문	주택임대차보호법 제3조 제1항
판결요지	국민의 주거생활 안정 보장을 목적으로 하고 있는 주임법의 입법취지나 주택의 인도와 주민등록이라는 공시방법을 요건으로 하여 대항력을 부여하고 있는 동법 제3조 제1항의 취지에 비추어 볼 때, 주민등록이라는 대항요건은 임차인 본인뿐만 아니라 그 배우자와 자녀의 주민등록을 포함한다.
해설	세대합가된 경우가 아니라고 하더라도 임대차계약서상의 임차인이 특별한 사정으로 인하여 주민등록(전입신고)을 하지 않고 그 배우자의 주민등록만 이전한 경우, 점유보조자에 의한 주민등록도 유효한 공시방법이 될 수 있어 대항력을 인정한다. 이외에도 지방에 있는 아버지가 임차인으로 계약을 체결하고 그 자녀가 주민등록을 마치고 점유하고 있다면, 이 또한 점유보조자의 주민등록으로 보아 유효한 공시방법이 될 수 있어 대항력을 인정하는 것이 대법원 판례의 입장이다.

[11] 배당요구를 하지 않은 임차인은 부당이득금 반환청구 불가

사건번호	2001다70702호 부당이득금 반환청구. 대법원 2002년 1월 22일 선고
참고조문	주택임대차보호법 제8조 제1항, 민사소송법 제605조 제1항, 민법 제741조
판결요지	민사소송법 제605조 제1항에서 규정하고 있는 배당요구가 필요한 배당요구채권자는 압류효력이 발생하기 이전에 등기한 가압류채권자, 경락으로 인하여 소멸하는 저당권자 및 전세권자로서 압류의 효력이 발생하기 전에 등기한 자 등 당연히 배당받을 수 있는 채권자와는 달리 경락기일까지 배당요구를 한 경우에 한하여 비로소 배당을 받을 수 있고, 적법한 배당요구를 하지 아니한 경우에는 비록 실체법상 우선변제청구권이 있다고 하더라도 경락대금으로부터 배당을 받을 수 없을 것이므로, 이러한 배당요구채권자가 적법한 배당요구를 하지 아니하여 그를 배당에서 제외한 것으로 배당표가 작성, 확정되고 그 확정된 배당표에 따라 배당이 실시되었다면, 그가 적법한 배당요구를 한 경우에 받을 수 있었던 금액 상당의 금원이 후순위 채권자에게 배당되었다고 하여 이를 법률상 원인이 없는 것이라고 할 수 없으므로, 적법한 배당요구를 하지 아니하여 배당에서 제외된 소액임차인이 배당받은 후순위 채권자를 상대로 부당이득반환을 청구할 수 없다.
해설	그동안 매각대금에서 선순위 채권자가 우선변제 받아야 할 금액을 후순위 채권자가 교부받은 경우에는 선순위 채권자가 그에 관한 이의를 제기했는지 여부를 불문하고 그로써 실체적 권리관계가 확정되는 것이 아니라고 하여 선순위 채권자의 부당이득금 반환청구를 인정한 판례가 있고(대법원 76다2894호), 소액임차인이 배당요구를 하지 아니하여 근저당권자가 소액임차인이 배당받아야 할 금액까지 배당받았다고 하더라도 이로써 실체적 권리관계가 확정되는 것은 아니므로 소액임차인에게 부당이득금 반환청구를 인정한 판례도 있었다(대법원 90다카315호). 그러나 최근 들어 소액임차인도 배당요구를 하지 아니한 경우에는 배당을 받을 수 없을 뿐만 아니라 후순위 채권자에게 부당이득금의 반환도 청구할 수 없다는 쪽으로 대법원 판례가 변경되었으므로, 배당요구를 해야만 배당을 받을 수 있는 채권자들은 각별히 주의해야 한다.

[12] 가압류등기 후 부동산을 임차한 자의 대항력 유무

사건번호	83다카116호 건물명도청구. 1983년 4월 26일 대법원 선고
참고조문	주택임대차보호법 제3조, 민사소송법 제696·제710조, 민법 제621조
판결요지	임차인이 주민등록 전입신고를 마치고 임차주택을 점유하여 사용함으로써 주임법 제3조에 의하여 그 임차권이 대항력을 갖는다 하더라도, 부동산에 대하여 가압류등기를 마친 후에 그 채무자로부터 그 부동산을 임차한 자는 가압류 집행으로 인한 처분금지의 효력에 의하여 가압류사건의 본안판결의 집행으로 인하여 그 부동산을 취득한 경락인에게 그의 대항력을 주장할 수 없다.
해설	원심에서는 다음과 같은 논리로 대항력을 인정하였으므로 그 내용을 소개하면 "가압류등기 사실이 인정되기는 하나 원고가 위 건물에 대하여 가압류를 한 것은 소외 신○신(채무자)에 대하여 가진 금전채권 등의 강제집행을 보전함에 그 목적이 있는 것일 뿐, 위 건물에 대한 어떤 물권을 취득한 것이라고는 할 수 없으며, 후에 강제집행이 실시된 결과 원고가 위 건물을 경락받았다고 하여 달리 해석할 수 없으므로 임차인의 대항력은 인정된다 할 것이다"라고 판시한 바 있다. 민사집행법 제91조 제3항은 지상권, 지역권, 전세권 및 등기된 임차권은 저당권, 압류채권, 가압류채권에 대항할 수 없는 경우에는 매각(경락)으로 인하여 소멸한다고 규정하여 일명 말소기준권리로서 가압류권을 열거하고 있고, 특히 위 판례에서와 같이 가압류권자가 집행권원(판결문)을 얻어 강제경매를 신청한 경우까지 임차인의 대항력을 인정할 만한 실익이 없다.

[13] 임차인이 가족의 주민등록은 남겨둔 채 일시 전출한 경우 대항력 상실 여부

사건번호	95다30338호 배당이의. 1996년 1월 26일 대법원 선고
참고조문	주택임대차보호법 제3조 제1항, 동법 제8조
판결요지	주임법 제3조 제1항에서 규정하고 있는 주민등록이라는 대항요건은 임차인 본인뿐만 아니라 그 배우자나 자녀 등 가족의 주민등록을 포함한다고 할 것이고, 또한 임차인이 그 가족과 함께 그 주택에 대한 점유를 하고 있으면서 그 가족들의 주민등록은 그대로 둔 채 임차인 본인만 주민등록을 일시 다른 곳으로 옮긴 경우라면 전체적으로나 종국적으로 주민등록의 이탈이라고 볼 수 없는 만큼, 임대차의 제3자에 대한 대항력을 상실하지 아니한다.
해설	원심에서는 가족들의 주민등록은 되어 있었으나 임차인(계약자) 본인의 전입신고일자(세대합가된 전입일자)가 경매개시결정의 기입등기 이후에 주민등록이 이루어져(재전입) 주임법 제8조에 규정한 소액임차인에 해당된다고 볼 수 없으므로 소액우선배당을 하지 아니한 결정은 정당하다고 판시한 바 있다. 권리분석을 함에 있어서 위와 같은 세대합가 문제가 발생하는 경우에는 세대주의 전입신고뿐만 아니라 세대원들 모두의 전입신고일자를 반드시 확인해야만 대항력 있는 임차인의 출현으로 인한 예상하지 못한 손실을 예방할 수 있으므로 주의해야 한다.

[14] 임차인의 대위변제 가능 시점은 매각대금 납부 이전까지

사건번호	98마1031호 낙찰허가취소, 1998년 8월 24일 대법원 결정
참고조문	민사소송법 제639조 제1항, 주택임대차보호법 제3조 제1항

판결요지	선순위 근저당권의 존재로 후순위 임차권의 대항력이 소멸하는 것으로 알고 부동산을 낙찰받았으나, 그 이후 선순위 근저당권의 소멸로 인하여 임차권의 대항력이 존속하는 것으로 변경됨으로써 낙찰 부동산의 부담이 현저히 증가한 경우에는 낙찰인으로서는 민사소송법 제639조 제1항(현 민사집행법 제127조 제1항)을 유추적용하여 낙찰허가결정의 취소신청을 할 수 있다고 보아야 할 것이다. 기록에 의하면 이 사건 부동산에 관하여 채권최고금액 375만 원의 선순위 근저당권이 설정되고, 다음에 대항요건을 갖춘 임차보증금 5,000만 원의 임차권이 존속하고 있으며, 그 후에 채권최고금액 4,500만 원의 후순위 근저당권이 설정된 다음, 그 후순위 근저당권자의 신청에 의한 부동산 입찰절차에서 재항고인이 1998년 3월 5일 낙찰허가결정을 선고받아 대금지급기일이 1998년 3월 26일로 지정되었는데, 그 이전인 1998년 3월 24일 선순위 근저당권이 그 설정등기의 말소로 소멸하였음을 알 수 있는 바, 이와 같은 경우라면 재항고인(경락인)으로서는 선순위 근저당권의 소멸로 인하여 낙찰 부동산이 대항력 있는 임차권의 부담을 지게 되었음을 이유로 낙찰허가결정의 취소를 구할 수 있다고 보아야 할 것이다.
해설	원심은 대항력 있는 임차권 소멸 여부의 판단 기준이 되는 시점은 매각(낙찰)기일이라는 전제하에, 임차권에 우선하는 선순위 근저당권이 매각기일까지 존속하는 경우에는 매각허가결정의 선고로 인하여 근저당권과 함께 임차권의 대항력도 소멸하는 것으로 확정된다는 이유에서 재항고인(경락인)의 이 사건 매각허가결정의 취소신청을 배척하였다. 그러나 대법원에서는 원심(항고)의 판단에는 임차권의 대항력 소멸에 관한 법리를 오해함으로써 재판에 영향을 미친 위법이 있다 할 것이므로 이 점을 지적하는 재항고는 이유가 있다고 하여 원심결정을 파기한 사건이다. 이에 의하면 대금납부 직전에 선순위 근저당권이 대위변제로 소멸하여 말소기준권리가 바뀌게 됨에 따라 매수인의 부담이 가중되었다면 매수인이 매각허가결정의 취소신청을 제기하는 것을 인정해야 한다는 것이다.

[15] 소액임차인의 임차주택 점유기간과 주민등록 존속기간의 종기

사건번호	95다44597호 배당이의. 1997년 10월 10일 대법원 선고
참고조문	주택임대차보호법 제3조 제1항, 동법 제8조
판결요지	주임법 제3조 제1항에서 규정하고 있는 주택의 인도와 주민등록을 마친 임차인에게 동법 제8조의 규정에 따라 보증금 중 일정액의 한도 내에서 등기된 담보물권자보다 우선하여 변제받을 권리를 부여하고 있는 점, 위 임차인은 배당요구의 방법으로 우선변제권을 행사하는 점으로 볼 때 배당요구 시까지만 위 요건을 구비하면 족하다고 한다면, 동일한 임차주택에 대하여 동법 제8조 소정의 임차인 이외에 법 제3조의2 소정의 임차인이 출현하여 배당요구를 하는 등 경매절차상의 다른 이해관계인들에게 피해를 입힐 수도 있는 점 등에 비추어 볼 때, 공시방법이 없는 주택임대차에 있어서 주택의 인도(점유)와 주민등록이라는 우선변제 요건은 그 우선변제권 취득 시에만 구비하면 족한 것이 아니고, 매각기일까지 존속하고 있어야 한다고 봄이 상당하다.
해설	원심은 주임법 제8조에 따라 주택의 인도와 주민등록이라는 요건은 경매신청의 기입등기 이전부터 배당요구 시까지만 구비되어 있으면 족하다고 하여 피고들에 우선하여 원고들이 소액우선변제금을 받을 수 있다고 판시한 바 있으나, 대법원에서는 매각기일까지 유지해야 한다고 판시한 것이다. 현행법에서는 배당요구종기일까지 유지하면 된다. 만약 경매가 진행 중인 부동산의 임차인이 부득이한 사유로 이사하거나 주민등록을 이전해야 할 사유가 발생하는 때에는 반드시 임차권등기명령을 신청한 이후 또는 매각기일(배당요구종기일) 이후에 이사를 하거나, 주민등록을 이전하지 말고 임차주택을 관리하는 형태를 취하여 대항력이나 우선변제권이 상실되지 않도록 각별히 주의해야 한다.

[16] 법인은 주임법 적용대상이 아니다

사건번호	96다7236호 부당이득금반환. 1997년 7월 11일 대법원 선고
참고조문	주택임대차보호법 제1조, 제3조 제1항, 제3조의2 제2항
판결요지	주임법 제1조는 "이 법은 주거용 건물의 임대차에 관하여 민법에 대한 특례를 규정함으로써 국민의 주거생활의 안정을 보장함을 목적으로 한다"라고 규정하여 이 법이 자연인인 서민들의 주거생활 안정을 보호하려는 취지에서 제정된 것이지 법인을 그 보호대상으로 하고 있지 않은 점과, 법인은 애당초 동법 제3조 제1항 소정의 대항요건의 하나인 주민등록을 구비할 수 없다는 점 등에 비추어 보면 법인인 원고의 직원이 주민등록을 마쳤다 하여 이를 법인의 주민등록으로 볼 수 없다 할 것이므로, 원고가 위 아파트를 인도받고 임대차계약서상의 확정일자를 구비하였다고 하더라도 피고에 대하여 우선변제권을 주장할 수 없다 할 것이다.
해설	원심은 원고 회사직원의 주민등록에 의하여 동법 제3조의2 제3항 소정의 대항요건을 구비하였음을 전제로 우선변제권을 인정하여 원고에게 승소판결을 선고하였으나, 대법원에서 동법 소정의 우선변제권에 관한 법리를 오해한 위법이 있다 하여 원고 패소판결을 하였다. 　다만 중소기업기본법 제2조에 따른 중소기업에 해당하는 법인이 소속 직원의 주거용으로 주택을 임차한 후 그 법인이 선정한 직원이 해당 주택을 인도받고 주민등록을 마쳤을 때에는 대항력을 인정한다. 임대차가 끝나기 전에 그 직원이 변경된 경우에는 그 법인이 선정한 새로운 직원이 주택을 인도받고, 주민등록을 마친 다음 날부터 제3자에 대하여 효력이 생긴다(주임법 제3조 제3항, 2013년 8월 신설).

[17] 기존 채권의 회수가 목적인 소액우선변제권 인정 불가

사건번호	2001다14733호 배당이의. 2001년 5월 8일 대법원 선고
참고조문	주택임대차보호법 제1조, 동법 제8조 제1항
판결요지	주임법 제8조 제1항에서 임차인이 보증금 중 일정액을 다른 담보물권자보다 우선하여 변제받을 수 있도록 한 것은 소액임차인의 경우 임차보증금이 비록 소액이라고 하더라도 그에게는 큰 재산이므로, 적어도 소액임차인의 경우에는 다른 담보권자의 지위를 해(害)하게 되더라도 그 보증금의 회수를 보장하는 것이 타당하다는 사회보장적 고려에서 나온 것으로서 민법의 일반규정에 대한 예외규정인 바, 그러한 입법목적과 제도의 취지 등을 고려할 때 피고 채권자가 채무자 소유의 주택에 관하여 채무자와 임대차계약을 체결하고 전입신고를 마친 다음 그곳에 거주하였다고 하더라도, 실제 임대차계약의 주된 목적이 주택을 사용·수익하려는 것에 있는 것이 아니고 실질적으로는 소액임차인으로 보호받아 선순위 담보권자에 우선하여 채권을 회수하려는 것에 주된 목적이 있었던 경우에는 그러한 임차인을 주임법상 소액임차인으로 보호할 수는 없다.
해설	기존 채권을 임차보증금으로 전환하고 임차주택을 사용·수익하면서 실제 주거생활하고 있는 경우에는 임차인의 대항력을 인정하는 것이 대법원 판례의 입장이지만, 본 판례에서처럼 임차주택의 사용·수익에 목적이 있는 것이 아니고 소액임차인으로 등재만 해놓고 그 배당금을 받아 기존 채권의 변제에 충당하고자 하는 경우에는 소액우선변제권을 인정할 수 없다는 것이다.

[18] 대지에 근저당권 설정 당시, 지상에 건물이 있어야 우선변제권 행사 가능

사건번호	2007다23203호 배당이의. 1999년 7월 23일 대법원 선고
참고조문	주택임대차보호법 제3조의2 제1항, 동법 제8조 제3항

판결요지

임차주택의 환가대금(낙찰금액)에는 건물의 가격뿐만 아니라 대지의 환가금액도 포함된다고 규정하고 있는 주임법 제3조의2 제1항 및 제8조 제3항의 각 규정과 같은 법의 입법취지 및 통상적으로 건물의 임대차에는 당연히 그 부지 부분의 이용을 수반하는 점 등을 종합하여 보면, 대지에 관한 저당권의 실행으로 경매가 진행된 경우에도 그 지상건물의 소액임차인은 대지의 환가대금 중에서 소액보증금을 우선변제 받을 수 있다고 할 것이다. 그러나 이와 같은 법리는 대지에 관한 저당권 설정 당시에 이미 그 지상건물이 존재하는 경우에만 적용될 수 있는 것이고, 저당권 설정 후에 비로소 건물이 신축된 경우에까지 공시방법이 불완전한 소액임차인에게 우선변제권을 인정한다면 근저당권자가 예측할 수 없는 손해를 입게 되는 범위가 지나치게 확대되어 부당하므로, 이러한 경우에는 소액임차인은 대지의 환가대금에 대하여 우선변제를 받을 수 없다고 보아야 할 것이다.

해설

대법원 판례는 임차인이 소액우선변제권을 행사하여 소액우선변제금을 배당받기 위해서는 임차 당시에 대지상에 건물이 존재하고 있는 경우로 한정하고 있다는 점을 상기할 필요가 있다. 이와 유사한 판례로 대지 및 건물에 대하여 근저당권자가 경매를 신청했다가 그중 건물에 대한 경매신청만을 취하함으로써 건물을 제외한 대지만이 낙찰되었다고 하더라도, 이때의 소액임차인은 그 대지의 낙찰대금 중에서 소액우선변제금을 다른 담보물권자보다 우선적으로 변제(배당)받을 수 있다(대법원 96다7595호 배당이의.1996년 6월 14일 선고)고 하여 비록 대지만이 낙찰된 경우라고 하더라도 임차 당시에 대지상에 건물이 존재하고 있었을 때에는 소액우선변제권을 인정하고 있다.

[19] 기존 채권을 임차보증금으로 전환한 임차인도 대항력이 있다

사건번호	2001다47535호 건물명도청구. 2002년 1월 8일 대법원 선고
참고조문	주택임대차보호법 제3조 제1항
판결요지	주택임차인이 대항력을 갖는지 여부는 법 제3조 제1항에서 정한 요건, 즉 임대차계약의 성립, 주택의 인도, 주민등록의 요건을 갖추었는지 여부에 의하여 결정되는 것이므로, 당해 임대차계약이 통정허위표시에 의한 계약이어서 무효라는 등의 특별한 사정이 있는 경우는 별론으로 하고, 임대차계약 당사자가 기존 채권을 임대차보증금으로 전환하여 임대차계약을 체결하였다는 사정만으로 임차인이 법 제3조 제1항 소정의 대항력을 갖지 못하였다고 볼 수는 없으므로, 본건의 임차인에 대한 대항력을 부정할 수는 없다.
해설	원심에서는 전기한 판례 [17]번 사건인 대법원 2001다14733호(2001. 5. 8 선고)를 원용하고 있으나, 동 판결은 임대차계약의 주된 목적이 임차주택의 사용·수익에 있는 것이 아니라 소액임차인으로 보호받아 소액 최우선변제권을 행사함으로써 기존 채권을 회수하여 채권의 변제에 충당하려는 데 그 목적이 있는 경우에 소액임차인으로서 보호받을 수 없다는 법리를 선언한 판결이므로 이 사건에 원용할 만한 판례가 아니라고 보았다. 따라서 이 사건의 임차인을 법률상의 보호대상인 임차인이 아니라고 판단하였고, 이에는 분명 법 제3조 제1항 소정의 대항력에 관한 법리를 오해한 위법이 있다 할 것이므로 이 점을 지적하는 상고 이유의 주장은 정당하다고 하고 있다.

[20] 대항력 있는 임차권 양수인의 대항력 취득요건

사건번호	87다카2509호 건물명도청구. 1988년 4월 25일 대법원 선고
참고조문	주택임대차보호법 제3조 제1항, 민법 제536조·제630조
판결요지	주임법 제3조 제1항에 의한 대항력을 갖춘 임차인이 임대인의 동의를 얻어 적법하게 임차권을 양도하거나 전대한 경우에 있어서, 양수인이나 전차인이 임차인의 주민등록 퇴거일로부터 주민등록법상의 전입신고 기간 내에 전입신고를 마치고 주택을 인도받아 점유를 계속하고 있다면, 비록 위 임차권의 양도나 전대차에 의하여 임차권의 공시방법인 점유와 주민등록이 변경되었다고 하더라도 원래의 임차인이 갖는 임차권의 대항력은 소멸하지 아니하고 동일성을 유지한 채로 존속한다고 보아야 하므로, 대항력 있는 임차인으로부터 임차권을 양수한 자는 원래 임차인의 보증금을 반환받을 때까지 위 주택을 적법하게 점유하여 사용·수익할 권리를 갖는다.
해설	민법 제629조에 따라 임대인의 동의를 얻어 대항력이나 우선변제권을 갖춘 임차권을 양도하거나 전대한 경우에 기존 임차인이 갖추고 있던 대항력 등이 임차권의 양수인에게 승계된다는 판례이다. 임차주택에 대한 일반매매에 있어서나 법원경매 시에도 대항력을 갖추고 있는 임차권의 양수인이 임대차계약서의 사본을 첨부하여 배당요구신청을 한 경우에는 문제가 없겠지만, 만약 양수인이 배당요구신청을 하지 않은 경우에는 매수인(낙찰자)이 이와 같은 대항력 있는 임차권의 양도사실을 알 수 없기 때문에 불측의 피해를 입을 수 있는 경우가 발생할 수 있으므로, 권리분석을 함에 있어서 탐문을 통하여 철저한 조사를 하는 등 세심하게 주의해야 한다.

02

경매와 상가건물임대차보호법

- 제정목적과 적용범위
- 대항력과 소액 최우선변제권
- 확정일자 있는 우선변제권
- 임차권등기명령
- 임대차기간의 보장과 갱신요구권
- 차임 등의 증감청구와 월차임 전환이율
- 권리금
- 경매와 상가건물임대차보호법

제정목적과 적용범위

① 제정목적

상가건물임대차보호법(이하 상임법이라 한다)은 상가건물의 임대차에 관하여 민법에 규정되어 있는 임대차의 특례를 규정함으로써 국민의 경제생활 안정을 보장함을 목적으로 하고 있다. 즉 그동안 경제적 강자인 임대인들이 우월적 지위를 이용하여 단기간 내에 계약을 해지하거나 임차인이 상가건물 양도 시 권리금을 수수하지 못하는 사례가 빈번하였다는 점을 고려, 보증금과 차임의 과다한 인상요구를 억제하여 영세한 임차인의 손실을 일정 부분 보장해주고자 하는 데 그 목적이 있다. 동법 규정은 강행규정으로 임차인에게 불리한 약정은 효력이 없다(상임법 제15조).

② 적용범위

이 법은 사업자등록의 대상이 되는 상가건물의 임대차에 한하여 적용한다. 그리고 상가건물 임대차의 주된 부분이 영업용으로 사용되는 경우에도 적용된다. 다만 일시 사용을 위한 임대차가 명백한 경우에는 적용하지 아니한다.

대항력과 소액 최우선변제권

① 대항력

상가건물 임대차는 그 등기가 없는 경우에도 임차인이 상가

건물의 인도(점유)와 부가가치세법 제8조, 소득세법 제168조, 법인세법 제111조의 규정에 의하여 사업자등록을 신청한 때에는 그 익일부터 제3자에 대하여 효력이 발생하며, 이를 대항력이라고 한다. 임차건물의 양수인(그 밖에 임대할 권리를 승계한 자 포함)은 임대인의 지위를 승계한 것으로 본다.

② 소액 최우선변제권

임차인이 경매개시결정 기입등기 이전에 대항력(입점과 사업자등록)을 갖춘 때에는 비록 후순위이더라도 보증금 중 일정 금액을 다른 담보물권자보다 우선하여 변제받을 권리가 있다. 다만 대항력의 요건은 배당요구종기일까지 유지해야 하고, 권리신고 겸 배당요구신청서를 제출해야 한다. 소액임차인의 최우선변제금액은 매각대금(토지가격 포함)의 2분의 1 범위 내에서 해당 지역의 경제여건과 보증금 및 차임 등을 고려하여 시행령으로 정한다.

확정일자 있는 우선변제권

대항력(입점과 사업자등록)을 갖춘 임차인이 관할 세무서장으로부터 임대차계약서에 확정일자를 받은 경우에는 민사집행법에 의한 경매나 국세징수법에 의한 공매 시, 상가건물의 매각대금(대지가격을 포함한다)에서 후순위 권리자 및 그 밖의 채권자보다 우선하여 보증금을 변제(배당)받을 권리가 있다. 이를 확정일자에 의한 우선변제권이라고 한다.

**임차권
등기명령**

주택과 마찬가지로 상가건물 임대차가 종료되는 등 적법하게 해지되었음에도 임대인이 보증금을 반환해주지 않을 때에는 임차인 단독으로 건물 소재지 관할 지방법원 또는 시군 법원에 임차권등기명령을 신청할 수 있으며, 이 절차에 소요되는 비용은 임대인에게 청구할 수 있다. 임차권등기명령에 의하여 임차권등기가 경료되면 기왕에 임차인이 취득하고 있던 대항력과 우선변제권의 효력이 그대로 유지되며, 퇴거하거나 사업자등록을 이전 또는 폐업하더라도 유지된다.

**임대차기간의
보장과
갱신요구권**

1 임대차기간의 보장

기간의 정함이 없거나 1년 미만으로 정한 임대차는 그 기간을 1년으로 본다. 다만 임차인은 1년 미만으로 정한 임대차기간이 유효함을 주장할 수 있다. 임대차가 종료한 경우에도 임차인이 보증금을 돌려받을 때까지는 임대차 관계가 존속하는 것으로 본다.

❷ 갱신요구권

임대인은 임차인이 임대차기간이 만료되기 6개월 전부터 1개월 전 사이에 계약 갱신을 요구할 경우 정당한 사유 없이 거절하지 못한다. 다만 다음 각 호 중 하나에 해당하는 경우에는 그러하지 아니하다.

① 임차인이 3기의 차임을 연체한 사실이 있는 경우
② 임차인이 거짓이나 그 밖의 부정한 방법으로 임차한 경우
③ 임대인 동의 없이 임차 건물의 전부 또는 일부를 전대(轉貸)한 경우
④ 임차인이 임차한 건물의 전부 또는 일부를 고의나 중대한 과실로 파손한 경우
⑤ 임대인이 건물의 전부 또는 대부분을 철거하거나 재건축하기 위하여 필요한 경우

임차인의 계약갱신요구권은 최초의 임대차기간을 포함한 전체 임대차기간이 5년을 초과하지 아니하는 범위에서만 행사할 수 있고, 갱신되는 임대차는 전 임대차와 동일한 조건으로 다시 계약된 것으로 본다. 다만 차임과 보증금은 일정한 범위 내에서 증감할 수 있다.

❸ 묵시적 갱신

임대인이 위 ❷항의 기간 이내에 임차인에게 갱신 거절, 또는 조건 변경을 통지하지 아니한 경우에는 그 기간이 만료된 때에 전 임대차와 동일한 조건으로 다시 임대차한 것으로 보고, 임대차 존속기간은 1년으로 본다. 이 경우 임차인은 언제든지 임대인에게 계약해지를 통고할 수 있고, 임대인이 통고를 받은 날부터 3개월이 지나면 효력이 발생한다.

환산보증금과 부가세

상가건물 임대차에서 환산보증금을 산정할 때 월차임에 대한 부가가치세(VAT)가 포함되는가에 대하여 이론(異論)이 있었고, 국세청이나 재정부의 유권해석은 포함된다는 입장이었다. 그런데 환산보증금에서 부가세를 제외해야 한다는 중요한 2심판결(1심에서는 포함해야 한다고 판결했음)이 있어 소개한다.

임대차계약의 당사자들이 차임을 정하면서 '부가세 별도'라는 약정을 하였다면, 특별한 사정이 없는 한 임대용역에 관한 부가가치세의 납부의무자가 임차인이고, 약정한 차임에 부가가치세가 포함된 것은 아니라고 해석함이 상당하고, 임대인과 임차인이 '부가가치세 별도'라는 약정을 하였다고 하여 정해진 차임 외에 위 부가가치세액을 '차임'에 포함시킬 이유는 없다고 판시하였다(수원지방법원 선고 2008나27056 건물명도 판결).

필자도 부가가치세는 약정한 차임에 포함하지 않는 것이 타당하다에 한 표를 던진다.

차임 등의 증감청구와 월차임 전환이율

차임 또는 보증금이 임차건물에 대한 조세, 공과금, 그 밖의 부담의 증감이나 경제사정의 변동으로 인하여 상당하지 아니하게 된 경우, 당사자는 장래의 차임 또는 보증금에 대하여 증감을 청구할 수 있다. 다만 임대인이 증액을 청구할 당시 약정한 차임의 9%를 초과할 수 없고, 증액 후 1년 이내에는 다시 청구할 수 없다. 보증금의 전부 또는 일부를 월차임(월세)으로 전환하고자 하는 경우에는 연 12%를 적용한다.

권리금	**1 정의**

권리금이란 상가건물에서 영업을 하는 자, 또는 영업을 하려는 자가 영업시설과 비품, 거래처, 신용, 영업상의 노하우, 상가건물의 위치에 따른 영업상의 이점 등 유형·무형의 재산적 가치의 양도 또는 이용대가로 임대인, 임차인에게 보증금과 차임 이외에 지급하는 금전 등의 대가를 말한다. 통상 권리금은 시설권리금(시설과 비품), 영업권리금(거래처, 신용상의 노하우 등), 바닥권리금(건물 위치 등 유·무형의 재산적 가치 등)으로 구분한다.

2 권리금 회수 기회의 보호

임대인은 임대차기간이 끝나기 3개월 전부터 임대차 종료 시까지 다음 각 호의 어느 하나에 해당하는 행위를 함으로써 임차인이 자신이 주선한 신규 임차인이 되려는 자로부터 권리금을 지급받는 것을 방해하여서는 아니 된다.

① 임차인이 주선한 신규 임차인이 되려는 자에게 권리금을 요구하거나 임차인이 주선한 신규 임차인이 되려는 자로부터 권리금을 수수하는 행위

② 임차인이 주선한 신규 임차인이 되려는 자로 하여금 임차인에게 권리금을 지급하지 못하게 하는 행위

③ 임차인이 주선한 신규 임차인이 되려는 자에게 상가건물에 관한 조세, 공과금, 주변 상가건물의 차임 및 보증금, 그 밖의 부담에 따른 금액에 비추어 현저히 고액의

차임과 보증금을 요구하는 행위

④ 정당한 사유 없이 임대인이 임차인이 주선한 신규 임차인이 되려는 자와 임대차계약의 체결을 거절하는 행위

임대인이 위 내용을 위반하여 임차인에게 손해를 발생시킨 때에는 그 손해를 배상할 책임이 있다. 이 경우 그 손해배상액은 신규 임차인이 임차인에게 지급하기로 한 권리금과 임대차 종료 당시의 권리금 중 낮은 금액을 넘지 못한다. 임대인에게 손해배상을 청구할 권리는 임대차가 종료한 날부터 3년 이내에 행사하지 아니하면 시효가 만료되어 소멸한다.

임차인은 자신이 주선한 신규 임차인이 되려는 자의 보증금 및 차임을 지급할 자력 또는 그 밖에 임차인으로서의 의무를 이행할 의사 및 능력에 관하여 자신이 알고 있는 정보를 임대인에게 제공하여야 한다.

경매와 상가건물 임대차보호법

2015년 5월 13일 이전에는 환산보증금액[보증금+(월차임×100)]이 일정액을 초과하는 때에는 상임법을 적용하지 않았으나, 그 이후에 최초로 체결된 계약이나 갱신된 계약은 환산보증금액과 관계없이 대항력을 인정하고 있으므로 권리분석을 할 때 각별히 주의해야 한다(상임법 부칙 2015. 5. 13자).

기타 상가건물 임차인의 대항력과 관련하여 사업자등록 신청일과 보증금액 및 확정일자를 받았는지 확인하는 것이 매우

중요한데, 주택과 달리 관할세무서를 방문하여 이를 확인할 수 있기 때문에 입찰 예정자들의 애로가 상당한 것이 현실이다. 입찰을 하려는 자 스스로 파악할 수밖에 없는데, 우선 법원에서 제공하는 집행관 현황조사내역, 감정평가서, 매각물건명세서 기재내용을 보고 판단하는 것이 기본이다. 그 외에 현장을 찾아가 임차인을 직접 대면하여 물어보거나 신청채권자 등 이해관계인을 통하여 확인하는 데 집중해야 한다.

공장건물은 상임법 적용대상인가?

상임법은 사업자등록의 대상이 되는 건물로서 영업용으로 사용하는 사업장에 적용된다. 그러므로 친교를 목적으로 하는 친목회나 동창회, 종친회 등의 사무소, 영리행위를 목적으로 하지 않는 교회 등 종교시설이나 자선단체는 당연히 상임법이 적용되지 않는다.

그렇다면 제조와 생산을 주목적으로 하는 '공장건물'은 상임법을 적용받을 수 있을까? 이와 관련하여 중요한 대법원 판례를 소개한다.

"상임법이 적용되는 상가건물에 해당하는지 여부는 공부상의 표시가 아닌 건물의 현황과 용도 등에 비추어 영업용으로 사용하느냐에 따라 실질적으로 판단하여야 한다. 단순히 상품의 보관, 제조, 가공 등 사실행위만이 이루어지는 공장과 창고 등은 영업용으로 사용하는 경우라고 할 수 없으나, 그곳에서 그러한 사실행위와 더불어 영리를 목적으로 하는 활동이 함께 이루어진다면 상임법의 적용대상인 상가건물에 해당한다"(대법원 판례 2009다40967 판결).

☑ **상가건물임대차보호법**

- 상가임차인의 최우선변제금 : 경매신청 등기 전에 건물의 인도와 사업자등록을 마쳐야 한다(매각금액의 1/2, 개정 전 2013. 12. 31까지 1/3 한도).
- 환산보증금 : 전세의 경우 보증금, 월세의 경우 보증금+(월세×100)

담보물권 설정일	지역	보호법 적용대상 (이하)	보증금 범위 (이하)	최우선변제액 (까지)
2002. 11. 1 ~	서울특별시	2억 4천만 원	4,500만 원	1,350만 원
	과밀억제권역 (서울특별시 제외)	1억 9천만 원	3,900만 원	1,170만 원
	광역시 (군지역 및 인천광역시 제외)	1억 5천만 원	3,000만 원	900만 원
	기타 지역	1억 4천만 원	2,500만 원	750만 원
2008. 8. 21 ~	서울특별시	2억 6천만 원	4,500만 원	1,350만 원
	과밀억제권역 (서울특별시 제외)	2억 1천만 원	3,900만 원	1,170만 원
	광역시 (군지역 및 인천광역시 제외)	1억 6천만 원	3,000만 원	900만 원
	기타 지역	1억 5천만 원	2,500만 원	750만 원
2010. 7. 26 ~	서울특별시	3억 원	5,000만 원	1,500만 원
	과밀억제권역 (서울특별시 제외)	2억 5천만 원	4,500만 원	1,350만 원
	광역시 (수도권정비계획법에 따른 과밀억제권역에 포함된 지역과 군지역 제외), 안산 · 용인 김포 · 광주시 포함	1억 8천만 원	3,000만 원	900만 원
	기타 지역	1억 5천만 원	2,500만 원	750만 원
2014. 1. 1 ~	서울특별시	4억 원	6,500만 원	2,200만 원
	과밀억제권역 (서울특별시 제외)	3억 원	5,500만 원	1,900만 원
	광역시 (수도권정비계획법에 따른 과밀억제권역에 포함된 지역과 군지역 제외), 안산 · 용인 김포 · 광주시 포함	2억 4천만 원	3,800만 원	1,300만 원
	기타 지역	1억 8천만 원	3,000만 원	1,000만 원

수도권 정비계획법 중 과밀억제권역

서울특별시, 의정부시, 구리시, 하남시, 고양시, 수원시, 성남시, 안양시, 부천시, 광명시, 과천시, 의왕시, 군포시, 시흥시(반월특수지역 제외), 남양주시(호평동, 평내동, 금곡동, 일패동, 이패동, 삼패동, 가운동, 수석동, 지금동 및 도농동에 한함), 인천광역시(강화군, 옹진군, 서구 대곡동 · 불로동 · 마전동 · 금곡동 · 오류동 · 왕길동 · 당하동 · 원당동, 인천경제자유구역 및 남동국가산업단지 제외)

CHAPTER 4

권리분석,
이것만 이해하자

01

'물권'이란 무엇인가

물권자 대회

물권의 의의

물권이란 특정한 물건을 점유하거나 사용·수익 또는 처분할 수 있는 대세적·배타적 권리로, 누구에게나 주장할 수 있는 권리를 말한다. 이와 같은 물권은 법률로써 규정하고 있는 8가지 외에는 누구도 임의로 창설하지 못한다(물권법정주의). 경매절차에서 물권은 후순위 권리자보다 우선변제권이 있는데, 채권자 평등(안분)의 원칙이 지배하는 채권과의 궁극적인 차이점이라고 볼 수 있다.

물권의 종류

물권의 종류에는 소유권과 점유권, 담보물권과 용익물권이 있다. 다시 담보물권에는 (근)저당권, 유치권, 질권이 있고, 용익물권에는 전세권, 지상권, 지역권이 있으며, 그 외에 지상권의 일종으로 볼 수 있는 법정지상권과 관습법상 법정지상권 및 분묘기지권 등도 물권에 속한다. 본 4장에서는 실무상의 법원경매와 관련된 주요 물권만을 다루고자 한다.

☑ 물권의 종류와 주요 내용

물권의 종류		물권의 내용	참고조문
소유권		소유자는 법률의 범위 내에서 그 소유물을 사용·수익, 처분할 수 있는 권리가 있다.	민법 제211조
점유권		소유권의 유무와 관계없이 물건을 사실상 지배하는 자는 점유권이 있다.	민법 제192조
담보물권	저당권	저당권자는 채무자 또는 제3자가 담보로 제공한 부동산을 이전받지 않고 관념상으로만 지배하고 있다가 다른 채권자보다 자기 채권을 우선변제 받을 권리가 있다.	민법 제356조 민법 제357조 (근저당권)
	유치권	타인의 물건 또는 유가증권을 점유한 자는 그 물건이나 유가증권에 관하여 생긴 채권이 변제기에 있는 경우에는 변제를 받을 때까지 그 물건 또는 유가증권을 점유할 권리가 있다(예 : 가전제품 수리비).	민법 제320조
	질권	동산 질권자는 채권의 담보로 채무자 또는 제3자가 제공한 동산을 점유하고 그 동산에 관하여 다른 채권자보다 자기 채권을 우선변제 받을 권리가 있다(예 : 전당포).	민법 제329조
용익물권	전세권	전세권자는 타인의 부동산을 점유하여 그 용도에 따라 사용·수익할 수 있는 권리가 있다.	민법 제303조
	지상권	지상권자는 타인의 토지에 건물, 기타 공작물이나 수목을 소유하기 위하여 그 토지를 사용·수익할 권리가 있다.	민법 제279조
	지역권	지역권자는 일정한 목적을 위하여 타인의 토지를 자기 토지의 편익에 이용할 권리가 있다.	민법 제291조

점유권 점유권이란 물건을 사실상 지배(점유)하고 있는 권리를 말하며, 점유 자체가 합법적인 것인지 여부는 따지지 않는다. 유치권의 성립요건에서 점유는 성립요건이자 존속요건이고, 주임법이나 상임법상의 대항력과 확정일자 있는 우선변제권의 판단에서도 점유가 필수요건이며, 임차인이 점유를 상실하는 경우 대항력과 우선변제권도 상실된다. 점유자는 그 점유를

부정하게 침탈 또는 방해하는 행위에 대하여 자력으로써 이를 방위할 수 있으며, 점유물이 침탈되었을 경우에 부동산이면 직시(直時) 가해자를 배제하여 이를 탈환할 수 있고, 동산이면 현장에서 또는 추적하여 가해자로부터 이를 탈환할 수 있다(민법 제209조).

(근)저당권

저당권이란 채무자 또는 제3자(물상보증인)가 채무의 담보로 제공한 부동산 및 기타 목적물을 채권자가 그 점유를 이전받지 아니하고 담보가치만을 지배하고 있다가, 변제기에 채무변제가 없는 경우에 그 목적물로부터 후순위의 다른 채권자보다 우선하여 변제받을 수 있는 권리를 말한다. 저당권은 물권이기 때문에 매매하거나 다시 담보로 제공할 수도 있는 반면, 제3채권자에 의해 압류나 가압류의 목적물이 될 수도 있다.

1 (근)저당권의 특징

① 근저당권은 채무자 또는 담보를 제공한 제3자가 점유를 옮기지 않고서 채무의 담보로 제공한 목적물에 대하여 근저당권자가 다른 채권자보다 먼저 자기 채권의 우선변제를 받을 수 있는 약정 담보물권이다. 채무자가 변제기에 채권을 변제하지 않을 경우 원칙적으로 목적물(담보물)의 경매를 통해 환가된 금액에서 우선변제를 받

게 된다.

② 근저당권은 채권에 부종(附從)한다. 즉 피담보채권이 처음부터 무효이거나 취소되는 때, 또는 시효의 만료로 소멸하는 때에는 그 근저당권도 무효이거나 소급적으로 효력을 잃는다.

③ 근저당권은 피담보채권에 수반(隨伴)한다. 즉 피담보채권이 양도, 상속, 증여 등으로 그 동일성을 잃지 않고서 승계되는 때에는 근저당권도 승계된다.

④ 근저당권은 불가분성(不可分性)이 있다. 즉 채권의 전부를 변제받을 때까지 담보물의 전부에 대하여 그 권리를 행사할 수 있다.

⑤ 근저당권은 물상대위성(物上代位性)이 있다. 즉 담보 목적물의 멸실, 훼손 또는 공용징수로 인하여 저당권 설정자가 받을 수 있는 보험금, 손해배상금, 토지수용 보상금에 근저당권의 효력이 미친다는 것이다.

② 저당권과 근저당권의 차이점

금융거래 등 일반적인 거래에서 저당권보다는 대부분 근저당권이 이용되고 있기 때문에 양자를 구분하는 데 따른 실익은 거의 없다. 다만 이론적으로 저당권은 확정된 채권을 담보하는 물권이고, 근저당권은 계속적인 거래관계로부터 장래에 증감, 변동하는 채권담보를 목적으로 채권최고액만을 결정하여 등기하는 물권이다. 양자는 후순위 권리자보다 우선변제권이 있으며, 경매 부동산의 권리분석을 할 때 최초 (근)저당권은 말소기준권리로서 매우 중요한 권리이다.

유치권과 주요 판례

유치권이란 타인의 물건이나 유가증권을 점유한 자가 그 물건이나 유가증권에 관하여 생긴 채권이 변제기가 도래했을 때, 그 채권을 변제받을 때까지 점유(유치)할 수 있는 권리를 말한다. 유치권은 등기를 요하지 않을 뿐만 아니라 말소기준권리와 관계없이 매수인이 인수하는 권리이므로 주의해야 한다(민사집행법 제91조).

1 유치권의 특징

유치권은 담보물권이지만 약정 담보물권인 저당권과는 달리 당사자의 뜻과는 관계없이 일정한 요건을 갖추면 법률상 당연히 성립하는 법정 담보물권이다. 물권이지만 저당권과는 달리 우선변제권이 없어 경매절차에서 배당에 참가한다 해도 우선배당을 받을 수 없다. 다만 채권이 만족될 때까지 유치물의 인도를 거절할 수 있다는 특징이 있으며, 다른 담보물권과 같이 임의경매를 신청하여 그 매각대금으로 채권을 충당할 수는 있다.

② 유치권의 성립요건

유치권이 성립하기 위해서는 반드시 세 가지 요건을 구비해야 한다. 첫째, 타인 소유의 물건으로부터 발생한 채권이어야 하고, 둘째, 변제기가 도래해야 하며, 셋째, 유치권자가 점유하고 있어야 한다.

유치권이 경매절차에 중요하고 문제가 되는 이유는 민사집행법 제91조 제5항에 "매수인은 유치권자에게 그 유치권으로 담보하는 채권을 변제할 책임이 있다"라고 명문화하여 유치권을 매수인이 인수하도록 규정하고 있기 때문이다. 실제로 경매대상 부동산에 유치권이 신고되어 있는 경우가 상당히 많은 편이며, 유치권의 성립 여부와 인수문제 때문에 매각가율이 통상의 경매물건보다 낮은 것이 일반적이다.

유치권이 신고된 경매물건에 관심이 있다면 그 성립 여부를 반드시 확인해야 하는데, 건물이 공사 중이거나 준공검사까지 마친 건물이라고 해도 그 시공업자가 건축공사비를 지급받지 못한 상태에서 유치권을 주장하는 경우에는 유치권이 성립될 수 있으므로 각별히 주의해야 한다. 특히 유치권은 경매가 진행되는 집행법원에 신고된 것만 문제가 되는 것이 아니라, 신고되지 않았더라도 대금을 납부한 후 명도과정에서 주장해도 무방하기 때문에 더욱 각별한 주의를 요한다.

③ 유치권자의 의무

유치권자는 선량한 관리자로서 유치물을 점유해야 하고, 채무자의 승낙 없이 유치물을 사용하거나 대여 또는 담보로 제공하여서는 아니 되며, 이를 위반한 경우에 채무자는 유치권의 소멸을 청구할 수 있다.

◢ 유치권의 소멸사유

유치하고 있던 목적물이 멸실되었거나 수용, 혼동, 변제 등으로 피담보채권이 소멸되면 유치권은 소멸하며, 유치권자의 점유 상실이 있는 경우에도 유치권은 소멸한다.

◢ 유치권과 법원경매

유치권은 등기 없이 점유에 의해서만 공시되므로 법원경매에서 유치권이 신고되어 있거나, 유치권이 성립될 여지가 있는 물건은 응찰하기 전에 세심한 주의가 필요하다. 실무상 법원경매에서 유치권이 성립하는지 여부의 판단이 쉽지 않으므로 현장을 답사하여 소유자, 점유자, 채권자, 채무자 등을 만나거나, 유치권자라고 주장하는 자를 만나 심층적으로 조사하는 수밖에 없다. 이를 통해 조사한 내용이 위의 성립요건에 부합되는지 여부를 따져 스스로 판단해야 하는 것이다. 만약 유치권이 신고되어 있거나 그럴 가능성이 있는 물건을 입찰할 때에는 그 유치권을 인수하는 것으로 생각하고 입찰가격에 유치권자의 채권금액을 감안하여 입찰하는 것이 가장 안전하다.

6 유치권과 유익비(필요비)의 관계

법원경매에서 흔히 문제시되는 유치권과 관련하여 유치권이라고 주장하는 권리 중 유익비로 인한 문제가 많으므로, 유치권과 유익비(필요비)의 관계를 알고 나면 유치권을 이해하는데 상당한 도움이 될 것이다. 특히 임차인들이 임차 목적물에 대하여 비용을 지출한 경우 필요비와 유익비로 구분하는데, 이 중 필요비는 목적물의 현상을 유지 또는 회복시키거나 통상의 용도에 적합한 상태를 유지하기 위하여 지출한 비용을 말한다. 예를 들어 깨진 유리창을 갈아 끼우거나 전구를 교체하는 등의 비용으로, 지출금액이 적고 임차인들의 필요에 의한 지출비용이므로 임대인에게 청구할 수는 있으나 경매에서 문제 되지는 않는다.

그러나 유익비는 임차 목적물의 객관적인 가치를 증가시키기 위하여 지출한 비용으로, 그 가액의 증가가 현존하는 때에 한하여 소유자의 선택에 따라 임차인이 지출한 비용이나 그 가치 증가액의 상환을 청구할 수 있다. 이와 같은 유익비의 상환 청구권에 관해서는 유치권이 발생할 수 있으며, 비용 상환이 지체된 경우 임차인이 유치권을 행사하여 명도를 거부할 수 있는 것이다. 다만 일반적으로 임차인에게 원상복구 의무가 있고, 이 경우 유익비 상환청구권을 포기한 것으로 간주한다.

▨ 반드시 알아야 할 유치권 관련 대법원 판례 10선

① 원상복구 약정 시 유치권 성립 불가

임대차계약 체결 시 임차인은 임대인의 승인하에 임차 목적물인 건물부분을 개축 또는 변조할 수 있다. 그러나 임차 목적물을 임대인에게 명도할 때에는 임차인이 일체 비용을 부담하여 원상복구를 하기로 약정하였다면, 이는 임차인이 임차 목적물에 지출한 각종 유익비의 상환청구권을 미리 포기하기로 한 취지의 특약이라고 봄이 상당하다. 즉 임대차계약서에 임차인에게 원상복구 조항이 있으면 유익비 상환청구를 포기한 것으로 간주하므로 유치권이 성립하지 않는다(대법원 판례 94다20389호).

② 인테리어(시설비) 비용은 유치권 성립 불가

임대인의 상환의무를 규정한 유익비란 임차인이 임차물의 객관적 가치를 증가시키기 위하여 투입한 비용을 말한다. 임차인이 지출했다고 주장하는 공사비용 중에는 1층 내부 공사에 신발장 및 다용도장 공사비, 기존 칸막이 철거비용, 새로운 칸막이 공사비, 주방 인테리어 공사비 등이 포함되어 있음을 알 수 있는데, 이와 같은 비용은 임차물의 객관적 가치를 증대시키기 위하여 투입한 유익비는 아니다. 즉 임차인이 영업을 하기 위하여 지출한 시설비(인테리어)는 유치권이 성립되지 않는다(대법원 판례 91다15591호). 실무에서 유치권신고 중 가장 많은 사례가 인테리어 비용(시설비)이다.

③ 권리금 반환약정은 유치권 성립 불가

임대인과 임차인 사이에 건물명도 시 권리금을 반환하기로 하는 약정이 있었다 하더라도, 그와 같은 권리금반환청구권은 건물에 관하여 생긴 채권이라고 할 수 없으므로 그와 같은 채권을 가지고 건물에 대한 유치권을 행사할 수 없다(대법원 판례 93다62119호).

④ 유치권 채무자의 점유는 점유가 아니다

유치권의 성립요건이자 존속요건인 유치권자의 점유는 직접점유이든 간접점유이든 관계가 없다. 그러나 유치권은 목적물을 유치함으로써 채무자의 변제를 간접적으로 강제하는 것을 본체적 효력으로 하는 권리이기 때문에, 그 직접점유자가 채무자인 경우에는 유치권의 요건으로서의 점유에 해당하지 않아 유치권이 성립하지 않는다(대법원 판례 2007다27236호).

⑤ 채무자의 승낙 없는 임대는 유치권 소멸사유

유치권의 성립요건이자 존속요건인 유치권자의 점유는 직접점유이든 간접점유이든 관계가 없다. 그러나 유치권자는 채무자의 승낙이 없는 이상 그 목적물을 타인에게 임대할 권한이 없으므로, 유치권자의 그러한 임대행위는 소유자의 처분권한을 침해하는 것이다. 따라서 소유자에게 그 임대의 효력을 주장할 수 없고, 소유자의 동의 없이 유치권자로부터 유치권의 목적물을 임차한 자의 점유는 경락인에게 대항할 수 있는 권원에 기한 것이라고 볼 수 없다(2002마3516호 부동산인도명령. 2002년 11월 27일 대법원 결정).

⑥ 신축 중인 건물은 토지의 정착물에 불과하여 유치권 행사 불가

건물 신축공사를 한 수급인이 그 건물을 점유하고 있고, 또 그 건물에 관하여 생긴 공사금 채권이 있다면, 수급인은 그 채권을 변제받을 때까지 건물을 유치할 권리가 있다(대법원 판례 95다16202호). 다만 건물의 신축공사를 도급받은 수급인이 사회통념상 독립한 건물이라고 볼 수 없는 정착물을 토지에 설치한 상태에서 공사가 중단된 경우에, 위 정착물은 토지의 부합물에 불과하여 이러한 정착물에 대하여 유치권을 행사할 수 없다. 또한 공사 중단 시까지 발생한 공사금 채권은 토지에 관하여 생긴 것이 아니므로, 위 공사금 채권에 기하여 토지에 대한 유치권을 행사할 수도 없다(대법원 판례 2007마98호).

⑦ 부동산 매매대금 잔금으로 유치권 행사 불가

부동산 매도인이 매매대금을 다 지급받지 않은 상태에서 매수인에게 소유권이전등기를 마쳐주었으나 부동산을 계속 점유하고 있는 경우, 매매대금채권을 피담보채권으로 하여 매수인이나 그에게서 부동산 소유권을 취득한 제3자에게 유치권을 주장할 수 없다. 매도인으로서는 자신이 원래 가지는 동시이행의 항변권을 행사하지 아니하고 자신의 소유권 이전의무를 선이행함으로써 매수인에게 소유권을 넘겨준 것이므로, 그에 필연적으로 수반하는 위험은 스스로 감수하여야 한다(대법원 판례 2011마2380호).

⑧ 경매개시결정 이후에 점유한 경우 유치권 성립 불가

채무자 소유의 건물 등 부동산에 강제경매개시결정의 기입등기가 경료되어 압류효력이 발생한 이후에 채무자가 위 부동산에 관한 공사대금 채권자에게 그 점유를 이전함으로써 그로 하여금 유치권을 취득하게 한 경우, 그와 같은 점유의 이전은 목적물의 교환가치를 감소시킬 우려가 있는 처분행위에 해당하여 압류의 처분금지효에 저촉된다. 따라서 점유자는 위 유치권을 내세워 그 부동산에 관한 경매절차의 매수인에게 대항할 수 없다(대법원 판례 2005다22688호).

⑨ 유치권자는 임의경매와 강제경매 모두 신청 가능

유치권자는 유치권에 기하여 임의경매를 신청할 수 있는데, 유치권에 의한 경매도 강제경매나 담보권 실행을 위한 임의경매와 마찬가지로 목적부동산 위의 부담을 소멸시키는 것을 법정매각조건으로 하여 실시되고, 우선채권자뿐만 아니라 일반채권자의 배당요구도 허용되며, 유치권자는 일반채권자와 동일한 순위로 배당받을 수 있다(대법원 판례 2010마1059호). 또한 유치권자는 공사대금지급 청구소송 등을 통하여 얻은 판결문 등 집행권원으로 강제경매도 신청할 수 있는데, 이 경우에는 유치권자가 피담보채권 전액을 변제(배당)받지 못하면 나머지 금액을 인수해야 하므로 주의해야 한다.

⑩ 유치권부존재 확인소송에서의 입증책임

소극적 확인의 소(訴)인 금전채무부존재 확인소송에 있어서는 채무자인 원고가 먼저 청구를 특정하여 채무발생 원인사실을 부정하는 주장을 하면, 채권자인 피고는 권리관계의 요건사실에 관하여 입증(주장)책임을 부담한다는 것이 대법원 판례이다(97다45259호). 즉 유치권부존재 확인소송에서도 채무자(또는 낙찰자)가 유치권의 성립을 부정하는 주장을 하면 유치권을 주장하는 채권자(피고)가 권리관계의 요건사실에 관하여 입증책임을 부담해야 한다.

🔳 유치권 신고제도 개선방향

일반적으로 매각대상 부동산에 유치권을 신고하는 주요 이유는 크게 세 가지다. 첫째, 사건을 복잡하게 만들어 여러 차례의 유찰을 유도한 후 신고인이 직접 또는 제3자를 내세워 낙찰받기 위함이다. 둘째, 인도명령을 기각시키고 명도소송이나 유치권부존재 확인소송을 제기하게 만들어 점유자의 영업기간을 연장하는 등 명도에 소요되는 기간을 장기화하기 위함이다. 셋째, 매수인에게 명도합의금(이사비용)을 많이 요구(수령)하기 위함이다.

이와 같이 불법적으로 또는 부당한 요구를 하기 위하여 유치권을 신고하는 경우, 저가에 낙찰될 수밖에 없다. 이로 인하여 채권자는 채권회수 금액이 줄어들고, 채무자는 변제금액이 줄어들며, 매수인은 명도기간과 비용이 증가하는 등 대부분의 이해관계인에게 피해를 주게 되는데, 불법(위법) 유치권 신고를 근절시키기 위하여 다음의 제도개선 방향을 제시해본다.

① 유치권 신고는 우편접수를 받지 말고 반드시 법원 접수 창구(민사집행과, 민사신청과)를 이용하게 하자.

② 인적사항을 확인한 후 접수받자.

③ 유치권 신고금액을 반드시 명시하여 신고하게 하자.

④ 매각기일 1주일 전에 매각물건명세서와 함께 유치권 신고서와 입증서류 및 채권자가 제출하는 유치권 배제 신청서를 열람할 수 있도록 제공하자.

동부6계 2016-6297[2] (상가)

조 회 수	· 금일조회 3 (2) · 금회차공고후조회 157 (61) · 누적조회 900 (118) · 7일내 3일 이상 열람자 23 · 14일내 6일 이상 열람자 9	( )는 5분이상 열람 [조회통계] (기준일-2017.10.23 / 전국연회원전용)

관련 물건번호	‹	**1** 매각	**2** 매각			›

소 재 지	서울 송파구 장지동 841-7 해오름빌딩 5층 501호 [일괄]502호, 503호, (05816) 서울 송파구 충민로2길 36

용 도	상가	감 정 가	**1,659,000,000**
토지면적	107㎡ (33평)	최 저 가	**1,061,760,000 (64%)**
건물면적	279㎡ (85평)	보 증 금	106,176,000 (10%)
경매구분	임의경매	소 유 자	임◆현
청 구 액	2,860,000,000	채 무 자	임◆현
채 권 자	■·■■은행		
주의사항	· 유치권 [특수件분석신청]		

■ 임차인현황

임차인/대항력		점유현황	전입/확정/배당	보증금/월세	예상배당액 예상인수액	인수
이■근 전세권자	無	[점포] 501,502,503호 점유 2010.10.10-2013.11.09	사업 2010-12-23 배당 2016-08-24	보 100,000,000 월 4,000,000 환산 500,000,000	-	소멸

임차인수 : 1명 / 보증금합계 : 100,000,000 / 월세합계 : 4,000,000
본건 목적물 소재지에 출장하여 조사한 바, 틀○독서실로 점유 사용하고 있다고 여직원 진술 이○근:전세권설정등기일은 2010.10.14.임

■ 참고사항

· - 일괄매각
· - 매수인은 공용부분에 대한 체납관리비를 승계할 수 있음
· 2017.10.12 유치권자 이○근 유치권 권리신고서 제출

물건 상세페이지 QR코드 보기
스마트폰으로 QR코드를 검색하시면 해당 물건의 상세페이지를 자세히 볼 수 있습니다.

사건 풀이

전국적으로 진행되는 경매물건 중 약 5%의 사건에 유치권이 신고되는 추세인데, 유치권이 신고된 사건 중 성립 가능성이 있거나 성립 여부가 불분명한 경우는 전체 신고건수 중 10%를 넘지 못하며, 90% 정도는 허위 유치권으로 추정된다.

경매사건의 권리분석 정보를 제공하고 있는 지지옥션에서는 민법 제320조 내지 제328조와 각종 대법원 판례, 법원에서 제공하는 집행관 현황조사서와 감정평가서 및 매각물건명세서, 채권자의 제보내용과 전문가의 경험 등을 근거로 사례와 같이 유치권의 성립 가능성이 있는지를 심층적으로 분석한 권리분석 정보를 제공하고 있다.

* 사건번호 : 동부6계 2016-6297[2]

* 유치권 신고인 : 임차인 이○근(플○독서실)

* 유치권이 성립하기 어려울 것으로 보는 사유

　① 임차인이 지급한 권리금은 유치권이 성립할 수 없다(대법원 판례 93다62119호).

　② 임차인이 자신의 영업을 위하여 지출한 시설비(인테리어 비용)는 유치권이 성립할 수 없다(대법원 판례 91다15591호).

　③ 일반적으로 임차인에게 원상복구 의무가 있는데, 이 경우 유익비 상환청구권을 포기한 것으로 보기 때문에 유치권이 성립할 수 없다(대법원 판례 94다20389호).

　④ 결론적으로 이 사건 유치권은 성립하기는 어려울 것으로 판단된다.

* 주의하세요!

1 매수인이 대금을 납부한 후 유치권을 신고한 임차인을 상대로 인도명령을 신청할 경우 집행법원은 임차인을 소환하여 심문절차를 진행할 수 있는데, 유치권 성립 여부와는 관계없이 임차인의 주장이나 대응방법에 따라 인도명령신청이 기각될 수 있고, 이 경우에는 명도소송을 제기할 수밖에 없기 때문에 명도기간이 지연될 수 있다.

2 매각대금의 잔금 중 일부에 대해 경락잔금 대출을 이용하고자 할 경우, 해당 물건에 유치권이 신고되어 있을 때에는 대출금액이 상당히 줄어들거나 대출이 불가능할 수도 있으므로 사전에 대비해야 한다.

전세권

전세권이란 전세금을 지불하고 타인의 부동산을 점유하여 그 부동산의 용도에 따라 사용·수익할 수 있는 용익물권을 말한다. 전세권자는 그 부동산의 전부에 대하여 후순위 권리자, 기타 채권자보다 전세금을 우선변제 받을 수 있는 권리로써 반드시 등기를 해야 하고, 등기내용에 전세금액과 존속기간을 기재해야 한다. 다만 전세권은 해당 부동산에 반드시 거주해야 하는 것은 아니며, 일상적으로 말하는 '전세'는 임차권으로서 채권이므로 물권인 전세권과 구별된다.

1 전세권의 존속기간

전세권의 존속기간은 최장 10년을 넘지 못하고 당사자 간의 약정기간이 10년을 넘는 때에는 10년으로 단축하며 이를 갱신할 수 있으나 이 경우에도 10년을 넘을 수는 없다.

2 묵시적 갱신

건물의 전세권 설정자가 전세권의 존속기간이 만료되기 전 6개월부터 1개월 사이에 전세권자에 대하여 갱신 거절 또는 조건을 변경하지 아니한다는 뜻의 통지를 하지 아니한 경우에는 그 기간이 만료된 때에 전(前) 전세권과 동일한 조건으로 다시 전세권을 설정한 것으로 본다. 이때에는 존속기간은 약정하지 않은 것으로 보아 당사자는 언제든지 상대방에 대하여 전세권의 소멸을 통고할 수 있으며, 상대방이 그 통고를 받은 날로부터 6개월이 경과하면 전세권은 소멸한다.

3 경매에서 전세권의 특징

현행 민사집행법에 따르면 권리신고와 배당요구신청을 하면 그 존속기간과는 관계없이 해당 전세권의 순위에 따라 우선배당 받을 수 있는데, 이는 전세권이 사용·수익을 목적으로 하는 용익물권이기는 하지만 담보물권적 성격도 있다고 인정하기 때문이다. 구 민사소송법(2002년 7월 이전)이 적용되던 경매사건에서는 말소기준권리보다 먼저 등기되어 있는 선순위 전세권의 존속기간이 경매개시결정 기입등기를 기준으로 6개월 이상 남아 있는 경우에는 배당신청 유무와 관계없이 매수인이 인수하였다.

4 전세금의 인수

말소기준권리보다 먼저 설정된 전세권이 등기부등본상 최선순위일 경우에 전세권자가 경매절차에서 권리신고 및 배당요구신청을 한 경우에는 그 존속기간에 관계없이 전세권의 우선변제 순위에 따라 우선배당을 받을 수 있다. 다만 전세권자가 배당요구신청을 하지 아니한 경우에는 그 존속기간과는 관계없이 전세금을 매수인이 인수하는 것이므로, 선순위의 전세권이 등기되어 있는 경우에는 반드시 배당요구신청 유무를 확인해야 한다는 점을 주의해야 한다. 즉 선순위 전세권은 배당요구종기일까지 배당을 신청하면 소멸되고, 배당을 신청하지 않으면 매수인이 인수하는 양면성이 있는 권리이다. 이는 전세권의 목적이 전세물을 사용·수익하는 데 있다는 본래의 취지를 보호해주고자 하는 것이며, 매각된 이후에 존속기간이 만료되면 매수인에게 전세금의 반환을 청구하면 된다.

5 전세권자의 경매신청권

전세권자는 전세기간이 합법적으로 만료되었음에도 전세권설정자가 전세금을 반환해주지 않을 때에는 별도의 전세금반환 청구소송을 제기하지 않고 그 전세권에 기해서 전세 목적물에 대한 임의경매를 신청하여 해당 순위에 따라 우선변제(배당)를 받을 수 있다.

여기서 잠깐!

전세권부 저당권 실행방법

전세권을 담보로 저당권을 설정할 수 있는데, 전세권부 저당권의 실행방법과 관련한 대법원 판례는 다음과 같다.

전세권이 기간만료로 종료된 경우 전세권은 전세권설정등기의 말소등기 없이도 당연히 소멸하고, 저당권의 목적물인 전세권이 소멸하면 저당권도 당연히 소멸하는 것이므로, 전세권을 목적으로 한 저당권자는 전세권의 목적물인 부동산의 소유자에게 더 이상 저당권을 주장할 수 없다. 이러한 경우에는 저당권의 목적물인 전세권에 갈음하여 존속하는 것으로 볼 수 있는 전세금반환채권에 대하여 압류 및 추심명령 또는 전부명령을 받거나, 제3자가 전세금반환채권에 대하여 실시한 강제집행절차에서 배당요구를 하는 등의 방법으로 자신의 권리를 행사하여 비로소 전세권 설정자에 대해 전세금의 지급을 구할 수 있다(대법원 1999. 9. 17 선고 98다31301 판결).

사례로 보는 – 전세권 인수

동부4계 2017-51102 (아파트)

조 회 수	·금일조회 5 (0) · 금회차공고후조회 268 (31) · 누적조회 405 (37) ·7일내 3일 이상 열람자 5 · 14일내 6일 이상 열람자 5	( )는 5분이상 열람 **조회통계** (기준일-2017.11.01 / 전국연회원전용)

소 재 지	서울 강동구 천호동 447-17 강동헤르셔 1102동 36층 3601호 (05339) 서울 강동구 천호대로 1089		
용 도	아파트	감 정 가	670,000,000
토지면적	26㎡ (8평)	최 저 가	536,000,000 (80%)
건물면적	95㎡ (29평)	보 증 금	53,600,000 (10%)
경매구분	강제경매	소 유 자	최■숙
청 구 액	205,000,000	채 무 자	최■숙
채 권 자	조■진		
주의사항	·선순위전세권 **특수件분석신청** ·소멸되지 않는 권리 : 을구 순위1번 전세권설정등기(2016.09.07. 접수 제49273호)는 말소되지 않고 매수인에게 인수됨		

■ 등기부현황 (열람일자:2017-10-03)

접수일자	권리종류	권리자	채권금액 예상배당액	말소	비고
2016-09-07	소유권	최■숙			
2016-09-07	전세권	삼■엔지니어링	590,000,000	인수	
2017-04-04	강제	조■진	205,000,000 205,000,000	말소	말소기준등기/경매기입등기
등기부채권 총액 : 795,000,000					

■ 임차인현황

임차인/대항력	점유현황	전입/확정/배당	보증금/월세	예상배당액 예상인수액	인수
삼■엔지니어링 전세권자	[주거] 전부 점유 2016.09.07-2018.09.06		보 590,000,000	–	소멸
임차인수 : 1명 / 보증금합계 : 590,000,000 / 월세합계 : 0					
현지출장하였으나 폐문으로 거주자를 만나지 못하여 점유관계를 조사하지 못함.전입세대열람내역서에는 `해당주소의 세대주가 존재하지 않음`으로 기록되어 있음.관리 사무소에 문의한바,전기사용량이 있는 것으로 보아 사람이 살고 있으나 사는 사람이 누구인지는 모른다고 함.현관문 앞에는 자전거 1대가 있었음					

물건 상세페이지 QR코드 보기
스마트폰으로 QR코드를 검색하시면 해당 물건의 상세페이지를 자세히 볼 수 있습니다.

현행 민사집행법상 선순위 전세권은 두 가지 얼굴을 하고 있는데, 전세권자가 배당요구종기일까지 배당신청을 하면 존속기간과 관계없이 그 권리가 소멸되고, 배당신청을 하지 않으면 매수인이 전세금을 인수해야 한다(민사집행법 제91조). 그러므로 선순위 전세권이 등기되어 있을 때에는 법원 문건접수(처리) 내역과 매각물건명세서를 보고 전세권자의 배당요구신청 여부와 배당요구일자 및 소멸되는 권리인지 여부를 반드시 확인하고 입찰해야 하므로 각별한 주의가 요구된다.

* **사건번호** : 동부4계 2017-51102
* **전세권자** : 삼○엔지니어링㈜
* **전세금액** : 5억 9,000만 원
* **존속기간** : 2016년 9월 7일부터 2018년 9월 6일까지
* **특별매각조건** : 을구 순위번호 1번 전세권설정등기(접수 2016. 09. 07)는 말소되지 않고 매수인에게 인수된다(매각물건명세서 참고).

* 주의하세요!

선순위 전세권자가 배당요구신청을 하지 않았으므로 매수인이 그 전세금 전액을 인수해야 하고, 전세권자와 합의하지 못할 경우 잔여 존속기간(법정갱신기간 포함)도 보장해주어야 한다. 특히 전세금이 감정가격의 88%나 되기 때문에 입찰하는 것은 재고해보아야 한다. 만약 인수하는 전세금을 감안하여 저가에 낙찰받은 경우에 취득가격은 낙찰금액과 인수하는 전세금액을 합한 금액으로, 이는 취득세 과세표준금액이며 양도소득세 계산 시의 취득가액이 된다.

지상권

지상권이란 타인의 토지에 건물이나 수목, 기타 공작물을 소유하기 위하여 그 토지를 사용할 수 있는 권리로 등기를 해야만 효력이 있다.

🔳 지상권의 존속기간

지상권의 존속기간은 견고한 건물이나 수목은 30년, 기타 건물은 15년, 공작물은 5년이다. 이 기간보다 단축한 기간으로 정하였거나 존속기간을 정하지 아니한 때에는 그 기간까지 연장한다. 당사자가 계약을 갱신하는 경우에 지상권의 존속기간은 갱신한 날로부터 위 최단 존속기간보다 단축하지 못한다. 그러나 당사자는 이보다 장기의 기간을 정할 수는 있다. 매수인이 인수해야 하는 선순위의 지상권이 설정되어 있는 경매 부동산이나 법정지상권이 성립되는 부동산은 낙찰을 받아도 장기간 권리행사에 제한을 받을 수밖에 없으므로, 이 점을 감안하고 입찰해야 한다.

🔳 갱신청구권과 매수청구권

지상권의 존속기간이 만료된 경우에 지상에 소재하는 건물, 기타 공작물이나 수목이 현존한 때에는 지상권자는 계약의 갱신을 청구할 수 있고, 지상권 설정자가 계약의 갱신을 원하지 아니하는 때에는 건물, 기타 공작물이나 수목의 매수를 청구할 수 있다(민법 제283조).

3 지상권자의 유익비 상환청구권

지상권이 존속기간 만료 등으로 소멸하는 경우에 지상권자가 토지의 경제적 가치 증가를 위하여 지출한 비용이 있다면 지상권 설정자에게 이를 청구할 수 있는 권리가 유익비 상환청구권이다. 예를 들어 저지대의 토지를 매립하거나 맹지 상태인 토지의 사용을 위하여 도로를 개설한 경우에 유익비를 청구할 수 있을 것이다. 만약 설정자가 거절한다면 지상권자는 유익비에 의한 유치권을 행사할 수도 있다.

4 지료증감청구와 소멸

지료가 토지에 관한 조세, 기타 부담의 증감이나 지가의 변동으로 인하여 상당하지 아니하게 된 때에는 당사자는 그 증감을 청구할 수 있다. 지상권자가 2년 이상의 지료를 지급하지 아니한 때에는 지상권 설정자는 지상권의 소멸을 청구할 수 있다.

5 구분지상권

토지의 소유권은 정당한 이익이 있는 범위 내에서 토지의 상하에 권리를 주장할 수 있으므로 지하 또는 지상의 공간 상하의 범위를 정하여 건물, 기타 공작물을 소유하기 위한 지상권의 목적으로 할 수 있다. 이를 구분지상권이라고 하는데, 주로 지하철 시설물을 설치하거나 소유하는 데 이용(설정)되고 있다.

법정지상권　지상권은 반드시 등기를 해야만 효력이 발생하지만, 법정지상권은 당사자의 설정계약에 의하지 않고 법률의 규정에 의하여 일정한 요건을 갖춘 경우에 당연히 인정되는 지상권의 일종이다. 경매 부동산의 권리분석을 함에 있어서 유치권과 더불어 주의해야 하는 권리이다.

■ 법정지상권의 성립유형

① 동일 소유자의 대지와 건물에 전세권을 설정한 때에는 그 대지 소유권의 특별승계인은 전세권 설정자에 대하여 지상권을 설정한 것으로 보며, 지료는 당사자의 청구에 의하여 법원이 결정한다. 이 경우 대지 소유자는 타인에게 그 대지를 임대하거나 이를 목적으로 한 지상권 또는 전세권을 설정하지 못한다(민법 제305조).

② 토지와 건물이 동일인 소유에 속하다가 저당권을 설정한 후 저당물의 경매로 인하여 토지와 그 지상건물이 다른 소유자에 속한 경우, 토지 소유자는 건물 소유자에 대하여 지상권을 설정한 것으로 본다(민법 제366조).

③ 토지 및 그 지상건물이 동일한 소유자에게 속하는 경우, 그 토지 또는 건물에 대하여 담보가등기권이 설정된 후 담보권의 실행으로 인하여 토지와 건물의 소유자가 달라진 때에는 토지 소유자가 건물의 소유자에 대하여 지상권을 설정한 것으로 본다.

④ 입목의 경매로 인하여 토지와 그 입목이 각각 다른 소유자에게 속하는 경우에는 토지 소유자가 입목의 소유자에 대하여 지상권을 설정한 것으로 본다.

2 법정지상권 성립요건

① 토지와 건물(수목)의 소유자가 동일인이었을 것

법정지상권은 저당권 설정 당시에 동일인의 소유에 속하였던 토지와 그 지상건물이 경매로 인하여 각기 소유자가 달라진 때에 건물 소유자를 위하여 성립하는 것이므로, 토지와 그 지상건물이 소유자를 달리하고 있던 중, 토지 또는 건물만이 경매에 의하여 다른 사람에게 소유권이 이전된 경우에는 법정지상권이 발생할 여지가 없다. 이때 원시적으로 동일인의 소유에 속하여야 하는 것은 아니며, 저당권 설정 당시에만 동일인의 소유에 속하면 성립하는 것이다 (97다47318호. 1995년 5월 23일 대법원 선고).

② 저당권 설정 당시에 건물(수목)이 이미 존재하고 있을 것(등기 여부는 요건이 아님)

법정지상권은 저당권을 설정할 당시, 토지상에 이미 건물(수목)이 존재하고 있었던 경우에만 성립된다. 따라서 건물이 없는 토지에 저당권이 설정된 후 저당권 설정자가 그 위에 건물을 건축하고, 토지 담보권의 실행을 위한 경매절차에서 경매로 인하여 그 토지와 지상건물이 소유자를 달리하였을 경우에는 법정지상권이 성립되지 아니할 뿐만 아니라 관습법상의 법정지상권도 인정되지 아니한다(95마 1262호, 1995년 12월 11일 대법원 선고).

③ 위 두 가지의 요건을 갖추고 경매, 매매, 증여 등의 사유로 토지와 건물(수목)의 소유자가 달라질 것

특히 토지와 건물(수목)의 소유자가 달라진 원인이 강제경매, 매매, 증여 등이고, 당사자 간에 철거에 대한 특약이 없었던 경우를 관습법상의 법정지상권이라고 하여 법정지상권과 구별하지만 양자 간의 효력에는 차이가 없다.

❸ 법정지상권의 성립시기

토지와 건물의 소유자가 달라지는 시점이 성립시기이며, 매매나 증여인 경우에는 소유권이전등기가 완료된 시점에, 경매를 통하여 소유권을 취득하는 경우에는 매각대금을 완납했을 때에 그 효력이 발생한다.

❹ 법정지상권의 존속기간

지상권의 존속기간을 약정하지 아니한 경우에는 견고한 건물의 소유를 목적으로 하는 경우에는 30년, 그 밖의 건물은 15년, 공작물은 5년의 최단기간이 보장되는데, 법정지상권의 경우 기간의 정함이 없는 지상권에 해당되고 최단 존속기간이 준용된다(민법 제281조).

5 갱신청구권과 지상물 매수청구권

지상권이 소멸한 경우에 건물, 기타 공작물이나 수목이 현존하는 때에는 지상권자는 갱신(재계약)을 청구할 수 있으며, 지상권 설정자가 계약의 갱신을 원하지 아니하는 때에는 지상권자는 지상권 설정자에 대하여 상당한 가액으로 이의 매수(買受)를 청구할 수도 있다.

6 경매에서의 대응방법

매각물건명세서 등 법원기록이나 경매 관련 인터넷정보(정보지) 등은 '법정지상권 성립 불분명', '법정지상권 성립 여지 있음', '평가 외 물건 또는 입찰 외 건물 있음' 등으로 표기하여 법정지상권 성립 여부를 전적으로 입찰자의 판단에 맡기고 있다. 이 때문에 이런 경매 부동산은 일반적으로 유찰횟수가 많아지고 가격이 하락하는데, 저렴하다는 이유만으로 심도 있는 권리분석을 하지 않고 입찰하는 것은 매우 위험하다.

특히 건물만이 매각대상(입찰)이고 법정지상권이 성립하는 경우에도 지료(토지사용료)를 지급해야 하고, 성립하지 못하는 최악의 경우에는 철거대상이 될 수 있으므로 각별히 주의해야 한다. 대지만이 매각대상이고 법정지상권이 성립하지 못할 때에는 건물철거와 토지인도 및 지료지급 청구소송을 제기해야 하고, 성립하는 경우에는 존속기간(최장 30년) 동안 지료만 청구할 수 있다. 존속기간이 경과한 후에도 지상권자가 갱신청구권과 매수청구권을 행사할 수 있으므로 주의해야 한다.

사례로 보는 – 법정지상권 불성립

여주5계 2016-8775 (전)

소 재 지	경기 이천시 장호원읍 풍계리 111-7 (17414) 경기 이천시 장호원읍 이풍로 538	
용 도	전	감 정 가	73,400,000
토지면적	734㎡ (222평)	최 저 가	25,176,000 (34%)
건물면적	0㎡ (0평)	보 증 금	2,517,600 (10%)
경매구분	임의경매	소 유 자	최■묵
청 구 액	18,000,000	채 무 자	최■묵
채 권 자	최■식		
주 의 사 항	· 법정지상권 · 입찰외 · 농지취득자격증명 **특수件분석신청**		

■ **감정평가서요약** (2016.10.06 바오감정)

소재지	구분	용도/상태	경매면적	감정가
[467-902] 장호원읍 풍계리 111-7	토지	전/일부단독주택건부지	734㎡ (222평)	73,400,000 1㎡당 100,000 1평당 330,631

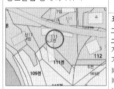

표준공시지가 : 80,000원 / 개별공시지가 : 67,400원 / 감정지가 : 100,000원
-입찰외제시외정■순 소유 주택,소유미상폐가 소재 법정지상권성립여부불분명
-농취증필요(또는농지가아니라는증명제출요)
계획관리지역 / 가축사육제한구역(전 부제9-13.2.25) / 자연보전권역 / 배출시설설치제한지역 / 한강폐
기물매립시설설치제한지역
▶ 풍계교서측인근위치 ▶ 주변농가주택,농경지등 소재한국도 주변농촌지대
▶ 차량접근가능,제반교통사정보통 ▶ 인근노선버스(정)소재
▶ 부정형평지로접면도로및인접지와등고평탄함 ▶ 북측4-5m아스팔트포장도로접함

■ **임차인현황**

임차인/대항력		점유현황	전입/확정/배당	보증금/월세	예상배당액 예상인수액	인수
신■범	有	[주거]	전입 1969-12-04		-	인수
정■순	有	[주거] 전부	전입 1983-03-02		-	인수

임차인수 : 2명 / 보증금합계 : 0 / 월세합계 : 0

제 3 자점유. 채무자(소유자) 및 점유자를 만나지 못해 정확한 점유관계를 파악하기 곤란하였음. 지상에 건축되어 있는 2개의 주택 중 1개
의 주택(이풍로 536)은 폐가로 보이고 전입세대도 없으나, 1개의 주택(이풍로 538)에는 제3자 세대가 전입되어 있으므로 동인을 임차인으
로 보고함. 인접지번(풍계리 111)에 건축되어 있으나 일부가 목록부동산에 포함되어 있은 이풍로 536-1 주택의 전입세대를 점유자로 보고
함. 공부상 전이나 지상에 제시외 단독주택 2동이 건축되어 있고, 경계내에 인접 지번인 풍계리 111번지에 건축되어 있는 주택(제시외)의
일부가 포함되어 있음 신■범:인접지번(풍계리 111)에 전입

부동산은 토지와 건물로 구분하는데, 경우에 따라 건물을 제외하고 토지만 매각대상인 경매사건이 있고, 반대로 토지를 제외하고 건물만 매각하는 경매사건도 있다.

경매사건의 권리분석 정보를 제공하고 있는 지지옥션에서는 민법 제279조 내지 제290조와 각종 대법원 판례, 법원에서 제공하는 집행관 현황조사서와 감정평가서 및 매각물건명세서, 채권자의 제보내용과 전문가의 경험 등을 근거로 법정지상권의 성립 여부에 대하여 사례와 같이 심층적으로 분석한 권리분석 정보를 제공하고 있다.

대지 또는 건물만이 매각대상일 경우에 법정지상권이 성립한다면 존속기간(견고한 건물과 수목 30년, 그 밖의 건물 15년) 동안 지료(토지사용료)를 청구할 수 있지만, 법정지상권이 성립하지 못하는 최악의 경우에는 건물이 철거대상이 될 수 있으므로 주의해야 한다.

* **사건번호** : 여주5계 2016-8775

* **성립요건** : 임의경매 사건의 경우 토지에 최초 근저당권 설정

  당시, 지상에 건물이 소재하고 토지와 건물 소유자가 달랐으

  면 법정지상권이 성립할 수 없고, 같았으면 성립할 수 있다.

* **토지 최초 근저당권 설정일자** : 1997. 01. 08

* **성립 불가능한 사유** : 감정평가서상 1동의 이풍로 538번지 지

  상주택은 정○순 소유로 조사되어 토지 소유자와 다르다. 이

  풍로 536번지 지상에 소재하는 1동의 주택은 폐가로 경제

  적 가치가 매우 낮아 보인다.

* 주의하세요!

매수인은 지장물 철거와 토지인도 및 지료(토지사용료)지급 청구
소송 등을 제기하여 대응하면 된다. 다만 건물이 경제적 가치도
없어 보이고 소송비용이나 그 소요기간 등을 생각한다면, 소송을
제기한 후에 명도 시 실무상 지급하는 이사비용 등을 감안하여 약
간의 대가를 지급하고 협의를 통하여 해결하는 것이 합리적인 방
법이다.

분묘기지권 타인의 토지 위에 소유자의 승낙을 얻어 분묘를 설치한 경우,
소유자의 승낙 없이 분묘를 설치한 후 20년이 경과한 경우(시
효취득), 자신의 토지 위에 분묘를 설치한 후 이장(移葬) 특약 없
이 매각한 경우에 분묘 소유자에게 인정하는 권리가 지상권
과 유사한 분묘기지권이다.

분묘기지권이 성립하면 그 권리는 권리자가 분묘의 수호를
계속하는 동안 존속하며 이장을 요구할 수 없다. 특별한 약정
이 없는 한 지료도 청구할 수 없다는 것이 대법원 판례(94다
37912호)이므로 이를 감안하고 입찰해야 한다. 만약 분묘기지
권이 성립할 수 없을 때에는 이장이나 개장(改葬)을 요구하는
등 장사 등에 관한 법률 제27조와 제28조에 따라 대응책을 강
구하면 된다.

분묘기지권은 2001년 1월 13일 이전에 설치한 분묘만 해당하
며, 그 이후 타인의 토지에 무단으로 설치한 경우에는 성립할
수 없고 토지 소유자의 개장 요구에 대항할 수 없다. 다만 본인
의 토지이거나 소유자의 승낙을 얻어 설치했을 때에는 설치기
간의 제한(최장 60년)을 받게 된다(장사 등에 관한 법률 제19조).

02

'채권' 이해하기

물권과 채권의 상관관계

- 채권이란?
- 채권의 성립요건
- 채권의 효력
- 채권의 소멸
- 경매에서 채권자의 지위

채권이란?

채권은 당사자 간의 계약이나 법률의 규정에 의해 성립하며, 채권자가 채무자에게만 급부청구권을 갖는 대인적 청구권이다. 채권은 계약자유의 원칙이 지배하기 때문에 계약의 내용이나 형식, 시기, 방법 등에 제약을 받지 않고 원칙적으로 자유롭게 체결할 수 있다. 단, 그 목적이나 내용이 분명하고 적법하며 실현 가능한 것이어야 한다. 이와 같은 채권은 물권과는 달리 채권자 평등의 원칙이 지배하기 때문에 계약의 선후와 관계없이 우선변제권이 없다는 점이 그 특징이다. 대표적인 권리가 압류와 가압류권이며 등기의 선후와 관계없이 안분(비율)배당을 받는다. 다만 주택과 상임법상의 임대차계약은 채권계약에 불과하지만 일정한 요건을 구비한 경우에 우선변제권을 인정하고 있으며 이를 '채권의 물권화 현상'이라고 한다.

채권의 성립요건

1 급부(給付)는 적법한 것이어야 한다

채권은 법률의 규정이나 당사자 간의 계약에 의해 성립하고 내용이나 형식, 종류, 시기, 방법 등을 불문하고 성립할 수는 있지만, 그것이 적법한 것이어야만 유효하다.

② 급부는 사회적 타당성이 있어야 한다

사회적 타당성이 있어야 한다는 것은 예컨대 인신매매계약이나 첩계약과 같이 선량한 풍속, 기타 사회질서에 위반한 사항을 내용으로 하는 법률행위(계약)는 무효(민법 제103조)라는 의미이다.

③ 급부는 실현 가능성이 있어야 한다

계약 성립시기를 기준으로 급부의 내용이 불가능한 계약이 아니어야 한다. 예를 들어 화재로 인하여 없어진 건물의 매매계약이나 바다에 떨어뜨린 반지를 찾아준다는 계약처럼 이론적으로는 가능하다고 해도 거래관념상 불가능에 가까운 계약도 무효이다.

④ 금전으로 가액을 산정할 수 있어야 한다

채권의 효력

채권이 변제기에 도래하면 채무자가 임의로 채무의 내용에 따라 이행을 함으로써 채권은 만족을 얻고 소멸하는 것이 원칙이다. 그러나 채무자가 임의로 채무를 이행하지 않을 경우에 채권자는 국가권력(법원)에 호소하여 판결을 받아 강제집행(강제경매 신청)을 신청하는 등으로 채무의 이행을 강제하여 채권을 만족하게 된다.

채권의 강제적 실현이 실효성이 있기 위해서는 채무자의 일반재산이 있어야 하므로 채권자는 소송을 하기 전에 채무자의 재산을 가압류할 필요가 있고, 소송 진행 중에 채무자가 재산을 은닉하려 하는 행위를 사전에 방지해야 한다. 가압류의 특징은 민사소송에서 승소한 판결문 등을 얻어 압류를 한 경우에 가압류를 한 시점으로 효력이 소급하여 발생하는 데 있다.

채권의 소멸

채권은 급부내용에 따라 이행이 종료되면 객관적으로 존재하지 않으므로 당연히 소멸한다. 이와 같이 채권이 소멸하는 사유로는 변제(辨濟), 대물변제(代物辨濟), 공탁(供託), 상계(相計), 경개(更改, 채무내용을 변경하여 새로운 채권을 성립시키는 동시에 구 채무를 소멸시키는 계약), 면제(免除), 혼동(混同, 채권과 채무가 동일인에게 귀속되는 것. 예를 들어 채권자가 채무자를 상속하는 경우, 채권자인 회사가 채무자인 회사와 합병하는 경우 등) 등이 있다.

경매에서 채권자의 지위

부동산 경매에서 채권자는 가압류나 압류를 한 후 부동산의 환가대금(매각금액)에 대하여 배당요구종기일까지 배당신청을 하고 배당에 참가할 수는 있으나, 선순위 물권(근저당권 등)을 가진 채권자보다는 항상 후순위의 지위를 갖는다. 특히 등기부상 후순위 권리자(채권이든 물권이든 무관)가 있어도 채권자 평

등의 원칙이 지배하기 때문에, (가)압류 채권자의 순위가 빠르더라도 후순위 채권자들과 안분(비율)배당을 통해서만 배당을 받을 수 있을 뿐이다. 따라서 (가)압류권자의 채권액보다 많은 금액이 후순위에 있을 경우에는 선순위를 확보한 채권이라도 실제 배당금액은 적어질 수밖에 없다.

실무에서 이를 악용하는 경우도 있다. 예를 들어 근저당권 등 선순위 물권이 없는 채무자 소유의 부동산에 진정한 채권자가 가압류 또는 압류를 하고 강제경매를 진행하여 매각되었다고 가정하자. 만약 이 부동산에 다른 채권자가 없다면 매각(낙찰)대금은 고스란히 가압류권자 또는 압류권자가 배당을 받을 것이다. 그런데 이 부동산이 매각되기 전에 다른 채권자가 가압류 또는 압류를 한 경우에는 어떻게 될까? 당연히 채권자 평등의 원칙이 적용되기 때문에 선순위로 가압류 또는 압류한 채권자와 후순위로 가압류 또는 압류한 채권자가 동순위로 안분배당을 받게 되는 것이다. 예에서 보듯이 채권자의 지위가 불안정하다는 것을 확인할 수 있고, 이것이 신용대출보다 담보대출을 선호하는 이유이기도 하다.

채권의 대표선수이자 말소기준권리이기도 한 가압류란 금전채권이나 금전으로 환산할 수 있는 채권에 대하여 동산 또는 부동산을 대상으로 강제집행을 하기 위한 보전처분이다. 가압류를 하지 아니하면 판결을 집행할 수 없거나 판결을 집행하기가 매우 곤란할 염려가 있는 경우에 할 수 있다.

가압류를 한 법원은 채무자의 신청에 따라 변론 없이 채권자에게 상당한 기간(2주 이상이어야 함) 이내에 본안의 소를 제기하여 이를 증명하는 서류를 제출하거나, 이미 소를 제기하였으면 소송계속사실을 증명하는 서류를 제출하도록 명하여야 하는데, 이를 제소명령(提訴命令)이라고 한다. 채권자가 위 기간 이내에 본안의 소를 제기한 서류를 제출하지 아니한 때에는 법원은 채무자의 신청에 따라 결정으로 가압류를 취소한다. 가압류 집행 후 3년간 본안의 소를 제기하지 아니한 때에도 채무자는 가압류 취소신청을 할 수 있다(민사집행법 제287조).

경매의 왕도는 없다.
정도만 있을뿐.

03
인수주의와 소멸주의

말소기준권리의 종류

- 말소기준권리의 종류
- 인수되는 권리
- 소멸되는 권리

부동산을 낙찰받은 매수인은 매각대금을 납부함으로써 소유권이전등기 여부와는 관계없이 동 부동산의 소유권을 취득하게 된다. 이때 매각대금을 완납한 매수인이 매각대금 외에 부동산상의 선순위 권리자들의 채권이나 특정 권리를 가진 채권자들에게 추가부담을 해야 하는 경우를 인수주의라 하고, 매각대금의 완납으로 매수인의 추가부담 없이 부동산상의 모든 권리가 말소되는 것을 소멸(소제)주의라고 한다.

인수주의와 소멸주의의 기준이 되는 권리를 실무에서는 '말소기준권리(말소기준등기)'라 하며, 이 말소기준권리를 통하여 인수하는 권리를 찾아내는 것이 좁은 의미의 권리분석의 핵심이다. 넓은 의미의 권리분석은 낙찰받은 부동산을 인도받는 과정인 명도까지를 포함한다. 다만 말소기준권리와는 관계없이 매수인이 인수해야 하는 권리가 있는데, 바로 유치권과 법정지상권 및 예고등기 등 3대 권리이다(예고등기는 실무에서 악용되는 사례가 많아 2011년 10월 13일 폐지되었음).

말소기준 권리의 종류

말소기준권리는 경매물건에 대한 권리분석에서 핵심 중의 핵심이다. 법원에서 경매 부동산을 일간신문(인터넷)을 통하여 불특정 다수의 일반인에게 공고를 할 때도 주의사항 1번에 "최상위 근저당권보다 먼저 전입신고된 임차인의 임차보증금을 매수인이 인수할 수도 있습니다"라고 하여 주의를 환기시키고 있다. 이때 최선순위 근저당권과 같은 효력이 있는 말소기준권리로는 다음과 같은 4가지 권리가 더 있다.

■ (근)저당권

말소기준권리 중에서도 대표적이고 가장 많은 것이 (근)저당권이다. 등기부등본상 근저당권 설정 접수일자(원인일자가 아님)를 기준으로 선순위자의 권리와 비교분석하여 그보다 먼저 설정된 권리나 먼저 전입신고가 되어 있거나 사업자등록을 신청한 상가임차인이 보증금을 반환받지 못한 경우에는 그 임차보증금을 매수인이 인수하는 것이 원칙이다.

■ 담보가등기권

가등기는 가등기담보 등에 관한 법률에서 규정하고 있는 부동산의 담보를 목적으로 하는 '담보가등기'와 부동산등기법에서 규정하고 있는 소유권이전을 목적으로 하는 '매매예약에 기한 가등기'로 구분할 수 있다. 담보가등기는 민법상의 근저당권과 같은 효력이 있는 것으로 간주하므로, 말소기준권리에 해당하는 가등기는 담보가등기만을 말한다.

다만 등기부등본상에는 두 종류의 가등기가 구분되어 등기되지 아니하고 모두 매매예약에 기한 가등기라고 되어 있어 일반인들이 구분하기 어려운 점이 있다. 매각대상 부동산에 가등기가 있는 경우에는 법원에서 가등기권자에게 그 가등기가 담보가등기이면 채권액 등 그 내용을 신고하도록 최고하고 있으므로, 법원 문건처리(접수) 내역 등 기록을 보면 확인할 수 있다.

가등기권자가 담보가등기가 아니라고 신고하였거나, 신고하지 않은 경우에는 '매매예약 기한 가등기(소유권이전청구권 보전 가등기를 말하며 순위보전 가등기라고도 함)'로 간주해야 하고, 이 가등기가 선순위일 때에는 입찰을 재고하는 것이 현명하다.

❸ 강제경매개시결정의 기입등기(압류)

집행권원(채무명의)을 가진 채권자가 경매를 신청하는 경우, 강제경매개시결정 주문에 "별지목록 기재 부동산에 대하여 경매절차를 개시하고 채권자를 위하여 이를 압류한다"라고 기재함으로써 경매신청에 의한 개시결정이 내려지면 채무자의 부동산을 압류한 후에 경매절차를 진행하게 된다. 그러므로 압류된 시점을 기준으로 그보다 빠른 선순위 권리자들의 권리를 매수인이 인수하는 것이 원칙이다.

압류효력이 발생하는 시점을 언제로 볼 것인가가 문제 될 수 있는데, 경매개시결정에 대한 기입등기가 된 시점과 경매개시결정문이 채무자에게 송달된 시점 중 빠른 시점이라는 데 이견이 없으며, 통상적으로 경매개시결정에 대한 기입등기를 기준으로 판단한다.

❹ 가압류권

가압류는 채권자로 보이는 자가 장래 회수할 것으로 생각되는 자기의 채권을 보전할 목적으로 하는 보전처분의 등기로서, 채권이 확정된 것이 아니라 임시적인 채권의 순위만을 부여받은 권리이다. 본안소송에서 승소하고 판결이 확정되어 압류하는 경우에는 가압류 시점으로 소급하여 순위가 확정되므로, 이때에는 말소기준권리로서 효력이 인정되는 것이 당연하다. 만약 가압류권자가 패소하였다면 그 가압류의 효력은 발생하지 아니하므로 이때는 말소기준권리가 될 수 없는 것이다.

배당절차에서 가압류권자가 승소한 확정판결문이나 이와 효력이 같은 화해조서, 조정조서, 지급명령결정문, 공정증서 등을 첨부하여 배당을 요구한 경우에는 배당기일에 배당을 해주지만, 가압류 자체만으로 배당을 요구한 채권자의 경우에는 배당금을 교부해주지 않고 공탁을 하며, 공탁금을 수령하려는 가압류권자는 채권이 확정되었다는 판결문 등 집행권원을 공탁금 수령에 대한 반대급부 서류로 제출해야 한다.

5 전세권

전세권자가 배당요구종기일까지 배당을 신청하면 그 존속기간과 관계없이 소멸되는 권리이고, 배당을 신청하지 않으면 매수인이 인수하는 권리이다. 또한 공동주택 등 집합건물 전체에 전세권을 설정한 경우에는 우선변제권이 있고 경매청구권도 있는데, 건물의 일부에만 전세권을 설정(부분전세권이라고 함)했을 때에는 건물 전체에 대하여 우선변제권은 있지만 경매청구권은 없다. 이와 같이 전세권은 양면성이 있는데, '경매 청구권이 있는 전세권자가 배당요구종기일까지 배당을 신청했을 경우'에 한하여 말소기준권리가 된다.

사례로 보는 – 전세권 말소기준권리

충주3계 2017-1840 (아파트)

소 재 지	충북 음성군 감곡면 오향리 405-16 드림타워 1동 2층 207호			
	(27611) 충북 음성군 감곡면 거일길 27-38			
용 도	아파트	감 정 가	62,000,000	
토 지 면 적	29㎡ (9평)	최 저 가	62,000,000 (100%)	
건 물 면 적	40㎡ (12평)	보 증 금	6,200,000 (10%)	
경 매 구 분	임의경매	소 유 자	하OO옥	
청 구 액	35,000,000	채 무 자	하OO옥	
채 권 자	서OO회			
주 의 사 항	· 선순위가등기 특수件분석신청			

■ 등기 부현황 (열람일자: 2017-04-20)

접수일자	권리종류	권리자	채권금액 예상배당액	말소	비고
2014-05-14	소유권	하OO옥			
2014-11-28	전세권	서OO회	35,000,000 35,000,000	말소	말소기준등기
2015-12-04	가등기	이OO영		말소	
2017-04-11	임의	서OO회		말소	경매기입등기
등기부채권 총액 : 35,000,000					

매각물건명세서

사 건	2017타경1840 부동산임의경매		매각 물건번호	1	작성 일자	2017.07.05	담임법관 (사법보좌관)		임OO규	
부동산 및 감정평가액 최저매각가격의 표시	별지기재와 같음		최선순위 설정		2014. 11. 28. 전세권		배당요구종기		2017.06.12	

부동산의 점유자와 점유의 권원, 점유할 수 있는 기간, 차임 또는 보증금에 관한 관계인의 진술 및 임차인이 있는 경우 배당요구 여부와 그 일자, 전입신고일자 또는 사업자등록신청일자와 확정일자의 유무와 그 일자

**사건
풀이**

선순위 전세권자는 임의경매를 신청할 수 있고, 배당절차에
참여하여 우선변제를 받을 수 있다는 점에서 (근)저당권과 유
사한 지위를 갖는다. 다만 (근)저당권은 매각으로 인하여 소멸
되는 권리이기 때문에 배당요구신청과 관계없이 당연히 배당
받는 채권이고, 선순위 전세권은 배당요구종기일까지 배당을
신청하면 당연히 배당받을 수 있지만 배당을 신청하지 않으
면 그 존속기간과 관계없이 매수인이 전세금을 인수해야 한
다는 점에서 (근)저당권과 궁극적인 차이가 있다(민사집행법 제
91조 참고).

사례 경매사건을 보면 선순위 전세권등기가 설정(을구 순위 1번
접수일자 2014년 11월 28일)된 이후에 가등기가 설정(갑구 순위 3번
접수일자 2015년 12월 4일)되었다. 그런데 매각물건명세서를 보
면 '최선순위 설정일자 난'에 '2014. 11. 28자 전세권'으로 기
재되어 있고, '등기된 부동산에 관한 권리 또는 가처분으로 매
각으로 그 효력이 소멸되지 아니하는 것' 난에는 '해당사항 없
음'으로 기재되어 있음을 확인할 수 있다. 이는 곧 전세권설정
등기일자가 일명 말소기준권리가 되고, 갑구의 선순위 가등
기는 매수인이 인수하는 권리는 아니라는 내용으로 이해하면
된다. 말소기준권리라는 용어는 민사집행법에는 없으며 실무
(강학)에서 사용하는 용어이다.

인수되는 권리

1 말소기준권리보다 선순위이기 때문에 매수인이 인수하는 권리

① 대항력 있는 임차인의 임차보증금 중 배당받지 못한 보증금액

② 전세권자 중 배당요구신청을 하지 아니한 전세금

③ 매매예약에 기한 소유권이전청구권 보전가등기(순위보전 가등기)

④ 처분금지가처분, 지상권, 지역권, 환매권

2 말소기준권리와 관계없이 그 성립만으로 인수되는 권리

① 유치권

② 법정지상권, 관습법상 법정지상권(분묘기지권)

③ 예고등기(다만 2011년 10월 13일에 폐지되었음)

주의해야 할 대항력(입주와 전입신고) 있는 임차인의 보증금 인수

1. 애초에 권리신고 겸 배당요구신청을 하지 않은 경우

2. 권리신고는 하고 배당요구신청은 하지 않은 경우

3. 배당요구종기일 이후에 배당을 신청한 경우

4. 배당요구신청을 했다가 배당요구종기일 이전에 배당신청을 철회한 경우

5. 배당요구종기일까지 배당요구신청은 하였으나 말소기준권리보다 확정일자가 늦거나 없는 경우(소액 최우선변제대상 임차인은 제외)

6. 확정일자를 갖추고 배당요구종기일 전에 배당신청을 했으나 보증금 전액을 배당받지 못했을 경우에는 배당받지 못한 보증금을 인수(대항력 있는 임차인이 강제경매를 신청한 경우가 많음)

3 전 소유자의 가압류권 인수문제

전 소유자의 가압류권 인수문제와 관련하여 경우를 나누어 대법원 판례를 소개한다.

① 가압류 집행 후 소유권이 이전되고, 가압류채권자가 경매를 신청한 경우

가압류 집행 후 소유권이 제3자에게 이전되었는데 가압류 채권자가 집행권원을 얻어 가압류채무자를 집행채무자로 하여 그 가압류를 본 압류로 이전하는 강제집행(경매)을 실행한 경우, 그 강제집행은 가압류의 처분금지적 효력이 미치는 객관적 범위인 가압류 결정 당시의 청구금액 한도 내에서 집행채무자인 가압류채무자의 책임재산에 대한 강제집행이므로, 제3취득자에 대한 채권자는 당해 가압류 목적물의 매각대금 중 가압류의 처분금지적 효력이 미치는 금액에 대하여는 배당에 참가할 수 없다(대법원 판례 98다 43441호, 2006다35223호).

다만 가압류 청구금액을 초과하는 부분은 제3취득자의 재산에 대한 매각절차라 할 것이므로, 제3취득자에 대한 채권자는 그 매각절차에서 제3취득자의 재산 매각대금에서 배당받을 수 있다(대법원 판례 2003다40637호). 이 경우에 가압류권자는 가압류한 금액을 한도로 배당받을 수 있고, 이 경우 가압류권도 마치 우선변제를 받는 것과 같은 효력이 발생한다.

② 가압류집행 후 소유권이 이전되고, 현 소유자의 채권자가 경매를 신청한 경우

제3취득자의 채권자가 신청한 경매절차에서 매수인이 취득하게 되는 대상은 가압류한 목적물 전체이지만, 가압류의 처분금지효가 미치는 매각대금 부분은 가압류권자가 우선적인 권리를 행사할 수 있고 제3취득자의 채권자들은 이를 수인해야 하므로, 전 소유자에 대한 가압류권자는 그 매각절차에서 당해 가압류 목적물의 매각대금에서 가압류 결정 당시의 청구금액을 한도로 배당받을 수 있다(대법원 판례 2006다19986호).

이 경우에 가압류권자와 현 소유자의 채권자는 안분배당을 하는 것이 아니라 전 소유자의 가압류권자에게 가압류한 금액의 범위 내에서 먼저 배당을 하고, 그 가압류는 말소촉탁의 대상이 된다(2005다8682호). 위에서 살펴본 대법원 판례를 중심으로 보면, 전 소유자의 가압류권을 매수인에게 인수하게 한다는 특별매각조건이 없는 한 어느 경우에나 전 소유자의 가압류권리는 매수인이 인수하는 권리는 아니다(『민사집행 실무제요』 2권 493쪽).

아직도 시중의 일부 경매관련 서적에는 "전 소유자의 가압류는 매수인이 인수한다"고 기술하고 있는데, 대법원 판례와도 맞지 않고 권리분석을 할 때 혼란스러울 뿐이므로 하루빨리 시정되어야 할 것이다.

여기서 잠깐!

전 소유자의 가압류 인수 소멸 여부

| 가압류 A | 소유권이전 | 가압류 B |

- 전 소유자의 가압류 A가 경매신청했을 경우 → 가압류 A 배당으로 소멸
- 소유권이전 이후 가압류 B가 경매신청했을 경우 → 가압류 A, 가압류 B 모두 배당으로 소멸(단, 특별매각조건에 전 소유자의 가압류 A 인수조항이 없는 경우)
- 일부 책에서는 가압류 B가 경매신청권자일 경우 전 소유자의 가압류 A는 인수라고 기록된 것이 있으나 이는 옳지 않다.

소멸되는 권리

1 매각대상 부동산상의 모든 (근)저당권과 담보가등기권

2 전세권자 중 배당요구종기일까지 배당을 신청한 전세권

3 말소기준권리 이후에 접수된 등기부등본상의 모든 등기
 (단, 예고등기 제외)

4 말소기준권리 이후에 입주 또는 입점한 임차인(배당금액 액수와 관계없음)

☑ 인수주의와 소멸주의

인수되는 권리	말소기준권리의 종류	소멸되는 권리
대항력 있는 임차인(주, 상) 배당신청하지 않은 전세권 순위보전 가등기 처분금지가처분 지상권, 지역권, 환매권	근저당권 가압류 압류(경매개시결정등기) 담보가등기 전세권(경매청구권 필요)	말소기준권리 이후의 모든 권리는 매각으로 인하여 **소멸되는 것이 원칙**
임차인은 전입신고, 사업자등록신청일과 등기일자를 비교	등기부상 가장 빠른 등기인 말소기준권리도 매각으로 인하여 모두 소멸	토지 인도와 건물철거청구권 보전을 위한 가처분은 인수

* 다만 말소기준권리와는 무관하게 매수인이 인수하는 권리가 있는데, 우리를 힘겹게 만드는 유치권, 법정지상권, 예고등기가 바로 그것이다.

* 사망한 예고등기 : 2011년 10월 13일 폐지, 경매에서 악용된 사례가 많았다(대응방법은 처분금지가처분).

CHAPTER 5

특수권리와
경매의 함정

01

등기된 권리

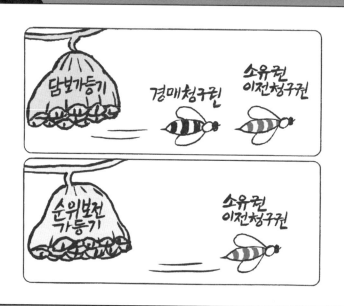

- 가등기
- 가처분
- 예고등기
- 토지별도등기
- 대지권미등기
- 공동소유의 지분경매

| 가등기 | 가등기는 소유권이전청구권 보전을 위한 가등기(이하 순위보전 |

가등기

가등기는 소유권이전청구권 보전을 위한 가등기(이하 순위보전 가등기라고 함)와 담보가등기로 구분한다. 부동산에 대하여 매매계약을 체결할 때, 계약체결일과 잔금지급일은 보통 1개월에서 3개월 정도의 시차를 둔다. 그러므로 매도인은 매수인과 매매계약을 체결한 후 잔금지급일까지의 기간 동안 악의이든 선의이든 자유롭게 다른 제3자와 매매계약을 또다시 체결할수도 있는 것이다. 이를 이중매매라고 하는데, 이중매매를 하면 배임 혐의로 형사책임을 부담한다는 것은 별론으로 하고, 이를 방지하기 위하여 계약과 동시에 해두는 등기를 매매예약에 기한 순위보전 가등기라고 한다.

또한 돈을 빌려주고 그 채권을 담보하기 위하여 가등기라는 방법을 사용하기도 하는데 이를 담보가등기라고 하며, 담보가등기는 일명 말소기준권리이고 우선변제권과 경매청구권이 있는 등 이미 설명한 저당권과 동일한 효력이 있다(가등기담보법 제15조).

■ 가등기의 효력

가등기는 어디까지나 확정된 권리가 아니라 임시적인 권리의 순위를 보전하는 것이며, 그 자체로 효력은 없으나 가등기에 기하여 본등기를 한 경우에 가등기를 해둔 시점으로 소급하여 효력이 발생한다.

❷ 법원경매와 가등기

부동산 등기부등본상에 선순위의 가등기가 등기되어 있는 경우, 순위보전 가등기인지 단순한 담보가등기인지 구분이 되지 않기 때문에 이를 확인하는 것이 매우 중요하다. 만약 선순위 가등기가 순위보전 가등기라면 입찰을 포기해야 하지만, 담보가등기라면 저당권과 동일한 효력이 있으므로 법원에서 우선배당을 받고 소멸되는 권리임은 물론이고, 말소기준권리로서의 기능을 하므로 입찰자는 하나의 근저당권으로 취급하면 된다(가등기담보법 제16조).

가등기가 된 부동산이 경매가 진행될 경우에 집행법원은 가등기권자에게 그 가등기가 담보가등기인 때에는 그 내용 및 채권의 존부나 원인 및 금액을, 담보가등기가 아닌 경우에는 그 내용을 집행법원에 신고할 것을 상당한 기간을 정하여 최고하고 있다. 따라서 법원 문건처리(접수) 내역 등 기록을 검토하여 사전에 확인해야 하며, 가등기가 선순위임에도 어떤 가등기인지 확인이 불가능할 때에는 과감하게 입찰을 포기하는 것이 현명할 수도 있다.

❸ 말소할 수 있는 선순위 가등기

선순위 가등기가 담보가등기가 아닌 '순위보전 가등기'이고 매각물건명세서에 '소멸되지 않는 권리'라는 특별매각조건이 있어도 소멸시킬 수 있는 경우가 있다. 대법원 판례를 보면 매매예약의 완결권(본등기)은 당사자 사이에 행사기간을 약정한 때에는 그 기간 내에, 약정이 없는 때에는 예약이 성립한 때부터 10년 내에 행사하여야 하고, 그 기간을 지난 때에는 예약완결권은 제척기간의 경과로 소멸하고, 당사자 간에 약정이 있는 경우에도 10년 이내에 행사하여야 한다고 판시하고 있다 (대법원 판례 94다22682호). 즉 선순위 가등기가 순위보전 가등기라고 하더라도 가등기를 하고 10년이 경과하도록 본등기를 하지 않았을 때에는 제척기간이 만료되어 원칙적으로 소멸시킬 수 있다.

다만 매각물건명세서상 '소멸되지 않는 권리'라는 특별매각조건이 있을 때에는 매수인이 대금을 완납한 이후 소유권이전등기와 말소등기 촉탁을 할 때 선순위 가등기를 말소할 수는 없고, 이를 말소하려면 당사자 간의 합의 또는 별도로 가등기말소 청구소송을 제기하여 승소한 후에 가능하므로 소송기간 및 소요비용 등을 감안하고 입찰해야 한다.

여기서 잠깐!

제척기간이란?

제척기간은 어떤 종류의 권리를 행사할 수 있는 기간에 대하여 법률로 정한 존속기간을 말하며, 일정한 기간 안에 행사하지 않으면 해당 권리가 소멸된다는 점에서는 소멸시효와 비슷한 개념이다. 그러나 제척기간은 소멸시효와 달리 정지와 중단사유가 없다.

남부10계 2017-100281 (다세대)

조 회 수	·금일조회 1 (0) · 금회차공고후조회 67 (14) · 누적조회 351 (41)	( )는 5분이상 열람 조회통계
	·7일내 3일이상 열람자 8 · 14일내 6일이상 열람자 4	(기준일-2017.10.31 / 전국연회원전용)

소 재 지	서울 양천구 신월동 537-4 현대시티빌 3층 302호 (08030) 서울 양천구 신월로15길 10-1		
용 도	다세대	감 정 가	170,000,000
토지면적	34㎡ (10평)	최 저 가	108,800,000 (64%)
건물면적	51㎡ (15평)	보 증 금	10,880,000 (10%)
경매구분	강제경매	소 유 자	김■원
청 구 액	11,723,118	채 무 자	김■원
채 권 자	㈜ 씨■에스대부		
주의사항	·선순위가등기 특수件분석신청 ·소멸되지 않는 권리 : 갑구 4번 소유권일부이전청구권가등기(2013.07.09. 등기)가 담보가등기인지 순위보전가등기인지 권리신고가 없고, 위 가등기는 말소되지 않고 매수인이 인수함. 만약 가등기된 매매예약이 완결된 경우에는 매수인이 소유권을 상실하게 됨.		

■ 등기부현황 (열람일자: 2017-07-25)

접수일자	권리종류	권리자	채권금액 예상배당액	말소	비고
2013-06-27	소유권	김■원			
2013-07-09	가등기	김■정외1		말소	말소기준등기
2016-01-12	압류	서울시양천구		말소	
2016-03-16	가압류	한■자산관리대부	7,956,202 7,956,202	말소	2016 카단 20539 서울북부 GO
2016-11-04	가압류	리■옵션대부	9,508,143 9,508,143	말소	2016 카단 4214 서울남부 GO
2017-01-17	강제	씨■에스대부	11,723,118 11,723,118	말소	경매기입등기
등기부채권 총액 : 29,187,463					

2. 소유지분을 제외한 소유권에 관한 사항 (갑구)

순위번호	등기목적	접수정보	주요등기사항	대상소유자
4	소유권이전청구권가등기	2013년7월9일 제34772호	가등기권자 김■정외 1명	김■원
5	압류	2016년1월12일 제1225호	권리자 서울특별시양천구	김■원
6	가압류	2016년3월16일 제11134호	청구금액 금7,956,202 원 채권자 주식회사 한■자산관리대부	김■원
7	가압류	2016년11월4일 제172741호	청구금액 금9,508,143 원 채권자 리■옵션대부 주식회사	김■원
8	강제경매개시결정	2017년1월17일 제11588호	채권자 주식회사 씨■에스대부	김■원

물건 상세페이지 QR코드 보기
스마트폰으로 QR코드를 검색하시면 해당 물건의 상세페이지를 자세히 볼 수 있습니다.

사례로 보는 – 소멸시킬 수 있는 선순위 가등기 2

순천2계 2016-13649 (아파트)

과 거 사 건	순천 2013-6732 , 순천2계 2013-13198 , 순천2계 2014-16538 , 순천1계 2016-6856		
조 회 수	·금일조회 2 (0) ·금회차공고후조회 29 (7) ·누적조회 287 (22) ·7일내 3일이상 열람자 6 ·14일내 6일이상 열람자 1		( )는 5분이상 열람 **조회통계** (기준일-2017.10.23 / 전국연회원전용)

<table>
<tr><td>소 재 지</td><td colspan="3">전남 광양시 금호동 725 장미 19동 3층 305호
(57803) 전남 광양시 폭포사랑길 96</td><td rowspan="7"></td></tr>
<tr><td>용   도</td><td>아파트</td><td>감 정 가</td><td>76,000,000</td></tr>
<tr><td>토 지 면 적</td><td>109㎡ (33평)</td><td>최 저 가</td><td>27,238,000 (36%)</td></tr>
<tr><td>건 물 면 적</td><td>52㎡ (16평)</td><td>보 증 금</td><td>2,723,800 (10%)</td></tr>
<tr><td>경 매 구 분</td><td>강제경매</td><td>소 유 자</td><td>고█일</td></tr>
<tr><td>청 구 액</td><td>68,753,129</td><td>채 무 자</td><td>고█일</td></tr>
<tr><td>채 권 자</td><td colspan="3">정█학</td></tr>
<tr><td>주 의 사 항</td><td colspan="4">· 선순위가등기 **특수件분석신청**
· 소멸되지 않는 권리 : 갑구2번 소유권이전청구권가등기(1996.2.
2.등기)는 매수인이 인수함</td></tr>
</table>

■ 등기부현황 (열람일자:2017-05-23)

접수일자	권리종류	권리자	채권금액 예상배당액	말소	비고
1996-02-02	가등기	포█종합제철		말소	말소기준등기
2004-12-31	소유권	고█일			
2012-10-04	압류	광양시		말소	
2013-05-14	가압류	서█보증보험 호남신용지원	4,172,000 1,114,765	말소	2013 카단 2922 광주 GO
2013-11-25	가압류	삼█생명보험	5,604,593 1,497,556	말소	2013 카단 72861 서울중앙 GO
2015-12-18	압류	광양시		말소	
2016-05-04	압류	순천세무서		말소	
2016-06-23	가압류	엠█이드대부	20,180,720 5,392,321	말소	2016 카단 1011 광주 순천 GO
2016-12-05	강제	정█학	68,753,129 18,370,949	말소	경매 기입등기

등기부채권 총액: 98,710,442

■ 참고사항

· 관련사건 ☞ 순천지원 2013가단21042
· 갑구2번 소유권이전청구권가등기(1996.2.2.등기)는 말소되지 않고 매수인이 인수함. 만약 가등기된 매매예약이 완결되는 경우에는 매수인이 소유권을 상실하게 됨

가등기는 소유권이전 청구권보전 가등기(순위보전 가등기)와 담보가등기로 구분하는데, 선순위 기등기가 순위보전 가등기일 때에는 매수인이 인수하는 권리이고, 담보가등기일 경우에는 저당권과 같은 말소기준권리로서 우선변제권을 부여하고 매각으로 소멸되는 권리이다(가등기담보등에 관한 법률 제15조).

다만 등기부등본상 양자를 구분하여 등기하지 않기 때문에 그 판단이 어려운데, 법원 문건접수(처리) 내역을 보고 가등기권자가 채권계산서를 제출했으면 원칙적으로 담보가등기이고, 제출하지 않았으면 순위보전 가등기로 매수인이 인수해야 한다. 특히 매각물건명세상 '소멸되지 않는 권리'가 있는지 반드시 확인해야 하고, 소멸되지 않는 권리일지라도 등기를 한 후 10년이 경과하였으면 제척기간이 완료되어 가등기권자와의 합의 또는 소송을 통하여 소멸시킬 수 있다(사례 경매사건 참고).

첫 번째 사례인 남부 2017타경100281호 사건의 경우, 매각물건명세서를 보면 "소멸되지 않는 권리 : 갑구 4번 소유권일부이전청구권가등기는 권리신고가 없어 말소되지 않고 매수인이 인수한다. 만약 가등기된 매매예약이 완결된 경우에는 매수인이 소유권을 상실하게 된다"는 특별매각조건이 있다. 특히 가등기 후 10년이 경과하지 않았기 때문에 가등기의 내용을 모르는 일반인의 입찰은 재고해보는 것이 최선이다.

두 번째 사례인 순천 2016타경13649호 사건의 경우에도 매각물건명세서를 보면 "소멸되지 않는 권리 : 갑구 2번 소유권이전청구권가등기(접수 1996. 02. 02)는 매수인이 인수한다"는 특별매각조건이 있다. 그런데 이 사건의 선순위 가등기는 등기 후 10년 동안 본등기를 하지 않았기 때문에 10년의 제척기간이 만료되어 원칙적으로 소멸시킬 수 있다(대법원 판례 94다22682호). 다만 매수인이 대금을 완납한 이후에 소유권이전등기와 말소등기 촉탁을 하는데, '소멸되지 않는 권리'라는 특별매각조건이 있기 때문에 본 가등기를 말소하려면 당사자 간 합의 또는 별도로 가등기말소 청구소송을 제기하여 승소한 후에 가능하다.

가처분

❶ 가처분의 의미

가처분은 금전채권 이외의 특정 지급을 목적으로 하는 청구권을 보전하기 위해서나 또는 다툼이 있는 권리관계에 관하여 임시의 지위를 정함을 목적으로 하는 보전처분이다. 금전 또는 금전으로 환산할 수 있는 청구권을 보전하기 위한 가압류와 구별된다.

가처분에는 다툼의 대상이 되는 계쟁물(係爭物)에 관한 가처분과 임시 지위를 정하는 가처분이 있다. 다툼의 대상에 관한 가처분은 현상이 바뀌면 당사자가 권리를 실행하지 못하거나 이를 실행하는 것이 매우 곤란할 염려가 있을 경우에 한다. 가처분은 다툼이 있는 권리관계에 대하여 임시 지위를 정하기 위하여도 할 수 있다(민사집행법 제30조).

❷ 경매와 처분금지가처분

① 선순위 처분금지가처분

경매절차에서 일명 말소기준권리보다 선순위인 가처분은 매수인이 인수하는 것이 원칙이다. 선순위 가처분의 피보전권리(등기부등본에 나와 있음)가 실제로 존재하는 것으로 확정되는 경우에는 매수인이 소유권을 상실할 수 있으므로 각별히 주의해야 한다.

다만 가처분 집행 후 3년(2005년 7월 28일 이후에는 3년, 2002년 7월 1일부터 2005년 7월 27일까지는 5년, 2002년 6월 30일 이전에는

10년)간 본안소송을 제기하지 아니한 경우 가처분 채무자 또는 이해관계인은 그 취소를 신청할 수 있고, 그 기간이 경과하면 취소요건은 완성되며, 그 후에 본안의 소가 제기되어도 가처분 취소를 배제하는 효력이 발생하지 않는다는 것이 대법원 판례이다(민사집행법 제288조, 99다37887호).

② 인수되는 후순위 가처분

말소기준권리 이후에 등기된 가처분은 소멸되는 것이 원칙이지만, 그 피보전권리가 '건물의 철거 및 토지인도청구권'인 경우에는 후순위 가처분도 매수인이 인수하는 권리이므로 주의해야 한다. 다만 이 경우에는 토지를 제외한 건물만의 매각이 대부분이고 매각대상인 건물이 철거대상일 수 있으므로, 가처분 인수문제를 떠나서 입찰 자체를 신중하게 결정해야 한다.

참고로 '소유권이전등기 취소나 말소'를 청구하는 소송이 제기되었을 경우에 과거에는 '예고등기'로 인하여 주의할 수 있었으나, 예고등기 제도가 폐지(2011년 10월)된 현재에는 '처분금지가처분'을 이용하고 있다. 그러므로 후순위 가처분이라도 그 피보전권리가 '소유권이전등기 취소 또는 말소'일 경우에는 매수인이 인수해야 한다는 특별매각조건이 붙을 수도 있고, 말소 여부를 떠나서 각별히 주의해야 한다.

③ 목적을 달성한 선순위 가처분

선순위 가처분이라도 가처분권자가 소유권을 취득한 경우에는 혼동(混同)의 법리를 유추하여 말소할 수 있다. 또한 그 피보전권리가 근저당권설정청구권인데 가처분 이후에 근저당권이 설정된 경우 및 피보전권리가 공유물분할 청구권인데 공유물분할을 위한 형식적인 경매인 경우인 때에는 이미 목적을 달성한 가처분으로 말소될 수 있다.

만약 목적을 달성한 것으로 보이는 선순위 가처분에 대하여 "소멸되지 않는 권리 또는 매수인이 인수해야 한다"는 특별매각조건이 있을 때에는 가처분권자의 동의를 얻어 '가처분취하 및 집행해제신청서'를 제출하고, 동의해주지 않을 때에는 '가처분결정취소신청서'를 제출하여 대응할 수 있다.

사례로 보는 – 목적을 달성한 선순위 가처분

중앙5계 2017-2619 (아파트)

소 재 지	서울 강남구 압구정동 426 ,427 현대 103동 8층 808호 (06001) 서울 강남구 압구정로 151		
용 도	아파트	감 정 가	1,069,327,000
토지면적	전체 62.86 ㎡ 중 지분 42.8 ㎡ (13평)	최 저 가	1,069,327,000 (100%)
건물면적	전체 108.88 ㎡ 중 지분 74.16 ㎡ (22.4평)	보 증 금	106,932,700 (10%)
경매구분	강제경매	소 유 자	박■현외 1
청 구 액	1,400,000,000	채 무 자	박■현
채 권 자	파산자 ㈜ 대■상호저축은행의 파산관재인 예금보험공사		
주의사항	· 지분매각 · 선순위가처분 특수件분석신청		

■ 등기부현황 (열람일자:2017-03-10)

접수일자	권리종류	권리자	채권금액 예상배당액	말소	비고
2011-06-17	가처분	대■상호저축은행		말소	2011 카합 534 대전 GD
2017-03-07	강제	대■상호저축은행	1,400,000,000 1,060,555,245	말소	말소기준등기/경매기입등기

등기부채권총액 : 1,400,000,000

5	가처분	2011년6월17일 제39453호	2011년6월15일 대전지방법원의 가처분결정(2011카합534)	피보전권리 사해행위 취소로 인한 소유권이전등기 말소 청구권 채권자 주식회사 대■상호저축은행 160111-0002256 대전 중구 선화동 12-3,9,5 금지사항 매매, 증여, 전세권, 저당권, 임차권의 설정 기타일체의 처분행위 금지
6	소유권일부이전	2017년3월2일 제38070호	진정한 등기명의의 회복	공유자 지분 10000분의 6811 박■현 480312-******* 충청북도 증평군 증평읍 팔장로 08
				대위자 파산자주식회사대■상호저축은행파산관재인예금보 험공사 대전광역시 중구 대공로 527(선화동) 대위원인 서울중앙지방법원 2012가합513720 사해행위취소 확정판결에의한 소유권이전등기청구권

**사건
풀이**

선순위 가처분등기는 소멸되지 않고 인수하는 것이 원칙이다. 다만 가처분에는 보전받고자 하는 피보전권리가 있는데, 그 피보전권리가 목적을 달성했을 때에는 소멸시킬 수 있는 권리이다. 예를 들어 사례 경매사건의 등기부등본 갑구 순위번호 5번을 보면 가처분의 피보전권리가 '사해행위 취소로 인한 소유권이전등기 말소청구'였는데, 갑구 순위번호 6번을 보면 가처분권자가 본안소송에서 승소한 후 2017년 3월 2일자로 '진정한 등기명의의 회복등기'를 한 경우에는 목적을 달성한 가처분으로 소멸시킬 수 있다.

그 외에도 피보전권리가 공유물이나 재산분할청구권이었는데 원고가 승소한 경우 및 근저당권설정청구권이었는데 근저당권이 설정된 경우에는 '소멸되지 않는 권리'라는 특별매각조건이 있어도 소멸시킬 수 있는 것이 원칙이다. 또한 가처분등기 후 3년(2005년 7월 28일 이후 3년, 2002년 7월 1일부터 2005년 7월 27일까지 5년, 2002년 6월 30일 이전 가처분은 10년) 동안 본안소송을 제기하지 않았을 때에도 사정변경에 의한 가처분 취소사유이다(민사집행법 제288조).

예고등기 | 예고등기는 등기원인의 무효 또는 취소로 인한 등기의 말소 또는 말소회복의 소송이 제기되어 있는 부동산에 대하여 소송이 제기된 경우, 이런 소송이 진행되고 있다는 사실을 불특정 다수의 일반인에게 알려 경각심을 주고 선의의 제3자들이 예기치 못한 손해를 보지 않도록 하기 위하여 법원의 직권으로 등기소에 촉탁하여 하는 예비등기의 하나이다.

1 예고등기의 효력

예고등기는 그 자체만으로 부동산의 소유, 권리의 공시 유무, 처분의 제한 등 권리행사에 영향을 주는 등기는 아니다. 그러나 소송을 제기한 원고가 승소하는 경우에 분쟁의 원인이 되었던 예고등기 이후의 등기는 모두 효력을 상실하므로 각별히 주의해야 한다. 등기의 공신력이 없기 때문에 발생하는 문제인데, 이는 우리나라의 등기공무원이 등기 시에 등기신청 서류상의 내용에 대한 형식적인 심사권만 있을 뿐 실질적인 심사권한이 없는 데서 비롯된다.

2 법원경매와 예고등기

법원경매에서 말소기준권리의 전후나 순위와 관계없이 예고등기가 되어 있는 경매 부동산은 원칙적으로 입찰을 포기하는 것이 현명한 방법이다. 왜냐하면 낙찰을 받아 대금을 납부하고 소유권이전등기까지 경료하였다고 해도, 만약 예고등기의 원고가 승소한다면 본인의 소유권이전등기는 물론이고 분쟁의 원인이었던 그 후의 등기는 모두 말소되기 때문이다.

최악의 경우에 매각대금까지 납부한 사건에서 예고등기가 원고 승소로 인하여 소유권이전등기가 말소된다면, 매수인이 이미 납부한 매각대금을 회수하기 위해서는 매각대금을 배당받아 간 채권자들이 임의로 돌려주지 않는 한, 그들을 상대로 부당이득금반환 청구소송을 제기하는 방법밖에 없는 등 피해가 불가피하므로 각별히 주의해야 한다.

다만 대부분의 법원에서는 예고등기가 되어 있을 경우 매각허가결정까지 이루어진 경우에도 집행정지를 한 이후에 대금납부기한을 연기하고 있으며, 대금납부가 된 경우에는 배당을 하지 않고 공탁을 하기도 한다. 그러나 불확실한 권리관계가 장기간 지속될 것이 확실하기 때문에, 예고등기의 당사자인 원고나 피고 등과 이해관계가 있거나 그로 인하여 본안소송(예고등기)에서의 진행내역이나 결과를 상세하게 알 수 있는 경우가 아니라면 입찰을 포기하는 것이 현명한 판단이다.

여기서 잠깐!

예고등기 폐지

멀쩡한 부동산에 소유권이전이나 말소와 관련하여 분쟁이 있는 것처럼 서류를 조작(위조)하여 소유권이전 무효나 취소 또는 말소회복 청구소송을 제기하면 수소법원은 직권으로 소송이 제기되었음을 알리는 촉탁(예고등기)을 하게 되는데, 경매대상 부동산에 이와 같은 예고등기를 악용하는 사례가 많아 2011년 10월 13일부로 예고등기는 폐지되었다.

토지 별도등기 토지 별도등기는 일반적으로 집합건물을 신축하기 전에 토지만에 대하여 근저당권이나 가압류, 압류, 지상권 등의 등기가 있는 등 집합건물과 다른 등기내용이 있다는 뜻이다.

1 토지 별도등기의 유형과 그 영향

① 토지 등기부등본상 집합건물 전유부분에 해당하는 토지 지분에 대하여 설정되었던 모든 권리(별도등기)가 정리되었으나 단지 토지 별도등기의 공시(등기)내용이 삭제되지 않은 경우, 다른 집합건물 소유자와 공동 또는 개별로 별도등기를 말소하면 되는데, 이때 등록세와 법무사 비용 등 등기비용이 소요될 수 있다.

② 집합건물이 위치한 토지 지하에 지하철이나 지하 연결통로, 지하 공동구 등 지하 구조물이 있으면 구분지상권(건축물, 기타 공작물을 소유하기 위하여 지하 또는 지상 공간에 상하의 범위를 정하여 설정하는 지상권)이 토지 등기부등본에 설정되고, 집합건물 등기부등본에 토지 별도등기가 있다는 공시(등기)가 나타난다. 다만 대부분이 공공시설의 소유나 설치를 목적으로 하기 때문에 사인(私人)이 소유권을 취득하여 사용·수익·처분하는 데 영향을 미치는 별도등기는 아니다.

③ 사전에 토지 등기부등본 전체에 대하여 저당권, 가압류,

가처분, 가등기, 지상권 등이 등기된 상태에서 정리되지 않은 채로 집합건물 등기부등본이 만들어지면 토지 별도등기가 있다는 내용이 등기된다. 다만 매각 부동산 위의 모든 저당권은 매각으로 소멸되는 것이 원칙이다(민사집행법 제91조2항). 그리고 대지권 성립 전부터 토지만에 대하여 별도등기로 설정되어 있던 근저당권이라 할지라도, 경매과정에서 이를 존속시켜 낙찰자에게 인수하게 한다는 취지의 특별매각조건이 없었다면, 위 토지 공유지분에 대한 범위에서는 매각 부동산 위의 저당권에 해당되어 소멸한다는 것이 대법원 판례이다(2005다15048호).

그러므로 매각물건명세서에 "토지 별도등기에 관하여 매수인이 인수한다"는 특별매각조건이 있는지 확인하는 것이 매우 중요하며, 실무에서도 별도등기를 인수한다는 특별매각조건이 없다면 매각으로 인하여 소멸되는 것이 원칙이다.

④ 집합건물 등기부등본이 만들어지기 전에 토지 등기부등본에 저당권, 가압류, 가처분, 가등기, 지상권 등이 등기된 상태에서 정리되는 과정 중인 경우로, 해당 집합건물의 전유부분에 상응하는 토지 지분의 별도등기는 정리되었으나 타 전유부분에 상응하는 토지 지분이 정리되지 않은 경우에도 집합건물 등기부등본상에 토지 별도등기가 있다는 내용이 등기될 수 있다. 이 경우에 해당 집합(구분)건물 매

수인과 관계없는 별도등기이므로 다른 집합건물 소유자와 공동으로 또는 개별로 별도등기를 말소하면 되며, 이때 등록세와 법무사 비용 등 등기비용이 소요될 수 있다.

그런데 최근에는 토지 별도등기에 대하여 매수인이 인수해야 한다는 특별매각조건을 확실하게 붙이거나, 경매신청 채권자에게 그 내용을 파악하여 보정하도록 하여 배당절차에 참여하게 하는 등으로 별도등기 권리자에게 배당을 해주고 말소하는 경매사건이 증가하는 추세이다. 즉 토지 별도등기를 매수인이 인수해야 한다는 특별매각조건이 없다면 인수하는 별도등기는 없는 것으로 추정해볼 수도 있다. 다만 입찰을 준비하는 사람은 사전에 토지 별도등기 내용을 파악하여 인수하는 권리인지 아닌지 확인해야 하고, 매수한 후 토지 별도등기를 말소하는 데 애로사항이 없는지 법무사 등 등기 전문가의 상담을 받아본 후 입찰할 필요가 있다.

매각물건명세서에 근저당권 등을 매수인이 인수해야 한다는 특별매각조건이 붙어 있는 사건을 소개한다.

사례로 보는 – 토지 별도등기

동부4계 2015-11438 (아파트)

병합/중복	2016-770(중복-우영파이낸셜대부)

소 재 지	서울 송파구 오금동 67 ,-7, -9 아남 2동 5층 507호 (05728) 서울 송파구 성내천로6길 1-13		
용 도	아파트	감 정 가	294,000,000
토지면적	19㎡ (6평)	최 저 가	235,200,000 (80%)
건물면적	48㎡ (15평)	보 증 금	23,520,000 (10%)
경매구분	강제경매	소 유 자	정█민
청 구 액	120,000,000	채 무 자	정█민
채 권 자	동█생명보험 ㈜		
주의사항	· 토지별도등기 [특수件분석신청] · 소멸되지 않는 권리 : 토지만의 별도 등기인 가처분, 가압류, 압 류, (근)저당권 등 매수인 인수 조건		

■ 등기부현황 (열람일자:2016-09-23)

접수일자	권리종류	권리자	채권금액 예상배당액	말소	비고
2005-10-10	소유권	정█민			
2014-01-07	근저당권	유█선	60,000,000 60,000,000	말소	말소기준등기
2015-03-04	근저당권	노█철	75,000,000 75,000,000	말소	
2015-08-19	근저당권	우█파이낸셜대부	97,500,000 97,500,000	말소	
2015-10-16	질권	강█파이낸스대부	97,500,000 54,902,132	말소	
2015-11-19	강제	동█생명보험	120,000,000	말소	경매기입등기
2016-02-15	임의	우█파이낸셜대부		말소	

등기부채권 총액 : 450,000,000
토지별도등기있음 -열람바랍니다.

■ 참고사항

· 관련사건 ☞ 서울동부지방법원 2015가단14212
· 토지에 별도등기 있음
· 특별매각조건 : 토지만의 별도 등기인 가처분, 가압류, 압류, (근)저당권 등 매수인 인수 조건

물건 상세페이지 QR코드 보기
스마트폰으로 QR코드를 검색하시면 해당 물건의 상세페이지를 자세히 볼 수 있습니다.

토지 별도등기는 일반적으로 공동주택 등 집합건물을 신축하기 전에 토지만에 대하여 근저당권이나 (가)압류 등 집합건물과 다른 등기내용이 있다는 뜻이다. 별도등기의 유형은 여러 가지가 있는데, 최근에는 별도등기권자에게 배당절차에 참여하도록 최고하는 추세이다. 따라서 매각물건명세서상 별도등기를 인수해야 한다는 특별매각조건이 없다면 원칙적으로 별도등기는 인수대상이 아니라고 보아도 무방하다. 다만 사례와 같이 근저당권이나 가압류등기와 압류등기를 인수해야 한다는 특별매각조건이 붙어 있는 경우에는 당연히 매수인이 인수해야 하기 때문에 주의해야 하고, 아직 특별매각조건도 없고 인수대상인지 아닌지 애매한 경우도 있으므로 별도등기 내용을 주의 깊게 살펴보아야 한다.

경매사건의 권리분석 정보를 제공하는 지지옥션에서는 집합건물과 토지 등기부등본, 감정평가서 및 매각물건명세서, 채권자의 제보내용과 전문가의 경험 등을 근거로 토지 별도등기의 인수 여부에 대하여 사례와 같이 심층적으로 분석한 정보를 제공하고 있다.

대지권미등기

1 대지권미등기의 원인

대지권(대지사용권)은 원칙적으로 등기되어야 하지만, 보존등기 시 부득이한 사유로 인하여 미등기되는 경우가 발생하기도 한다. 주요 사유로는 대지의 분필이나 합필의 정리 또는 환지절차 정리의 지연, 집합건물 각 세대 간의 지분비율에 대한 분쟁, 시행사의 내부사정 등이 있다.

2 대지권미등기 대응방법

대지권등기가 완료되지 않은 상태에서 전유(집합건물)부분에 관한 경매절차 진행 시, 전유부분을 매수한 매수인이 대지사용권을 취득한다. 다만 대지권미등기 상태에서 전유부분(집합건물)만 매각(낙찰)된 경우에 매수인은 분양자(시행사)를 상대로 대지권변경 등기절차 이행청구를 할 수 있고, 분양자는 이에 대하여 수분양자의 분양대금 미지급을 이유로 동시이행항변권을 행사할 수 있다는 것이 대법원 판례이다(2011다79210호, 2004다58611호). 그러므로 사전에 중개업소와 관리사무소 및 건축주(시행사) 등을 방문하여 대지권미등기 사유가 무엇인지, 수분양자가 분양대금을 완납했는지를 반드시 확인하고 입찰해야 한다.

만약 수분양자가 분양대금을 완납하지 않았을 경우에 건축주는 분양대금을 완납할 때까지 동시이행항변권을 주장할 수 있다. 따라서 매각대금 외에 추가로 부담(인수)해야 하는 금액이 있을 수 있으므로 그 금액을 감안하고 입찰해야 하는 등 각별한 주의가 요구된다. 수분양자가 분양대금을 완납한 경우에는 매수인이 건축주와 공동으로 대지권변경(이전)등기를 신청할 수 있다(부동산등기법 제60조).

❸ 대지권이 없는 건물만 매각

대지권미등기가 아니라 애초에 대지권이 없는 집합건물만 매각대상인 경우에는 사후에 토지 소유자가 매수인(낙찰자)을 상대로 협의 또는 재판상 지료를 청구할 수 있고, 매도청구권(건물철거청구권을 가진 토지 소유자가 구분건물을 시가로 매도하라고 청구할 수 있는 권리)을 행사할 수도 있다(집합건물법 제7조). 그 외에 매수인이 대지권을 별도로 매수해야 하는 부담이 있을 수 있고, 법정지상권이 성립하지 못하는 최악의 경우에 철거대상이 될 수도 있으므로 각별히 주의해야 한다.

사례로 보는 – 대지권미등기(동시이행항변권 행사)

인천1계 2017-4791 (아파트)

소 재 지	인천 서구 왕길동 오류지구 79블럭 1,2,3,4,5,6,7,8로트 검단자이1단지 102동 3층 302호 **도로명주소**		
용 도	아파트	감 정 가	370,000,000
토지면적	0㎡ (0평)	최 저 가	259,000,000 (70%)
건물면적	124㎡ (37평)	보 증 금	25,900,000 (10%)
경매구분	임의경매	소 유 자	문■남
청 구 액	347,380,815	채 무 자	문■남
채 권 자	㈜ ■■은행		
주의사항	· 대지권미등기 **특수件분석신청**		

■ 감정평가서요약 (2017.02.24 가화감정)

소재지	용도/상태	경매면적	감정가
[404-290] 왕길동 오류지구 79블럭 1,2,3,4,5,6,7,8로트	3층 대지권 ·대지권미등기		148,000,000
102동 302호 [49평형]		123.5㎡ (37.4평) 전용 123.5㎡ (37.4평) 공용 44.8㎡ (13.6평)	222,000,000
		1㎡당 2,995,951 1평당 9,893,048	계 370,000,000
· 총 15층 · 보존 -2011.01.27 · 승인 -2010.12.28	▶도시가스난방 ▶주위대단위아파트단지등형성 ▶인근버스(정)소재 ▶등고평탄한8필일단사다리형토지	▶단봉초등교남측인근 ▶차량출입가능 ▶대중교통사정보통 ▶단지내도로이용 외곽공도와접합	

■ 참고사항
· -대지권은 미등기이나 평가가격은 대지권 포함가격임.
· -인천 서구청의 사실조회회신서에 의하면 취득세(토지+건물)납부함.
· -GS건설사의 사실조회회신서에 의하면 채무자가 분양대금을 완납하지 아니하였으므로, 동시이행항변권등 권리를 행사할 것이라 함.

물건 상세페이지 QR코드 보기
스마트폰으로 QR코드를 검색하시면 해당 물건의 상세페이지를 자세히 볼 수 있습니다.

사례로 보는 – 대지권미등기(동시이행항변권 없는 경우)

고양1계 2017-61804 (아파트)

병합/중복	2017-12246(중복-신한은행)			
조 회 수	·금일조회 1 (0) · 금회차공고후조회 9 (1) · 누적조회 189 (26) ·7일내 3일이상 열람자 0 · 14일내 6일이상 열람자 0		( )는 5분이상 열람 **조회통계** (기준일-2017.11.01 / 전국연회원전용)	

소 재 지	경기 파주시 와동동 1344 가람마을9단지 남양휴튼 903동 11층 1102호 (10894) 경기 파주시 미래로 562		
용 도	아파트	감 정 가	380,000,000
토지면적	0㎡ (0평)	최 저 가	266,000,000 (70%)
건물면적	120㎡ (36평)	보 증 금	26,600,000 (10%)
경매구분	임의경매	소 유 자	김●성
청 구 액	100,000,000	채 무 자	김●성
채 권 자	신용보증기금 ▶ mOlE		
주의사항	· 대지권미등기 **특수件분석신청**		

■ 감정평가서요약 (2017.05.04 통일감정)

소재지	용도/상태	경매면적	감정가
[413-190] 와동동 1344	11층 대지권 · 대지권미등기		79,800,000
	903동 1102호 [45평형]	120㎡ (36.3평) 전용 120㎡ (36.3평) 공용 30.9㎡ (9.3평)	300,200,000
		1㎡당 3,166,667 1평당 10,468,320	계 380,000,000

도시지역 / 3종일반주거지역 / 1종지구단위계획구역 / 상대보호구역 / 상대보호구역(2015.02.25) / 택지개발예정지구

· 총 25층 · 보존 -2010.10.08
· 승인 -2010.08.27

▶파주와동초등교북서측인근
▶차량접근가능
▶대중교통사정보통
▶부정형토지
▶중로2류(파주운정지구)접합

▶주위공동주택및각종근린시설,단독주택등혼재
▶버스(정)인근소재
▶난방설비
▶제반차량접근용이할정도의도로기반시설갖추었음

■ 참고사항

· 미등기 대지권 있음, 최저매각가격에 대지권 가격이 포함됨.

집합건물에서 대지권이란 대지사용권을 말하는데(실제로는 소
유권), 대지사용권은 규약으로 분리·처분할 수 있다고 규정한
경우 외에는 건물과 분리하여 처분할 수 없는 것이 원칙이다
(집합건물법 제20조). 그러므로 대지권(대지사용권)은 원칙적으로
등기되어야 하지만, 보존등기 시 부득이한 사유로 미등기되
는 경우가 발생하기도 한다.

대지권미등기는 두 가지 경우를 생각해볼 수 있는데, 하나는
채무자(소유자)가 분양대금을 완납하지 않은 경우에 매수인이
대지권변경 등기절차 이행청구를 할 때, 사례(인천 2017-4791
호)와 같이 시행사(시공사)에서 동시이행항변권을 행사할 수
있다. 이 경우에 매수인은 분양대금 중 미지급된 금액을 인수
할 수 있으므로 주의해야 한다(대법원 판례 2004다58611호 참고).

다른 하나는 채무자(소유자)가 이미 분양대금을 완납하였으나
대지의 분필이나 합필의 정리 또는 환지절차 정리의 지연 등
부득이한 사유로 미등기되는 경우이다. 이때 매수인이 대지
권(대지사용권)을 취득하는 것이므로 재산권 행사에 문제가 되
는 것은 아니다(대법원 판례 2011다79210호 참고). 다만 매수인은
소유권을 취득한 후 건물을 신축한 자(시행사)와 공동으로 대
지권에 관한 이전(변경)등기를 신청할 수 있고(부동산등기법 제60
조), 그에 따른 비용(법무사 비용 등)이 추가로 소요될 수 있다.

**공동소유의
지분경매**

공동소유란 하나의 부동산을 여러 사람이 소유하고 있는 형태를 말한다. 공동소유는 지분비율에 따른 처분이나 사용·수익은 자유이지만, 소유자별로 소유하고 있는 부분이 특정되어 있지 않다는 점이 그 특징이다. 그러므로 공유자의 지분에 대한 경매가 진행되는 경우에 일반적인 경매물건보다 저렴한 가격에 매각되는 것이 일반적이다. 왜냐하면 낙찰받은 후 명도문제가 발생하거나 소유권 행사에 제한을 받을 수 있기 때문이다.

■ 공유지분을 낙찰받은 경우의 대응방법

공유지분의 경매에서 지분을 낙찰받았을 때 대응방법은 크게 5가지다. 첫째, 나머지 공유지분이 경매에 나왔을 경우에는 공유자 우선매수신청권을 행사하는 방법(현 공유자가 우선매수신청권을 행사할 가능성이 있으므로 그 행사 여부도 확인하고 입찰해야 함), 둘째, 지분권자와 협의하여 나머지 지분을 매수하는 방법, 셋째, 자기 지분을 사용하고 있는 점유자에게 차임을 청구하는 방법, 넷째, 공유물분할 청구소송과 공유물분할을 위한 형식적인 경매를 신청하여 대응하는 방법, 다섯째, 공유자 간 합의로 공유물 전체를 매도하여 그 대금을 분할하는 방법 등이다. 공유지분은 공유자 간의 협의에 의하여 분할하는 것이 원칙이다. 협의분할이 어려울 경우에는 공유물분할 청구소송을 제기해야 하는데, 서로 이해가 충돌하기 때문에 현물분할보다는 대금분할 판결을 받는 것이 일반적이다(민법 제269조). 대금분할 판결을 받은 경우에 공유물분할을 위한 형식적 경매를 통하여 매각대금을 분할하게 된다.

② 공유자 우선매수신청권

하나의 부동산을 생면부지인 사람들이 나누어 소유하게 한다는 것은 분쟁을 야기할 수도 있고, 권리행사에도 제한을 받을 수밖에 없다. 이를 사전에 방지하기 위하여, 공유지분의 경매 진행 시 다른 공유자가 우선매수를 하겠다는 의사를 매각(경매)기일이 종료될 때까지 신고한 경우에 최고가 매수신고인의 가격과 동일한 가격으로 매수해도 좋다는 일종의 특권을 공유자에게 부여해준 것이다.

다른 공유자의 우선매수신청이 있으면 집행법원은 이를 일반인에게 공개해야 하는데, 만약 공유자의 우선매수신고가 되어 있는 물건에 입찰하여 최고가 매수신고인이 되어도 낙찰을 받을 수 없으며, 최고가 매수신고인은 자동적으로 차순위 매수신고인이 되고 입찰보증금의 반환을 청구할 수 없다. 다만 매각기일을 종결한다는 고지를 할 때까지 이를 포기하고 입찰보증금을 반환받을 수 있다(민사집행규칙 제72조).

주목받는 지분경매

2002년 7월부터 민사집행법이 시행된 이후에 경매가 대중화되고 진행 물건수가 줄어들면서 매각가율이 상당히 높아지고 있는데, 상대적으로 매각가율이 낮은 공유지분 경매가 핫한 경매로 급부상하고 있으므로 수익률을 목표로 하는 입찰자들은 관심을 가져볼 만하다. 다만 주거용 등 건물의 공유지분을 매수할 경우에 현실적으로 명도(점유자를 내보내는 절차)가 어렵고, 공유물의 임대 등 관리행위도 지분의 과반수로 결정해야 하기 때문에 과반수 이하를 매수할 경우에는 임대 등 관리행위도 단독으로 할 수 없다(민법 제263, 264조). 이로 인하여 공유자 간에 원만한 공유관계가 지속되지 못할 가능성이 매우 높다. 결국 공유물분할 청구소송과 공유물분할을 위한 형식적인 경매를 염두에 두어야 하는데, 이 절차에 최소한 1년 이상 소요되고 그 비용까지 감안해야 한다.

사례로 보는 – 공유자우선매수신고

안산5계 2016-6517 (아파트)

과 거 사 건	안산1계 2012-23095

소 재 지	경기 안산시 단원구 원곡동 937 안산8차푸르지오 805동 11층 1102호 (15373) 경기 안산시 단원구 원초로 9	
용 도	아파트	감 정 가	157,000,000
토지면적	전체 35.53 m² 중 지분 17.8 m² (5.4평)	최 저 가	109,900,000 (70%)
건물면적	전체 84.99 m² 중 지분 42.49 m² (12.9평)	보 증 금	10,990,000 (10%)
경매구분	임의경매	소 유 자	박■선외1
청 구 액	166,765,049	채 무 자	박■선
채 권 자	메■■화재해상보험㈜
주의사항	·지분매각 특수件분석신청

■감정평가서요약 (2016.06.08 이의규감정)

소재지	용도/상태	경매면적	감정가
[425-130] 원곡동 937	11층 대지권	46427.3m² 중 35.5m² (5.4평) 35.5m² 중 지분 17.8m²	47,100,000
(지도)	805동 1102호 [32평형] ·방3 ·화장실2,드레스룸	85m² 중 지분 42.5m² (12.9평)	109,900,000
·총 21층 ·보존-2006.06.23 ·승인-2005.05.16		1m²당 3,694,118 1평당 12,170,543	계 157,000,000

·토지지분 : 1/2 박■선 ·건물지분 : 1/2 박■선
도시지역 / 3종일반주거지역 / 가축사육제한구역 / 대기환경규제지역 / 도시교통정비지역 / 생활소음진동규제지역 / 대기관리권역 / 성장관리권역 / 상대정화구역(안산서초등학교,원곡중,원일초등학교) / 절대정화구역(안산서초등학교,원곡중)

▶도시가스개별난방　　　　　　　　　▶원곡중학교남측인근위치
▶주변아파트단지,근린상가등혼재　　　▶차량접근용이
▶인근버스(정)소재　　　　　　　　　▶제반교통사정무난
▶사다리형토지　　　　　　　　　　　▶중로1류(20-25m)접함
▶중로2류(15-20m)집산도로접함

■참고사항

·공유자우선매수신고서 제출되어있음
·공유자우선매수 고서제출되어있음
·2016.09.29 공유자 유선자 우선매수고서 제출

사례로 보는 - 공유지분에 대한 선순위 가등기

중앙5계 2017-103215 (주택)

과 거 사 건	중앙3계 2015-11503			
조 회 수	·금일조회 6 (0) ·금회차공고후조회 84 (2) ·누적조회 174 (19)		( )는 5분이상 열람	조회통계
	·7일내 3일이상 열람자 7 ·14일내 6일이상 열람자 2		(기준일-2017.12.07 / 전국연회원전용)	

소 재 지	서울 관악구 봉천동 649-134 (08719) 서울 관악구 봉천로23마길 17	
용 도	주택	감 정 가 777,891,640
토지면적	145㎡ (44평)	최 저 가 777,891,640 (100%)
건물면적	전체 265㎡ (80평) 제시외 49㎡ (14.8평)	보 증 금 77,789,164 (10%)
경매구분	형식경매(공유물분할)	소 유 자 문■성외2
청 구 액	0	채 무 자 남■순외1
채 권 자	문■성	
주의사항	·선순위가등기 ·선순위가처분 특수件분석신청	

■ **건물등기부** (열람일자:2017-07-03) ※건물의 권리관계로만 분석되었으므로, 실제와 차이가 있을 수 있습니다. (토지등기부 확인필)

접수일자	권리종류	권리자	채권금액 예상배당액	말소	비고
2016-08-24	가처분	문■성		말소	2016 카단 44040 서울중앙지방법원 소■호,남■순지분가처 2016 카단 44040 서울중앙 소승호,남맹순지 분가처 GO
2016-11-10	가등기	세■로(주)		인수	
2017-06-26	임의	문■성		말소	말소기준등기/경매기입등기

등기부채권총액 : 0

6	1번소■호지분,남■순지분가처분	2016년8월24일 제173003호	2016년8월19일 서울중앙지방법원의 가처분결정(2016카단440 40)	피보전권리 공유물분할청구소송의 청구권 보전 채권자 문■성 서울특별시 동대문구 답십리로48가길 17, 1층 (답십리동 49-39) 금지사항 : 매매, 증여, 전세권, 저당권, 임차권의 설정 기타일체의 처분행위 금지
7	4번문■성지분권부이전청구권 가등기	2016년11월10일 제235105호	2016년11월4일 매매예약	가등기권자 지분 3분의 1 세■로주식회사 151111-0058169 충청북도 충주시 연목2길 10-12(문화동)
8	임의경매개시결정	2017년6월26일 제116324호	2017년6월26일 서울중앙지방법원의 임의경매개시결정(2017 타경103215)	채권자 문■성 680301-******* 서울 동대문구 답십리로48가길 17 (답십리동)

■ **참고사항**
· 관련사건☞ 서울중앙지방법원 2016가단94199
· 토지,건물 갑구순위7번 소유권이전등기청구권가등기(2016.11.10)는 말소되지 않고 매수인이 인수함. 만약 가등기된 매매예약이 완결되는 경우에는 매수인이 소유권을 상실하게 됨.토지,건물 갑구순위6번 최선순위가처분등기(2016.8.24.제173003호)는 매각으로 소멸하지 않고 매수인에게 인수됨

사건 풀이

공유자에게 우선매수청구권을 인정하는 것은 일종의 특혜를 주는 것이다. 그 주된 이유는 생면부지인 사람(법인)끼리 공유자가 되는 것은 향후 공유물의 관리와 사용·수익 및 처분을 하고자 할 때 분쟁이 발생할 것을 쉽게 예상할 수 있기 때문에, 가능하면 공유자에게 우선매수신청권을 부여하여 장래의 법적 안정을 도모하고자 하는 데 있다. 최근 공유지분 경매에 대한 관심이 증폭되는 이유는 매각가율이 낮아 수익을 증대시킬 수 있기 때문이다.

첫 번째 사례(안산5계 2016-6517) 경매사건의 등기부등본 갑구 순위번호 17번을 보면, 2014년 7월 29일자로 공유자 유○자가 임의경매(안산1계 2012-23095호)를 통하여 아파트 2분의 1 지분을 낙찰받은 것을 확인할 수 있다. 당시의 매각가율을 확인해보면 77.7%였다. 즉 아파트 지분매각이었기 때문에 정상적인 아파트의 매각가율보다 15% 이상 저가에 낙찰받을 수 있었던 것이다.

공유자 우선매수신청권 활용하기

그 후 나머지 2분의 1 지분에 대하여 다시 경매가 진행(안산5계 2016-6517)되었는데, 해당 사건을 검토해보면 공유자 유○자가 우선매수신고를 하여 낙찰받은 것을 확인할 수 있고, 당시의 매각가율은 84.7%였다. 첫 번째 공유지분 매각사건에 입찰하여 정상적인 아파트 매각가율보다 15%가량 저가에 낙찰받았고, 두 번째 공유지분 매각사건에 우선매수신청권을 행사하여 10% 이상 저가에 낙찰받아 상당한 수익을 올린 것으로 추정된다.

이와 같이 공유지분 매각사건을 낙찰받을 경우 수익률이 높기 때문에 관심이 증가하고 있으나, 건물의 공유지분을 낙찰받을 경우 사실상 명도가 불가능하고 경락잔금 대출금액도 줄어들 수밖에 없으며, 사후 처리기간도 2년 이상 장기간이 소요된다는 점을 염두에 두고 입찰해야 한다.

두 번째 사례(중앙5계 2017-103215) 경매사건의 등기부등본 갑구 순위번호 4번을 보면, 2015년 5월 20일자로 공유자 문○성이 강제경매(중앙3계 2015-11503호)를 통하여 단독주택 건물 3분의 1 지분과 토지 4분의 1 지분을 낙찰받은 것을 확인할 수 있다. 당시의 매각가율을 확인해보면 82.3%였다. 즉 단독주택 지분매각이었기 때문에 정상적인 단독주택의 매각가율보다 10%가량 싸게 낙찰받을 수 있었던 것이다. 공유지분을 낙찰받은 공유자 문○성이 공유물분할 청구소송을 제기하여 대금분할 판결을 받은 것으로 판단되고, 그 판결문을 집행권원으로 공유물분할을 위한 형식적인 경매를 신청하여 2017년 12월 말 현재 진행(중앙5계 2017타경103215호) 중이다.

동 등기부등본(이하 토지 기준) 갑구 순위번호 6번을 보면 2016년 8월 24일자로 다른 공유자 2명의 지분에 대하여 '가처분등기(피보전권리 공유물분할 청구소송의 청구권 보전)'를 했는데, 이는 공유물분할 청구소송 진행 중에 공유자의 소유권이 이전될 경우를 대비한 것이므로 십분 이해할 수 있는 가처분이다.

선순위 가등기 활용하기

그런데 특이한 것은 갑구 순위번호 7번을 보면, 2016년 11월 10일자로 문○성의 지분에 대하여 선순위 가등기를 경료한 사실을 확인할 수 있다. 이 가등기는 선순위이기 때문에 매수인이 인수해야 한다는 특별매각조건이 붙을 것이 확실시되는데, 진정한 가등기일 수도 있지만 의심(일종의 작업)이 많이 가는 가등기로 추정된다.

위 첫 번째 공유지분 매각사건에서는 지분을 낙찰받은 후 다른 지분이 경매에 나왔을 때에 공유자 우선매수청구권을 행사하여 수익을 올릴 수 있었다. 그러나 공유지분을 낙찰받은 후 다른 지분이 다시 경매에 나온다는 보장은 없다. 따라서 지분을 낙찰받은 매수인이 바로 공유물분할 청구절차를 진행하여 대금분할 판결을 받으면 자기 지분에 대하여 사례와 같이 선순위 가등기(가처분)를 만들어놓고, 이후 공유물분할 경매를 신청하면 선순위 가등기로 인하여 저가에 다시 낙찰받을 기회를 잡을 수 있는 것이다. 즉 정상적인 가등기일 수도 있지만 저가에 낙찰받기 위하여 인위적으로 만들어놓은 가등기일 수도 있다는 판단이다.

02

등기되지 않은 권리

O순위 채권이 경합할 때 배당순위

대위변제

대위변제(代位辨濟)란 말 그대로 제3자가 채무자를 대신하여 변제해준다는 뜻이며, 대위변제를 해줌으로써 원채권자가 채무자에게 가지고 있던 권리가 대위변제자에게 이전한다. 즉 채무자를 대신해서 변제한 금액만큼의 권리가 돈을 갚아준 제3자에게 이전하는 것이다. 대위변제는 법정대위와 임의대위로 구분한다.

① 법정대위

변제할 정당한 이익이 있는 사람이 변제했을 때를 법정대위라 하고, 채권자의 승낙을 요하지 않고 법률상 당연히 채권자의 권리를 대위하여 행사할 수 있다. 변제할 정당한 이익이 있는 사람이란 변제를 하지 않으면 채권자로부터 집행을 받게되거나 채무자에 대한 자기 권리를 잃게 되기 때문에, 대위변제함으로써 당연히 보호를 받아야 할 법률상의 이익을 가지는 사람을 말한다. 연대채무자, 보증인, 물상보증인, 담보물의 제3취득자, 후순위 담보권자, 임차인 등이 이에 속한다.

② 임의대위

임의대위는 법정대위에 대응하는 개념으로 변제할 정당한 이익이 없는 사람이 채무자를 위하여 변제한 경우를 말하며, 변제와 동시에 채권자의 승낙을 얻어야만 채권자를 대위할 수 있다.

❸ 법원경매와 대위변제

법원경매에서 대위변제는 크게 문제 되지 않지만, 낙찰받은 부동산이 대위변제로 인하여 매각이 불허가되거나 매수인이 인수하는 금액이 발생한다면 낙찰받기까지 투자한 시간과 비용을 낭비하거나 매각(낙찰)대금 외에 추가로 인수금액이 발생할 수도 있다. 따라서 사전에 대위변제 가능성이 있는 물건

대위변제가 필요할 때

이해의 편의를 위하여 극단적인 예를 들어본다(집행비용과 당해세는 무시함).

1순위	근저당권 2,000만 원 (경매신청 채권자가 아님)
2순위	임차인 보증금 9,000만 원(전입신고일이 확정일자보다 빠름)
2순위	임차인과 동순위의 가압류채권자 1,000만 원(경매신청 채권자)
매각(예정)금액	5,000만 원

이 매각대금으로 배당을 하면 1순위 근저당권 2,000만 원, 공동 2순위 임차인과 압류채권자는 안분배당이므로 임차인은 2,700만 원, 압류채권자는 300만 원을 배당받는다. 이대로 둔다면 임차인은 보증금 중 6,300만 원을 손해 본다.

이 사안에서 임차인이 선순위 근저당권을 대위변제하는 경우를 가정해보자. 임차인이 선순위 근저당권 2,000만 원을 대위변제하고 근저당권을 말소하면, 임차인의 배당금액은 4,500만 원이고 가압류권자는 500만 원이다. 또한 대위변제로 인하여 임차인은 매수인에게 대항력이 발생하기 때문에 보증금 중 배당받지 못한 4,500만 원을 매수인에게 청구할 수 있다. 결과적으로 임차인은 대위변제한 2,000만 원만 손해 보는 것이므로 대위변제할 실익이 있고, 매수인은 매각대금 외에 4,500만 원을 인수하는 것이다.

은 피하거나 주의할 필요가 있다. 실무상 대위변제 가능성이 있는 경매물건은 선순위의 소액채권 때문에 임차인이 후순위가 되고, 이로 인하여 매수인에게 대항력이 없고 임차보증금 중 일부 또는 대부분을 배당받지 못할 것으로 예상되는 경우밖에 없으므로 이 부분만 확인하면 된다.

세대합가

1 세대합가(世帶合家)의 의미

주민등록상 각각 독립되어 있던 별도의 세대가 하나의 세대로 합했다는 의미이며, 세대분리에 대응하는 개념이다. 세대합가는 두 가지 유형으로 나타나는데, 하나는 가족 구성원 중 어머니와 자녀가 세대를 구성하고 먼저 입주한 후 나중에 아버지가 입주하여 세대주가 되고, 기왕에 세대주였던 사람은 세대원이 되는 경우이다. 또 하나는 아버지(세대주)가 가족과 함께 세대를 구성하고 거주하다가 직장문제 등 특별한 사유로 인하여 어머니나 자녀를 세대주로 만들고, 자신은 일시적으로 전출하였다가 일정한 기간이 경과한 후에 재전입을 하면서 다시 세대주가 되는 경우이다.

2 경매와 세대합가

세대합가는 경매 권리분석에서 '함정'으로 분류하여 매우 중요시하는데, 그 이유는 임차인의 대항력을 판단할 때 세대주를 포함하여 세대원 전원의 전입신고일자 중 가장 빠른 사람을 기준으로 판단하기 때문이다.

예를 들어 광주에 거주하는 어느 가정의 자녀가 서울 직장에 취직하고 전세를 얻어 2015년 5월 18일에 전입신고를 하고 거주한다고 하자. 임대인이 2015년 12월 24일에 이 집을 담보로 대출을 받는다. 그 후 부모님이 광주 생활을 접고 서울에 거주하는 자녀 집으로 이전하면서 2017년 5월 18일에 세대합가를 하고 아버지가 세대주가 된다.

이 경우 주민등록등본상 세대구성일과 세대주인 아버지의 전입신고일은 2017년 5월 18일이 되고, 대항력이 없는 임차인으로 보일 수 있다. 그러나 이 세대의 최초 전입신고일은 세대원이 된 자녀의 최초 전입신고일자를 기준으로 대항력을 판단하기 때문에 대항력이 있는 것이다. 주민등록등본을 자세히 확인하면 세대주와 세대원의 최초 전입신고일자를 확인할 수 있으므로 간과하지 않도록 주의해야 한다.

여기서 잠깐!

세대합가와 관련된 대법원 판례(95다30338호)

주임법 제3조 제1항에서 규정하고 있는 주민등록이라는 대항요건은 임차인 본인뿐만 아니라 그 배우자나 자녀 등 가족의 주민등록을 포함한다고 할 것이고, 또한 임차인이 그 가족과 함께 그 주택에 대한 점유를 계속하고 있으면서 그 가족의 주민등록을 그대로 둔 채 임차인만 주민등록을 일시 다른 곳으로 옮긴 경우라면, 전체적으로나 종국적으로 주민등록의 이탈이라고 볼 수 없는 만큼, 임대차의 제3자에 대한 대항력을 상실하지 아니한다.

일반적으로 다세대주택 등 집합건물에 동호수를 잘못 기재하여 전입신고를 할 경우에는 매수인에게 대항력을 주장할 수 없다는 것이 원칙이다. 다만 매수인(경락인)이 임차인의 임차 보증금 상당액을 고려하여 현저하게 저렴한 가격으로 건물을 취득하고서도, 임차인의 대항력 결여(호수를 잘못 기재하여 전입 신고함)를 기화로 부당한 이익을 얻으려는 의도에서 보증금 반환을 거부하고 임차인에게 건물의 명도를 청구하는 것은 신의칙상 허용되지 않는다고 한 판례가 있다. 이 판례는 경매의 함정과 관련하여 중요한 시사점이 있고, 임차인이 호수를 잘못 기재하여 전입신고를 했어도 매수인의 사후행동이 신의칙에 반한다면 임차인에게 대항력을 인정할 수 있다는 이례적인 판례이므로 소개한다(서울지방법원 2000나73901 판결. 항소와 상고 모두 기각).

■1 경매사건 개요

사건번호 : 99타경32301호 부동산임의경매

채 권 자 : 한국○○은행(경매신청).

채 무 자 : 박길○

부동산종별 : 다세대주택 지층

감정가격 : 8,500만 원

낙찰가격 : 2,251만 원(6회 유찰)

2 권리관계

등기부등본상	최초 근저당권 설정일자 : 1996년 5월 3일 채권최고금액 : 3,600만 원
임차인 이현○	전입신고일자 : 1993년 11월 24일 임차보증금액 : 5,700만 원(1996년 8월 31일 700만 원 인상)

3 명도소송에서의 쟁점

임차인(피고)은 자신의 전입신고일자가 본 사건의 최초 근저
당권 설정일자보다 빠르므로 주임법상의 대항력을 취득하였
고, 이에 낙찰자에게 보증금의 반환을 주장하고 있다. 반면 낙
찰자(원고)는 비록 전입신고일자는 빠르지만 다세대주택인 점
을 내세워 '연희빌라 지층 101호'를 '가-101호'로 전입신고한
것은 동 주택에 전입신고되어 있다고 볼 수 없어 대항력이 없
다고 주장하였다.

4 판결요지

임차주택의 전입신고는 거래의 안전을 위하여 임대차의 존재
를 제3자가 명백하게 인식할 수 있게 하는 공시방법이므로 일
반 사회통념상 임차인으로 등록되어 있는가를 인식할 수 있
어야 하는데, 지층 101호를 가-101호로 표기하여 전입신고
한 것은 임대차의 공시방법으로서 유효하다고 볼 수 없다.
그러나 동 주택의 감정가격이 8,500만 원이었던 것을 극히 저
가인 2,251만 원에 낙찰받은 것은 대항력 있는 임차인을 고려
하여 낙찰받은 것으로 인정할 수 있고, 낙찰자는 경락대금을

납부하지도 아니한 상태(소유권을 취득하지 못한 상태)에서 임차인을 찾아가 전입신고에 하자가 있어 대항력이 없다고 주장하면서, 낙찰대금 외에 4,500만 원을 주면 소유권을 이전해주겠다고 하였다. 이에 임차인이 깎아줄 것을 요구하여 줄다리기를 벌이다가 결과적으로 협상이 결렬된 사실과, 더욱이 대금을 납부하지 않은 시점에서 임차인을 상대로 이 사건 건물 명도청구소송을 제기한 사실을 인정할 수 있다.

결론적으로 원고(낙찰자)는 현저하게 저렴한 가격으로 이 사건 건물을 취득하고서도 위 전입신고의 오류를 기화로 부당한 이득을 얻으려는 의도에서 피고(임차인)의 손해는 전혀 생각함이 없이 위 건물의 명도를 구하고 있다고 봄이 상당하므로 이러한 청구는 신의칙상 허용될 수 없다. 그러므로 피고(임차인)는 원고로부터 금 5,000만 원(인상분 700만 원 제외)을 반환받음과 동시에 원고에게 위 건물을 명도해줄 의무가 있다 할 것이다.

5 핵심 체크포인트

현재까지의 대법원 판례는 공동주택의 경우 호수를 잘못 기재하여 전입신고를 제3자가 명백하게 알 수 없는 경우에는 대부분 대항력이 없는 것으로 인정해오고 있으며 지금도 유지하고 있는 상태이다(대법원 판례 2000다8069호). 다만 동 사건의 경우에는 낙찰자의 무리한 요구가 오로지 부당이득만을 위한 것으로 판단, '신의성실의 원칙'을 적용하여 판결함으로써 사회통념상 인정하기 어려운 금액의 이득을 추구하려는 낙찰자

에게 경종을 울린 곱씹어볼 만한 판례라는 점이 핵심이라 할
수 있겠다.

부동산
공법상의 문제

■1 위반건축물

건물은 건축허가를 받은 설계도면대로 현상을 유지하고 사용
하는 것이 합법적이지만, 때로는 용도변경 등의 허가를 받지
않고 구조 등의 설계를 변경한 건물이 있다. 예를 들어 주차장
부분을 개조하여 사무실 등으로 사용한다든가, 기계식 주차
승강기를 폐쇄한다든가, 근린생활시설을 주거용으로 개조하
여 사용 또는 증축하는 등으로 인하여 관할 행정기관으로부
터 지적을 받으면 건축물대장의 표제부 우측 상단 특이사항
에 '위반건축물'이라고 기재하게 된다.

위반건축물에 대하여 관할 행정기관은 상당한 기한을 정하여
원상복구하라는 시정명령을 통보하고, 그 이행기한까지 시정
하지 않을 경우 허가권자는 최초에 시정명령을 내린 날을 기
준으로 하여 1년에 2회 이내의 범위에서 해당 지방자치단체
의 조례로 정하는 횟수만큼 그 시정명령이 이행될 때까지 반
복하여 이행강제금을 부과·징수할 수 있다. 다만 85m^2 이하
인 주거용 건축물은 총 부과횟수가 5회를 넘지 아니하는 범위
에서 조례로 부과횟수를 따로 정할 수 있다(건축법 제80조).

위반건축물로 등재된 후 시정하지 않으면 행정기관으로부터

받아야 하는 영업허가 등 인허가도 받을 수 없고, 이행강제금은 애초에 부과처분을 받은 자가 납부해야 하며, 소유자가 변경된 경우에는 새로운 소유자에게 다시 시정명령을 하고, 그 이행 여부에 따라 이행강제금 부과 여부를 결정하는 것이 원칙이다.

그러므로 위반건축물로 등재된 경매물건에 입찰하려는 자는 연간 부과되는 이행강제금액 또는 부과될 수 있는 이행강제금액을 확인해야 한다. 특히 이행강제금보다 중요한 것은 위법사항에 대해서 원상복구 가능성이 있는지와 원상복구 비용이 얼마나 소요될지를 파악하는 일이며, 입찰가격을 결정할 때 이를 반영하여야 한다. 원상복구가 불가능한 부분이 있다면 입찰을 재검토하는 등 신중을 기해야 한다.

② 공법상의 제한사항 확인

입찰하고자 하는 부동산에 대하여 지적도를 발급받아 낙찰받고자 하는 토지의 접도 및 지적경계나 지형(地形)을 확인해야 하며, 기타 토지이용계획확인원을 발급받아 공법상의 제한사항이나 개발행위 가능성 등을 확인하고, 궁금한 사항에 대해서는 관할 행정기관의 담당부서를 방문하여 상담하는 자세도 꼭 필요하다.

임금채권

◼ 법원경매와 임금채권

기업의 부도 등으로 인하여 해당 기업체 소유의 부동산 등에 대하여 경매가 진행될 때, 근로자들의 기본적인 생활권을 보호해주기 위하여 임금채권의 일정 부분을 우선변제 해주고 있다. 이로 인하여 간혹 채권자들의 배당금액이 적어질 수도 있으며, 대항력 있는 임차인들의 임차보증금 중 배당금액이 줄어들어 그 부족분을 매수인이 인수하는 경우가 발생할 수 있다. 그러므로 임금채권이 신고되어 있는 경매물건에 입찰하고자 할 때에는 우선변제 받을 수 있는 임금채권액을 반드시 확인해야 하는데, 신고되어 있는 임금채권금액 중 우선변제 되는 임금채권의 범위에 해당하는 금액을 산정할 수 있어야만 인수하는 금액도 확정 가능하므로 각별히 주의해야 한다.

◼ 우선변제 되는 임금채권의 범위

법원경매에서 임금채권을 신고한 근로자들에게 우선변제 해주는 임금채권의 범위에는 퇴직일(부도난 시점)을 기준으로 최종임금 3개월분과 퇴직금 3년분(평균임금의 3개월분) 및 재해보상금까지 포함된다(근로기준법 제38조, 퇴직급여보장법 제12조).

당해세

▌1▐ 당해세의 의미

당해세란 매각(경매)대상 부동산 자체에 부과된 세금과 그 가산금을 말하며, 그 법정기일(과세확정일) 이전에 설정된 근저당권, 담보가등기권, 전세권 등의 우선변제권이 있는 물권보다도 우선변제 받을 권리가 있다.

▌2▐ 당해세의 범위

법 규정상으로만 보면 당해세의 종류는 국세 중 상속세, 증여세, 종합부동산세와 지방세 중 재산세, 자동차세, 도시계획세, 공동시설세 등이 있다(국세기본법 제35조 제5항, 지방세기본법 제71조 제1항 3호).

▶ 국세기본법 기본통칙 35-18…1 [당해 재산에 부과된 국세의 우선]

① 법 제35조 제5항에서 규정한 당해 재산에 대하여 부과된 국세인 상속세·증여세 및 종합부동산세는 전세권·질권·저당권 또는 가등기의 설정을 등기 또는 등록한 일자에 관계없이 항상 다른 공과금이나 그 밖의 채권에 우선한다.

② 제1항을 적용함에 있어서 당해 재산 중 일부를 매각하는 경우 우선징수 하는 금액은 상속세·증여세 및 종합부동산세와 그 가산금의 합계액에 총 재산가액 중 매각재산가액이 차지하는 비율을 곱하여 산출한 금액으로 한다.

③ 제1항의 규정에도 불구하고 상속세 등 당해 재산에 부과되는 국세와

가산금은 피상속인(증여인 포함)이 조세의 체납이 없는 상태에서 설정한 저당권 등에 담보된 채권보다는 우선하지 않고, 본래의 납세의무자인 상속인(수증인 포함)이 설정한 저당권 등에 담보된 채권보다는 법정기일에 관계없이 항상 국세채권이 우선한다.

▶ 지방세법운용세칙 31-1(2001. 2. 1 시행)

당해세는 그 법정기일 이전에 설정된 물권보다도 우선변제권이 있기 때문에 그 범위를 넓게 해석하는 것은 조세법률주의의 이념인 국민의 경제생활에 관한 예측 가능성을 허물게 할 수 있고, 재산권의 보장에 관한 헌법 규정에도 위배될 수 있기 때문에 당해 재산 자체에 부과하는 세금에 국한하도록 좁게 해석해야 한다. 이런 전제하에 당해세는 재산세, 공동시설세, 도시계획세, 자동차세만을 의미하며, 취득세와 등록세는 이에 해당하지 아니한다.

③ 당해세 관련 판례

대법원은 국세기본법상의 증여세는 재산의 취득자금을 증여받은 것으로 추정하여 그 재산의 취득자금에 대하여 부과하는 세금으로 당해세가 아니라고 하였으며, 또한 부동산의 담보물권자가 당해 부동산에 대하여 증여세나 상속세가 부과되리라는 점을 예측할 수 없었다는 것을 이유로 상속세도 당해세는 아니라고 선고(2000다49534호 배당이의 2002. 6. 14 선고, 2001다44376호 배당이의 2003. 1. 10 선고)한 바 있다.

헌법재판소도 당해세란 재산의 소유 그 자체에 부과되는 세금만을 가리킨다고 해석기준을 제시하면서 취득세, 등록세,

면허세 등은 당해세에 포함된다고 할 수 없다고 보았다(헌법재판소 91가헌 1호, 1994년 8월 31일 선고).

이와 같은 국세 기본통칙이나 지방세법 운용세칙 및 대법원 판례 등을 감안해볼 때, 일부에서 당해세로 언급하고 있는 양도소득세, 취득세, 등록세, 면허세 등은 당해세에서 제외시켜야 한다. 상속세와 증여세도 국세기본법에 당해세로 규정하고는 있지만, 등기부등본상 상속, 증여의 표시가 있거나 장래에 발생할 것인지를 예측할 수 있는 경우에만 당해세로 인정하는 등 그 범위를 좁게 해석하여 적용하여야 한다. 즉 재산세, 종합부동산세, 공동시설세, 도시계획세, 자동차세만이 이론(異論)이 없는 당해세에 포함된다고 해야 할 것이다.

▮4 법원경매에서 세금에 대한 배당원칙

당해세를 제외한 국세나 지방세는 헌법재판소의 위헌결정(89헌가95호 1990년 9월 3일 선고, 91헌가6호 1991년 11월 25일 선고)에 따라 원칙적으로 우선변제 대상은 아니다. 즉 국세나 지방세도 법정기일(과세확정일)과 우선변제권이 있는 다른 권리와의 순위를 비교하여 배당받게 되는 것이다(국세기본법 제35조 제1항 3호, 지방세기본법 제71조 제1항 3호).

조세채권의 법정기일(과세확정일)이란 자진신고 세금인 경우에는 신고일을, 정부나 지방자치단체가 납부고지서를 발송하는 경우에는 납부고지서의 발송일(발송주의)을 말한다.

중요한 것은 국세나 지방세의 법정기일(과세확정일)이 근저당권과 담보가등기권이나 전세권 등의 설정기일과 같은 날짜인 경우에는 국세(지방세) 우선의 원칙이 적용되며, 아울러 우선변제권이 없는 일반채권보다는 조세채권의 우선변제권이 인정된다는 점이다.

조세채권의 법정기일을 공개하라

당해세를 제외한 조세채권은 그 법정기일과 근저당권, 전세권, 담보가등기권 등의 설정일 및 임차인의 우선변제권 일자(전입신고와 확정일자를 받은 날) 등을 비교하여 순위를 정하고 그 결과에 따라 배당을 한다. 그러므로 세무서 등 조세채권자가 제출한 교부청구서상 법정기일을 알아야만 그 순위를 비교할 수 있는데, 조세채권의 교부청구서를 비공개(민사집행법상 공개해야 한다는 규정이 없음)하고 있어 상당히 불편하고, 대항력 있는 임차인이 있을 경우 예상하지 못한 인수금액이 발생하여 재산상 불이익을 당하는 경우도 있다. 이런 불편을 없애고 예상하지 못한 재산상의 손해를 예방해야 한다는 차원에서, 조세채권 교부청구서를 매각물건명세서와 함께 공개하도록 건의(청원)해본다.

CHAPTER 6

권리분석의 마무리,
배당

01

배당 절차 및 원칙

- 실무 배당표상의 용어설명
- 배당요구신청
- 배당순위
- 배당원칙

권리분석 이론 편에서 설명한 바와 같이 법원경매를 통해서 부동산을 구입(낙찰)하고자 할 때 가장 중요한 것이 권리분석이고, 철저하고 정확한 권리분석이 선행되어야만 예상하지 못한 손해를 예방할 수 있고 성공사례를 만들 수 있다.

권리분석이란 넓은 의미로는 여러 가지 경매정보와 등기부등본 등 각종 공부를 발급받아 법률상 인수되는 권리와 말소되는 권리를 파악하여 입찰가격 외에 추가로 들어가는 비용이 없는지를 분석하는 것과 입찰하기 이전 단계의 물건분석을 당연히 포함한다. 또한 대금을 납부하고 명도(합의명도, 집행명도)를 거쳐 부동산을 인도받을 때까지 처리기간이나 추가로 들어가는 비용 등에 대하여 전반적으로 분석하는 것을 말한다.

좁은 의미의 권리분석은 넓은 의미의 권리분석에서 명도과정을 제외한 권리분석으로 이해하면 된다. 즉 입찰하고자 하는 부동산의 등기부등본 등 각종 공부와 기타 법률문제(유치권, 법정지상권, 가등기 등) 및 점유자들 간의 권리관계를 말소기준권리와 배당원칙에 따라 우선순위를 비교분석함으로써 입찰한 금액 이외에 추가로 인수해야 하는 비용이나 권리에 대해 분석하는 과정을 말한다.

이와 같은 권리분석(인수해야 하는 금액이나 권리 및 명도비 등)을 명확하게 하기 위해서는 입찰하기 전에 배당원칙과 말소기준권리를 감안하여 예상배당표를 정확하게 작성해보아야 하는데, 배당의 우선순위를 정하는 절차가 곧 배당이다. 예상배당표를 작성해보면 각 채권자 및 임차인이 배당받을 수 있는 금액을 추정해볼 수 있을 뿐만 아니라, 인수되는 권리와 그 금액을 파악할 수도 있다. 나아가 점유자들에 대한 명도의 방법과 난이도 및 처리기간과 그 비용까지도 예측해볼 수 있어 매우 유익하다. 본 배당 편에서는 먼저 배당의 이론과 원칙을 상세히 살펴본 후, 실제 배당사례를 가지고 예상배당표를 작성해봄으로써 권리분석에 대한 자신감 향상에 도움을 주고자 한다.

**실무
배당표상의
용어설명**

① **매각대금** : 매각대상 경매 부동산에 대한 낙찰금액

② **지연이자 및 절차비용** : 매수인(낙찰자)이 대금납부기한까지 매각대금을 납부하지 못한 경우 동 사건은 재경매 절차가 진행된다. 이때 대금을 납부하지 못했던 매수인은 재매각기일 3일 전까지 연 15%에 상당하는 이자 및 그 절차비용과 함께 대금을 납부할 수 있는데, 이 경우에 지연일수에 따라 납부하는 이자와 절차비용을 말한다.

③ **전 매수인의 경매(입찰)보증금** : 매각허가를 받은 매수신고인이 대금납부기한과 재매각기일 3일 전까지도 대금을 납부하지 않은 경우, 매각기일에 납부했던 입찰보증금을 반환해주지 않고 이를 매각대금에 포함하여 채권자들에게 배당하게 되는데 그 입찰보증금을 말한다.

④ **매각대금(보증금)의 이자** : 매각기일에 최고가 매수신고인 및 차순위 매수신고인이 납부한 입찰보증금에 대한 배당기일

까지의 시중은행 보통예금 이자를 말한다.

⑤ 항고보증금 : 매각허가결정에 대하여 불복하는 모든 이해관계인들이 항고를 제기하는 경우에 항고보증금으로 매각금액의 10%를 공탁하도록 하고, 만약 항고이유가 받아들여지지 않아 기각되는 경우에 항고보증금으로 공탁했던 금액을 몰취하게 되는데, 이때 몰취된 항고보증금도 매각금액에 포함하여 채권자들에게 배당하게 된다.

⑥ 배당할 금액 : 위에 서술한 ①~⑤번까지의 합계금액

⑦ 집행비용 : 경매를 신청하는 채권자는 경매신청 시부터 배당절차가 종료될 때까지 소요되는 제반 비용(등록세, 신문공고료, 현황조사료, 감정료, 유찰수수료, 집행관수수료 등)을 선납해야 한다. 이를 경매예납금이라 하며, 그 금액 중 경매절차에 실제 소요된 비용을 집행비용이라고 하여 배당할 금액에서 가장 먼저 공제한다.

⑧ 실제 배당할 금액 : 배당할 금액 – 집행비용

⑨ 매각 부동산 : 경매로 인하여 낙찰된 부동산의 소재지번

⑩ 공탁번호(공탁일) : 매각된 부동산에 대하여 가압류를 한 채권자 등의 채권이 재판계류 중인 관계로 확정되지 않은 경우에 집행법원은 이를 배당표상에 기재는 하지만 지급하지 않고 공탁을 하며, 이때 사건번호에 해당하는 공탁번호가 부여된다. 공탁금지급(출급과 회수)청구권은 원칙적으로 10년간 행사하지 않으면 소멸시효가 만료되고 공탁금은 국고로 귀속된다.

인천지방법원 부천지원
배 당 표

사 건	2015타경18133 부동산임의경매		
배당할금액	금	166,792,357	

명세	매각대금	금	166,780,000
	지연이자 및 절차비용	금	0
	전경매보증금	금	0
	매각대금이자	금	12,357
	항고보증금	금	0

집 행 비 용	금	2,925,984	
실제배당할 금액	금	163,866,373	

매각부동산	1. 경기도 부천시 원미구 역곡동 103-13 다우빌 4층 ██호		
채 권 자	부천시원미구	대██신용협동조합	강██진
채권금액 원금	1,151,280	90,000,000	50,136,506
이자	0	284,016	0
비용	0	0	0
계	1,151,280	90,284,016	50,136,506
배 당 순 위	1	2	3
이 유	당해세	근저당권부질권자 (2009.11.02 설정 근저당)	근저당권부질권자 (2009.11.02 설정 근저당)
채 권 최 고 액	0	143,000,000	143,000,000
배 당 액	1,151,280	90,284,016	50,136,506
잔 여 액	162,715,093	72,431,077	22,294,571
배 당 비 율	100%	100%	100%
공 탁 번 호 (공 탁 일)	금제 호 (. .)	금제 호 (. .)	금제 호 (. .)
채 권 자	국(처분청:영등포세무서)	부천시원미구	서울영등포구
채권금액 원금	21,236,840	2,783,100	573,150
이자	0	0	0
비용	0	0	0
계	21,236,840	2,783,100	573,150
배 당 순 위	4	4	4
이 유	교부권자(부가가치세), 압류선착	교부권자(주민세 등)	교부권자(주민세 등)
채 권 최 고 액	0	0	0
배 당 액	21,236,840	877,101	180,630
잔 여 액	1,057,731	180,630	0
배 당 비 율	100%	31.52%	31.52%
공 탁 번 호 (공 탁 일)	금제 호 (. .)	금제 호 (. .)	금제 호 (. .)

1 배당요구의 의의

배당요구란 다른 채권자에 의하여 개시된 집행(경매)절차에 참가하여 매각대상인 부동산의 매각대금에서 변제를 받으려는 집행법상의 행위를 말하며, 다른 채권자의 강제집행절차에 편승하여 배당에 참가한다는 점에서 종속적이다.

조세채권의 교부청구는 그 성질이 배당요구신청과 같고, 경매개시결정일 전에 체납처분에 의하여 압류된 경우에는 교부청구(배당요구)한 것으로 본다(대법원 판례 2001다11055호).

배당요구와 대비되는 행위로서 권리신고가 있는데, 권리신고는 배당요구와 달리 부동산 위의 권리자가 집행법원에 신고를 하고 그 권리를 증명하는 것이며, 권리신고를 함으로써 이해관계인이 되지만, 권리신고를 한 것만으로 당연히 배당을 받게 되는 것은 아니며 별도로 배당요구를 하여야 한다(『법원실무제요』 민사집행 2권 399쪽).

2 배당요구신청을 하지 않아도 당연히 배당받을 수 있는 채권자

① 배당요구의 종기까지 중복경매를 신청한 압류채권자

② 첫 경매개시결정등기 전에 등기된 가압류채권자

첫 경매개시결정등기 전에 가압류집행을 한 채권자는 배당요구를 하지 않더라도 배당을 받을 수 있으므로 별도의 채권계산서를 제출하지 않아도 된다. 다만 첫 경매개시결정등기 전에 등기된 가압류채권자는 본안소송에서 승소하여 채권액이 확정될 때까지 가압류한 금액을 공탁한다. 이와 같은 가압류채권의 양수인은 승계집행문을 부여받지 않더라도 배당표가 확정되기 전까지 집행법원에 가압류채권을 양수하였음을 소명하여 승계인의 지위에서 배당받을 수 있다.

만약 배당표가 확정되기 전까지 채권양수 사실을 제대로 소명하지 못함에 따라 가압류채권자에게 배당된 경우, 다른 배당참가 채권자가 가압류채권자의 피보전권리는 채권 양수인에게 양도되어 이미 소멸하였다는 이유로 가압류채권자에게 배당된 금액에 대하여 배당이의를 제기하고 배당이의의 소를 통해 가압류채권자에게 배당된 금액을 배당받는다면, 채권양수인은 그 채권자를 상대로 가압류채권자의 배당액에 관하여 부당이득 반환청구를 할 수 있다 (대법원 판례 2010다94090호).

③ 저당권, 전세권, 임차권, 그 밖의 우선변제청구권으로서 첫 경매개시결정등기 전에 등기되었고 매각으로 소멸하는 권리를 가진 채권자

경매개시결정이 등기되기 전에 설정된 매각 부동산 위의 권리 중 담보권(담보가등기 포함)이나 저당권, 압류, 가압류에 대항할 수 없는 용익권은 매각으로 인하여 당연히 소멸하는 대신, 법률상 당연히 배당요구한 것과 동일한 효력이 있으므로 별도의 배당요구가 없어도 순위에 따라 배당받을 수 있다.

선순위 전세권은 그 존속기간이 경과하였는지와 관계없이 전세권자가 배당요구를 하여야만 매각으로 소멸하므로, 배당받기 위해서는 반드시 배당요구를 해야 한다. 만약 배당요구를 하지 않으면 매수인이 인수해야 한다.

주택이나 상가건물 임차인도 당연히 배당요구를 해야만 배당받을 수 있다. 다만 첫 경매개시결정등기 전에 임차권등기명령에 의한 임차권이 등기된 경우, 이 임차권등기는 임차인으로 하여금 기왕의 대항력이나 우선변제권을 유지하도록 해주는 담보적 기능이 주목적이므로, 별도로 배당요구를 하지 않아도 당연히 배당받을 채권자에 속하는 것으로 보아야 한다(대법원 판례 2005다33039 배당이의 판결).

④ 체납처분에 의한 압류채권자

부동산에 관한 경매개시결정기입등기 이전에 체납처분(조세채권)에 의한 압류등기가 완료된 경우, 교부청구를 하지 않더라도 당연히 그 등기로써 배당요구와 같은 효력이 발생한다. 이때 국가가 낙찰기일까지 체납세액을 계산할 수 있는 증빙서류를 제출하지 아니한 때에는 경매법원으로서는 당해 압류등기 촉탁서에 의한 체납세액을 조사하여 배당하게 될 것이므로, 이와 같은 경우에 비록 낙찰기일 이전에 체납세액의 신고가 있었다고 하더라도 국가는 그 후 배당표가 작성될 때까지는 이를 보정하는 증빙서류 등을 다시 제출할 수 있다(대법원 판례 2001다11055 배당이의 판결). 다만 체납처분에 의한 압류등기가 없는 조세채권이나 경매개시결정일 이후에 압류한 조세채권은 배당요구를 해야만 배당받을 수 있다.

❸ 배당요구신청을 해야만 배당받을 수 있는 채권자

배당요구를 하지 않아도 당연히 배당받을 수 있는 채권자 외에는 배당요구종기일까지 반드시 배당요구를 해야만 배당받을 수 있다. 그러므로 실체법상 우선변제청구권이 있는 채권자라도 적법한 배당요구를 하지 아니한 경우에는 배당받을 수 없다. 배당요구종기일까지 배당을 요구한 채권자가 그 일부 금액만을 요구한 경우, 종기일 이후에는 배당요구를 하지 아니한 채권을 추가하거나 확장할 수 없다(대법원 판례 2008다65242).

① 주임법이나 상임법의 적용을 받는 임차인

주택이나 상가건물 임차인이 이해관계인으로서 권리신고를 한 경우에도 반드시 배당요구종기일까지 배당요구를 해야만 배당받을 수 있다. 만약 임차인의 배당요구에 따라 매수인(낙찰자)이 인수해야 할 부담이 바뀌는 경우에는 배당요구를 한 임차인은 배당요구의 종기가 지난 뒤에는 이를 철회하지 못한다(민사집행법 제84조, 제88조).

② 담보가등기권자

매각대상 부동산에 가등기가 되어 있을 경우, 집행법원은 가등기권자에 대하여 그 가등기가 담보가등인 때에는 채권의 존부와 원인 및 액수를, 담보가등기가 아닌 경우에는 그 내용을 법원에 신고할 것을 상당한 기간을 정하여 최고하여야 한다. 이때 담보가등기로 신고한 경우에만 담보가등기로 보고, 신고하지 않은 경우에는 담보가등기로 보지 않으므로 배당을 해주지 않는다.

③ 임금채권자

최종 3개월분의 임금채권과 3년분의 퇴직급여·재해보상금

④ 집행력 있는 정본(판결문, 화해조서, 조정조서, 공정증서 등)을 가진 채권자

⑤ 첫 경매개시결정이 등기된 후의 가압류채권자

⑥ 압류를 하지 않은 국세 및 지방세 등 조세채권자, 기타 공과금

❹ 배당요구의 방식

배당요구는 채권(원금, 이자, 비용 등을 포함)의 원인과 액수를 적은 서면으로 하여야 하고, 말로 하는 신청은 허용되지 않는다. 이자는 배당기일까지의 이자가 포함되며, 배당요구신청서는 반드시 배당요구종기일까지 제출해야 하고, 배당요구권자임을 소명할 수 있는 서류를 첨부하여야 한다.

❺ 배당요구의 철회

철회란 법률상에서 의사표시를 한 자가 장차 그 효력이 발생하기 전에 의사표시를 거두어들여 소멸시키는 일방적 의사표

시를 말하는데, 배당요구를 한 채권자는 자유롭게 철회할 수 있는 것이 원칙이다. 다만 배당요구에 따라 매수인이 인수하여야 할 부담이 바뀌는 경우, 배당요구를 한 채권자는 배당요구의 종기가 지난 뒤에 이를 철회하지 못한다(민사집행법 제88조). 예를 들어 선순위 전세권자나 대항력과 확정일자가 선순위인 주택 또는 상가건물 임차인이 적법하게 배당요구를 하여 매수인이 인수하는 부담이 없었는데, 배당요구를 철회함으로써 매수인의 인수부담이 발생할 수 있고, 이를 악용하는 임차인이 있을 수 있어 철회를 금지하고 있다.

❻ 채권계산서의 제출

집행법원은 배당요구종기일까지 각 채권자에게 채권의 유무, 그 원인 및 액수(원금, 이자, 비용 등) 등을 신고하도록 최고하여야 한다. 그 외에도 배당기일이 정하여진 때에는 법원 사무관 등은 각 채권자에 대하여 채권의 원금 및 배당기일까지의 이자, 그 밖의 부대채권 및 집행비용을 적은 계산서를 1주일 안에 법원에 제출할 것을 최고하여야 한다(민사집행규칙 제71조).

배당받을 채권자가 정해졌다고 하더라도 배당표 원안의 작성을 위해서는 사전에 자료를 정리하여 준비할 필요가 있고, 기왕에 제출된 채권신고서나 배당요구신청서 등은 경매절차 초기단계에서 제출된 것이므로 그 이후 변제 등의 사정이 발생할 수 있고, 배당기일까지의 이자 등도 명백히 할 필요가 있기 때문이다(『법원실무제요』 2권 415쪽).

☑ 채권계산서를 제출하지 않은 경우

배당기일이 정해진 후 채권계산서를 제출하여도 이는 배당요구종기일 이후에 제출된 것이므로 배당요구의 효력이 발생하는 것은 아니며, 배당받을 채권자의 채권에 관하여 배당기일까지의 변동내용을 조사하여 현존하는 채권액을 확정하는 의미밖에 없다. 따라서 종전의 채권액을 확장할 수는 없고, 감소한 경우에는 감소된 금액을 기준으로 배당표를 작성해야 한다. 이 채권계산서를 제출하라는 집행법원의 최고를 받고 제출하지 않은 경우에도 배당을 받지 못하는 것은 아니며, 기왕에 제출된 등기부등본, 집행권원, 배당요구신청서 등을 근거로 배당받을 수 있다.

여기서 잠깐!

배당요구 신청금액 확장 불가

판결문 등 집행력 있는 정본을 가진 채권자, 경매개시결정이 등기된 뒤에 가압류를 한 채권자, 민법이나 상법, 그 밖의 법률에 의하여 우선변제청구권이 있는 채권자는 배당요구의 종기까지 배당요구를 한 경우에 한하여 배당을 받을 수 있고, 적법한 배당요구를 하지 아니한 경우에는 실체법상 우선변제청구권이 있는 채권자라 하더라도 그 매각대금으로부터 배당을 받을 수 없다. 그리고 배당요구의 종기까지 배당요구한 채권자라 할지라도 채권의 일부 금액만을 배당요구한 경우에는 배당요구의 종기일 이후에는 배당요구하지 아니한 채권을 추가하거나 확장하여 청구할 수 없다. 배당요구신청은 채권의 원인과 액수를 적은 서면으로 하여야 하고, 그 배당요구서에는 집행력 있는 정본 또는 그 사본, 그 밖에 배당요구의 자격을 소명하는 서면을 붙여야 한다(대법원 판례 2015다203660호 배당이의 판결).

배당순위	경매절차의 각 채권자는 민법, 상법, 그 밖의 법률에 의한 우선순위에 따라 배당순위가 정하여진다(민사집행법 145조).

1 0순위보다 앞서는 집행비용

채권자가 경매를 신청할 때에 진행절차에 필요한 제반 비용(신문공고료, 감정평가수수료, 매각수수료, 유찰수수료, 현황조사료, 송달료, 등록세와 지방세, 인지대와 증지대 등)을 선납하는데, 이를 경매예납금이라고 한다. 또한 예납금 중 진행절차에 사용한 모든 비용을 집행비용이라고 하여 가장 먼저 신청채권자에게 배당해준다.

2 0순위 소액 최우선변제금과 임금채권

① 소액임차인

주택과 상가건물 임차인이 경매개시결정일 전에 전입신고(사업자등록신청)를 하고 입주한 경우에는 임차주택(상가건물)의 매각대금에서 보증금 중 일정 금액을 다른 담보물권자보다 우선하여 변제받을 수 있다. 이 소액임차인의 최우선변제권은 이른바 0순위라고 하여 집행비용 다음으로 배당해준다.

② 임금채권

근로자의 임금, 재해보상금, 기타 근로관계로 인한 채권은 사용자의 총 재산에 대하여 근저당권 등 담보권에 따라 담보된 채권이나 조세채권 및 다른 채권에 우선하여 변제되어야 한다. 근저당권 등 담보권이나 조세채권보다 우선하여 변제받을 수 있는 임금채권은 최종 3개월분의 임금, 재해보상금, 3년분의 퇴직급여이며, 이른바 0순위라고 하여 집행비용 다음으로 배당해준다(근로기준법 제38조, 퇴직급여보장법 제12조). 소액임차인과 임금채권이 경합하는 경우에는 동순위로 안분배당을 한다.

근로자가 체불임금을 배당받기 위해서는 법원의 확정판결문이나 지방노동청이 발급한 체불금품확인원 중 하나와 국민연금보험료 원천공제계산서, 급여명세서, 원천징수영수증, 국민연금보험료 납부사실확인서, 건강보험료 납부사실확인서, 고용보험 자격취득 확인통지서 등을 첨부하여 배당요구종기일까지 제출하여야 한다(『법원실무제요』 2권 464쪽).

❸ 0순위 : 당해세

당해세는 매각대상 부동산에 부과된 조세와 그 가산금으로, 법정기일 전에 설정된 담보물권보다 우선하는데 이를 당해세 우선의 원칙이라고 한다. 당해세에는 국세 중 종합부동산세와 상속세 및 증여세가 있으며, 지방세로는 재산세, 자동차세, 도시계획세, 공동시설세, 지방교육세(재산세와 자동차세분에 한함)가 있다. 다만 상속세와 증여세를 당해세로 취급하는 것이 법규정이고 실무이지만, 경매절차에서 교부청구한 상속세와 증여세가 경매물건에 대한 당해세에 해당하는지에 관하여는 담보물권의 본질을 침해할 수 있기 때문에 신중하게 판단하여야 한다.

대법원도 매각재산의 취득자금을 증여받은 것으로 추정하여 그 재산의 취득자금에 부과하는 증여세는 당해세가 아니라고 판단하였고, 증여의제로 인한 증여세는 당해세가 아니고 매각재산 자체가 증여된 경우에 한하여 그 재산에 부과된 증여세만 당해세에 해당한다고 판시하는 등 신중한 입장이다(대법원 판례 95다47831, 2000다49534). 당해세도 이른바 0순위로 집행비용과 소액임차인 및 임금채권 다음으로 우선변제를 받는다.

❹ 실질적인 1순위 : (근)저당권, 전세권, 담보가등기권, 조세채권, 임차인의 우선변제권

집행비용과 이른바 0순위 채권을 배당하고 나면 조세채권의 법정기일(과세확정일)과 근저당권, 전세권, 담보가등기권의 등기 접수일자를 비교하여 우선순위를 정하고 배당을 한다. 확정일자를 갖춘 주택과 상가건물 임차인의 우선변제권은 저당권부 채권과 같은 성질(채권의 물권화)의 채권으로 취급한다. 다만 임차권등기명령에 따라 등기된 임차권은 등기된 때가 아니라 전입신고(사업자등록)와 확정일자를 모두 갖춘 때를 기준으로 우선순위를 정한다.

❺ 2순위 : 기타 임금채권과 퇴직금

이른바 0순위 임금채권을 제외한 나머지 임금채권과 퇴직금을 2순위로 배당한다.

6 3순위 : 국세와 지방세 및 그 가산금

근저당권 등 실질적인 1순위 담보물권적 성질을 갖는 채권보다 법정기일이 늦은 조세채권

7 4순위 : 공과금 중 납부기한이 저당권과 전세권 등의 설정등기 이후인 공과금

8 5순위 : 일반채권, 과태료, 국유재산법상 사용료와 대부료 등

일반채권은 (가)압류채권과 판결문 등 집행권원으로 배당요구신청을 한 채권 등을 말한다.

배당원칙

1 실제 배당할 금액

매각대금에 입찰보증금의 이자 등 더할 금액은 더하고, 집행비용(경매예납금)을 공제한 후 실제 배당할 금액을 정한다.

2 배당순위표의 작성

배당을 받게 될 물권 및 채권의 일자별로 순위표를 작성한다. 주임법이나 상임법상 우선변제권을 갖는 채권자의 순위는 전입신고일(영업용 상가의 경우에는 사업자등록신청일)이나 확정일자 중 늦은 일자를 기준으로 하여 작성해야 한다.

3 흡수(우선)배당의 원칙과 안분(비율)배당의 원칙

① 흡수(우선)배당의 원칙

실제 배당할 금액의 범위에서 배당순위를 확보한 채권자에게 배당신청액 전액을 후순위 권리자들보다 우선적으로 흡수하여 배당해야 한다는 원칙이다. 흡수배당 원칙에서 작성한 배당순위표상의 1순위가 물권이거나 우선변제권이 있는 주택 및 상가 임차인의 보증금 채권(채권의 물권화 현상) 또는 국세징수법에 의한 조세채권인 경우, 흡수배당의 원칙이 적용되어 실제 배당할 금액의 범위 내에서 청구채권 전액을 배당한다.

② 안분(비율)배당의 원칙

경매 부동산의 매각대금으로부터 배당받을 수 있는 모든 채권자의 총 배당신청금액(물권 및 채권 전체 금액)에서 배당순위(1순위)를 확보한 채권자의 채권액이 차지하는 비율을 산정하고, 이 비율을 실제 배당할 금액에 곱하여 배당한다는 원칙이다. 배당순위표상의 1순위가 우선변제권이 있는 물권 등이 아닌 순수한 채권인 경우 안분배당의 원칙이 적용된다. 안분(비율)배당의 원칙을 식으로 표시하면 다음과 같다. 배당의 구체적인 설명은 뒤에 나올 '실무 배당연습'에서 다루기로 한다.

여기서 잠깐!

안분배당의 원칙

(1순위 채권액 ÷ 전체 채권액) × 실제 배당할 금액 = 1순위 채권자의 배당금액

❹ 배당순위 상승의 원칙

배당순위표에서 1순위(물권이든 채권이든)의 흡수배당 또는 안분배당이 완료되면 2순위였던 채권자(물권이든 채권이든)의 순위가 상승하여 다시 1순위가 되고, 여기에 다시 흡수배당 또는 안분배당의 원칙을 적용하여 배당하게 된다.

❺ 2회 배당 불가 원칙

흡수배당이든 안분배당이든 배당이 완료된 순위의 채권자에게는 배당금액이 남아 있지 않은 한 두 번 다시 배당을 해주지 않는다. 예외적으로 우선변제권이 있는 주택과 상가건물 임차인이 소액 최우선변제금액을 배당받았으나 임차보증금 전액을 배당받지 못하여 자신에 해당되는 확정일자에 의한 우선순위를 기다려야 하는 경우에는 두 번 배당받을 수 있다.

❻ 공동담보에서의 배당

공동담보란 동일한 채권을 담보하기 위하여 2개 이상의 부동산에 담보를 설정하는 경우를 말하며, 담보로 제공되는 부동산의 수가 5개 이상인 경우에는 설정등기를 신청할 때 공동담보 목록을 작성하여 제출하도록 하고 있다. 채권자 입장에서 채권을 보다 확실하고 안전하게 담보할 수 있기 때문에 공동담보가 자주 이용되고 있다.

공동담보물의 경매가 진행되는 경우에는 각각의 부동산마다 공동담보권자와 다른 채권자인 선순위와 후순위 권리자가 있을 수 있고, 배당방법에 따라 이들의 이해관계가 상반되기 때문에 이들의 권리관계를 조화시킬 필요가 있다. 따라서 공동담보물에 대하여 배당할 때에는 각각의 부동산의 매각대금에 비례하여 그 채권액의 배당액이 정해진다. 선순위 공동담보권자가 어느 부동산으로부터 전액을 배당받았을 경우, 그 부동산의 후순위 권리자는 다른 부동산의 매각대금에서 선순위 공동담보권자가 배당받을 수 있는 금액의 한도에서 선순위 공동담보권자를 대위하여 담보권을 행사할 수 있다.

① 동시(同時)배당

공동담보 부동산이 개별경매를 통하여 경매가 진행되는 경우, 개개의 부동산이 매각되더라도 배당절차를 진행하지 아니하고 공동담보인 모든 부동산이 매각된 때에 그 매각대금을 각 채권자에게 배당해주는 것이 동시배당이다. 동시배당을 할 때에는 각각의 부동산의 매각대금에 비례하여 그 채권의 배당액을 정한다.

예를 들어 공동담보 부동산 A와 B가 각각 1억 원에 매각되었고, 공동담보권자 갑은 1순위이며 그 채권액은 1억 원이라고 하자. 그리고 A부동산의 2순위 권리자 을의 채권액은 1억 2,000만 원이고, B부동산의 2순위 권리자 병의 채권액은 2,000만 원이라고 가정하자. 이 경우 공동담보권자 갑에게 A와 B부동산에서 각각 5,000만 원씩을 배당하고, A부동산의 2순위자 을에게는 A부동산의 남은 금액 5,000만 원을 배당하고, B부동산의 2순위자 병에게는 2,000만 원을 배당한다. B부동산의 매각대금 중 남은 금액 3,000만 원은 B부동산의 소유자에게 배당해주는 것으로 배당절차는 종료된다.

② 이시(異時)배당

공동담보 부동산이 개별경매를 통하여 각각 매각될 때마다 해당 부동산의 권리순위에 따라 배당하는 것이 이시배당이다. 이시배당을 하는 경우 선순위 공동담보권자는 일부 매각된 부동산의 매각대금에서 자신의 채권액 전부를 배당받을 수 있다. 이때 해당 부동산의 후순위 권리자는 전액을 배당받은 선순위 공동담보권자가 동시배당을 했으면, 다른 부동산의 매각대금에서 배당받을 수 있었던 금액의 범위에서 선순위 공동담보권자를 대위하여 배당받을 수 있다.

① 동시배당의 예에서 만약 A부동산이 먼저 낙찰되어 미리 배당을 하는 경우에 공동담보권자 갑은 A부동산의 매각대금 1억 원으로 채권 전액을 배당받을 수 있다. 그 후 B부동산이 매각되었을 때 A부동산의 2순위자 을은 동시배당을 했다면 공동담보권자가 B부동산에서 배당받을 수 있었던 5,000만 원에 대해서 공동담보권자를 대위하여 배당받을 수 있는 것이다.

동시배당이나 이시배당의 결정은 집행법원의 판단에 따라 편리한 쪽을 선택하게 되지만, 이시배당을 하면 실무적으로 상당히 복잡하기 때문에 특별한 사정이 없는 한 동시배당을 하는 것이 일반적이다.

02

실무 배당연습

- 배당연습
- 배당이익
- 배당금액의 지급과 공탁

배당연습

■ 1순위가 채권(가압류권)인 경우의 배당

매각 부동산의 종별	다가구 단독주택
매각(낙찰)가격	5,000만 원(실제 배당할 금액)
배당순위 및 배당신청금액	1순위 갑구 가압류권 3,000만 원 2순위 을구 근저당권 6,000만 원 3순위 갑구 압류채권 6,000만 원

- 1순위가 채권(가압류)이므로 안분배당을 한다.

- (3,000만 원 ÷ 1억 5,000만 원(전체 채권액)) × 5,000만 원
  = 1,000만 원을 배당하고 실제 배당할 잔액은 4,000만 원
  남았다.

- 1순위의 배당으로 2순위의 순위가 상승하여 다시 1순위가
  되고, 새로운 1순위(실제 2순위)는 물권(근저당권)이므로 흡수
  (우선)배당을 한다. 채권액이 6,000만 원인데 실제 배당해야
  할 잔액은 총 4,000만 원밖에 없으므로, 이를 배당하고 배
  당절차는 종료된다.

- 3순위 압류채권자는 1순위 안분배당에는 참여하였으나 2
  순위 물권을 가진 채권자의 흡수배당으로 배당잔액이 없기
  때문에 배당액도 없다.

② 1순위가 물권(근저당권)인 경우의 배당

매각 부동산의 종별	단독주택
매각(낙찰)가격	1억 2,000만 원 (실제 배당할 금액)
배당순위 및 배당신청금액	1순위 을구 근저당권 6,000만 원 2순위 갑구 가압류권 3,000만 원 3순위 을구 근저당권 2,000만 원 4순위 갑구 가압류권 2,000만 원 5순위 을구 근저당권 2,000만 원

- 1순위 물권(근저당권)은 흡수(우선)배당이므로 6,000만 원 전액을 배당하고, 실제 배당할 잔액은 6,000만 원이 남았다.

- 1순위의 배당 종료로 2순위가 순위 상승하여 새로운 1순위(실제 2순위)가 되고, 채권(가압류권)은 안분(비율)배당이므로 (3,000만 원 ÷ 9,000만 원〔전체 채권〕) × 6,000만 원 = 2,000만 원을 배당하고, 실제 배당할 잔액은 4,000만 원 남았다.

- 두 번의 1순위 배당으로 3순위가 다시 1순위로 상승하여 새로운 1순위(실제 3순위)가 되고, 물권(근저당권)은 흡수배당이므로 2,000만 원 전액을 배당한 후 실제 배당할 잔액은 2,000만 원이 남았다.

- 세 번의 1순위 배당으로 4순위가 1순위로 상승하여 새로운 1순위(실제 4순위)가 되고, 채권(가압류권)은 안분(비율)배당이므로 (2,000만 원 ÷ 4,000만 원〔전체 채권〕) × 2,000만 원 = 1,000만 원을 배당하고, 이제 실제 배당할 잔액은 1,000만 원이 남았다.

- 네 번의 1순위 배당으로 5순위가 순위 상승하여 1순위가 되고, 새로운 1순위(실제 5순위) 물권(근저당권)은 흡수배당이 므로 나머지 1,000만 원 전액을 배당함으로써 모든 배당절 차는 종료된다.

3 확정일자에 의한 우선변제권(흡수배당과 안분배당)

매각 부동산의 종별	단독주택
매각(낙찰)가격	2억 2,000만 원 (실제 배당할 금액)
배당순위 및 배당신청금액	1순위 갑구 압류 당해세 500만 원 2순위 임차인의 우선변제권 1억 5,000만 원 3순위 을구 근저당권 2,500만 원 4순위 갑구 가압류권 2,000만 원 5순위 을구 근저당권 6,000만 원

- 1순위 당해세와 2순위 임차인의 우선변제권 및 3순위 물권 (근저당권)은 흡수(우선)배당이므로 각각 전액을 배당하고, 실 제 배당할 잔액은 4,000만 원이 남았다.
- 1·2·3순위의 배당 종료로 4순위가 순위 상승하여 새 로운 1순위가 되고, 채권(가압류권)은 안분(비율)배당이므 로 (2,000만 원 ÷ 8,000만 원[전체 채권]) × 4,000만 원 = 1,000만 원을 배당하고, 실제 배당할 잔액은 3,000만 원이 남았다. 새로운 1순위(실제 5순위) 물권(근저당권)은 흡수배당 이므로, 나머지 3,000만 원 전액을 배당함으로써 모든 배당 절차는 종료된다.

◢ 토지와 건물의 등기권리가 상이한 경우의 배당

매각 부동산의 종별	단독주택 (감정가격 토지 1억 5,000만 원, 건물 1억 원)
매각(낙찰)가격	2억 원 (실제 배당할 금액)
배당순위 및 배당신청금액	1순위 토지와 건물 공동담보 을구 1억 원 2순위 토지 을구 근저당권 8,000만 원 3순위 건물 갑구 가압류 2,000만 원 4순위 건물 을구 근저당권 3,000만 원

- 토지와 건물의 등기권리가 상이한 경우에는 토지와 건물 매각(낙찰)가격을 별도로 산정해야 하는데, 감정가격 비율로 안분하는 것이므로 토지와 건물의 매각가격은 각각 1억 2,000만 원과 8,000만 원이다.

- 1순위 공동담보권자는 토지 매각대금에서 6,000만 원 (60%), 건물 매각대금에서 4,000만 원을 흡수배당 받게 될 것이다. 이제 실제 배당할 금액은 토지는 6,000만 원, 건물은 4,000만 원이 남았다.

- 토지의 배당은 나머지 매각대금을 2순위 근저당권자에게 흡수배당하고 종료된다.

- 건물의 경우에 실제 배당할 금액 4,000만 원에 대하여 2순위 가압류권자와 3순위 근저당권자가 안분배당을 받게 되므로 2순위 가압류권자는 1,600만 원을, 3순위 근저당권자는 2,400만 원을 각각 배당받고 배당절차는 종료된다.

5 근저당권 설정일자와 소액임차인에 대한 배당

매각 부동산의 종별	서울특별시 소재 단독주택
매각(낙찰)가격	1억 5,000만 원
배당순위 및 배당신청금액	1순위 을구 근저당권 7,000만 원 설정일자 2011년 3월 2순위 을구 근저당권 3,000만 원 설정일자 2014년 4월 3순위 을구 근저당권 4,000만 원 설정일자 2016년 5월 소액임차인 전입신고일자 2016년 6월, 보증금액 7,000만 원

- 소액 최우선변제대상 임차인이 경매개시결정일 이전에 입주하고 전입신고를 하면, 비록 후순위일지라도 보증금 중 일정액을 다른 담보물권자보다 우선하여 변제받을 권리가 있으므로 전입신고일자를 기준으로 4순위이지만 가장 먼저 배당을 해준다.

- 1순위 근저당권 설정일자인 2011년 3월을 기준으로 소액임차인에게 2,500만 원을 배당하고, 1순위 근저당권자가 7,000만 원 전액을 흡수배당 받는다.

- 이다음 배당절차가 매우 중요한데, 2순위 근저당권자는 2014년 4월 설정 당시에 소액임차인의 최우선변제금액이 3,200만 원인 것으로 알고 설정했기 때문에, 바로 배당을 받는 것이 아니라 소액임차인에게 추가로 700만 원을 먼저 배당해준 뒤 2순위 근저당권자가 3,000만 원을 흡수배당 받고, 이제 배당할 금액은 1,800만 원이 남았다.

- 3순위 근저당권자도 마찬가지로 2016년 5월 설정 당시에 소액임차인의 최우선변제금액이 3,400만 원인 것을 알고

설정했기 때문에, 소액임차인에게 추가로 200만 원을 먼저 배당해주고 나머지 1,600만 원만 배당받을 수 있다. 즉 소액임차인은 담보물권 설정일자와 주임법 개정일자를 기준으로 최우선변제 받을 수 있는 금액이 증액된다는 점을 기억해야 한다.

⑥ 유치권자의 배당

유치권은 법정 담보물권이고 경매청구권은 있지만 근저당권과 같은 우선변제권은 없다. 만약 유치물에 대한 경매에서 유치권자가 배당절차에 참여했을 경우에는 어떻게 배당받을 수 있을까? 이와 관련하여 대법원 판례를 소개한다.

유치권에 의한 경매도 강제경매나 담보권 실행을 위한 경매와 마찬가지로 목적 부동산 위의 부담을 소멸시키는 것을 법정매각조건으로 하여 실시되고, 우선채권자뿐만 아니라 일반채권자의 배당요구도 허용되며, 유치권자는 일반채권자와 동일한 순위로 배당받을 수 있다. 다만 집행법원은 법정매각조건과 달리 매각조건을 변경하여 목적 부동산 위의 부담을 소멸시키지 않고 매수인으로 하여금 인수하도록 정할 수도 있다(대법원 판례 2011다35593호, 2010마1059호). 즉 유치권을 매수인이 인수해야 한다는 특별매각조건이 없다면, 유치권자는 일반채권자(가압류권자 등)와 동일 순위로 안분배당을 받고 소멸되는 권리이다.

유치권의 배당

유치권을 신고한 자가 배당을 신청했을 경우에 무조건 안분배당을 해주는 것은 아니고, 유치권 확인판결을 받은 확정된 판결문 등 집행권원을 제출한 경우에만 배당받을 수 있다. 유치권 확인판결을 받지 못한 경우에는 소제기증명원 등 소송이 진행 중이라는 사실을 입증할 수 있는 서류 또는 유치권에 기하여 가압류한 사실을 입증해야 하고, 이때에는 소송에서 승소판결이 확정될 때까지 일반적인 가압류채권자의 배당과 같이 공탁을 한다. 유치권에 기하여 안분배당을 받고 배당받지 못한 피담보채권이 있을 때에는 매수인이 인수해야 하므로 각별히 주의해야 한다. 다만 유치권에 기한 임의경매 절차라면 유치권자의 배당금액과 관계없이 유치권은 매각으로 인하여 소멸하는 권리이다.

배당이의

■ 배당기일통지서(소환장) 발송

매수인이 매각대금을 납부하면 집행법원은 직권으로 배당기일을 지정하여 이해관계인과 배당을 요구한 채권자에게 배당기일통지서를 발송한다. 배당기일은 집행법원의 직권에 의해 결정되는 것이 원칙이다. 다만 법원 경매계별로 1개월에 1회씩 배당기일을 지정하는 것이 관행이므로 대금납부일로부터 약 3주 내지 5주 후에 지정되는 것이 상례이다.

■ 배당표의 확정과 사전열람

집행법원은 배당기일 3일 전까지 기본적인 배당표 원안을 작성, 배당실시 직전까지 배당을 요구한 이해관계 있는 채권자들이 열람할 수 있도록 법원에 비치하여야 한다. 이해관계인들은 배당표 원안이 비치된 이후 배당기일이 끝날 때까지 채권자의 채권액 또는 그 채권의 순위에 대하여 서면으로 이의신청을 할 수 있다. 이해관계인들로부터 이의신청이 없는 경우에는 원래의 배당표대로 배당을 실시하지만, 이의신청이 있는 경우에는 이의가 있는 배당부분에 대한 배당을 보류한 후 이의가 없는 나머지 부분에 대한 배당만을 실시한다.

❸ 배당에 대한 이의신청

① 배당이의 신청권자 및 신청시기

배당에 대한 이의신청은 배당기일에 출석한 각 이해관계 있는 채권자만이 할 수 있다. 배당표의 작성, 확정, 배당 실시로 인하여 배당을 받을 수 없게 된 채권자가 배당을 받게 되는 채권자를 상대로 신청하는 것이며, 배당기일에 출석하여 이의내용을 진술할 것을 그 요건으로 한다. 다만 채무자는 배당표 원안이 비치된 이후부터 배당기일이 끝날 때까지 서면으로 이의신청을 할 수 있다(민사집행법 제151조).

채권자는 자신의 이해와 관계되는 범위 안에서만 이의를 신청할 수 있으므로, 배당표를 볼 줄 모르는 상태의 채권자(이의신청을 하려는 채권자)는 누구를 상대로 이의신청을 해야 할지 진술하는 데 어려움을 겪을 수도 있다. 그러므로 이의신청을 하려는 채권자는 배당기일 전에 배당표를 열람해보거나 배당에 대한 지식이 있는 사람과 동행해야 한다. 배당이의는 반드시 본인이 배당기일에 출석하여야 하는 것은 아니고, 대리인이 출석하여 이의하여도 된다.

② 이의신청 사유

배당기일에 출석한 이해관계 있는 각 채권자는 배당표 작성에 계산상의 착오가 있다든가, 채권의 기재가 누락되었다든가 등의 절차상의 사유나 배당을 받게 되는 채권자의 채권의 존부(存否), 범위, 순위 등 실체상의 사유를 들어 이의신청을 할 수 있다. 이때 절차상의 하자는 배당표 원안을 경정하여야 하는데, 경정에 의하여 그 불이익을 채권자 전원이 출석하여 동의한 경우에는 즉석(배당기일)에서 배당표를 수정하여 배당을 실시하는 것이 일반적이다. 다만 채권자 전원의 동의를 받을 수 없는 등 배당표를 경정할 수 없을 때에는 배당의 실시를 연기하거나 속행기일을 정하여 경정된 배당표 열람의 기회를 준 후, 경정한 배당표에 따라 배당을 실시한다.

③ 배당이의청구의 소송 제기

배당기일에 제기한 배당이의신청이 집행법원에 의해 받아들여지면 이의신청을 한 채권자나 채무자는 배당기일로부터 7일 이내에 배당이의의 소송을 제기하고 소송제기 사실증명원을 발급받아 집행법원에 제출해야 하며, 이를 제출하지 아니한 때에는 배당이의신청을 취하한 것으로 간주한다.

④ 확정판결 후의 절차

배당이의 청구소송에서 원고(배당이의신청을 한 채권자)가 승소한 경우에는 새로운 배당표를 작성하여 배당하는 것이 원칙이며, 패소한 경우에는 원래의 배당표에 따라 배당을 실시한다. 그러나 배당이의신청 당시 이의가 있는 부분에 한해서만 배당을 보류하고 배당을 실시하는 것이 상례이므로, 원고가 승소한 경우에는 원고에게, 원고가 패소한 경우에는 피고에게 각각 보류되었던 배당금액을 지급해주는 것으로 배당절차가 종료된다.

배당금액의 지급과 공탁

■ 배당금의 지급

이해관계 있는 채권자에 대하여 배당표에 따른 배당금액이 확정되면 경매계는 법원보관금 지급명령서를 발급해주며, 채권자는 이를 법원 구내에 있는 은행에 제시하고 본인 확인절차를 거쳐 배당금액을 즉시 수령할 수 있다.

■ 임차인의 배당금 수령과 명도(인도)확인서

① 명도확인서 제출

임차인이 보증금 전액을 배당받을 경우에는 매수인의 인

감도장을 날인하고 인감증명서를 첨부한 명도확인서와 임대차계약서 원본을 제출해야만 배당금을 수령할 수 있다. 전세권자도 전세금을 배당받기 위해서는 명도확인서를 제출해야 한다. 매수인 입장에서 명도확인서는 명도를 용이하게 할 수 있는 커다란 '무기'이므로 명도확인서 교부에 신중할 필요가 있다.

② 명도확인서 불필요

대항력 있는 임차인이 배당절차에서 보증금 중 일부만 배당을 받고, 배당받지 못하는 보증금으로 매수인에게 대항력을 행사할 수 있을 때에는 명도와 보증금을 반환받을 권리가 동시이행의 관계에 있으므로 명도확인서를 제출할 필요가 없다. 참고로 매각대상 부동산상의 채권자에게 배당을 하고 잉여금이 있을 때에는 소유자에게 그 잉여금을 교부해주는데, 이 경우에도 명도확인서 제출은 불필요하다.

③ 명도확인서 미교부

대금을 납부하기 전후부터 배당기일까지 임차인과 매수인이 이사일자와 이사비용 지급문제 등 명도를 위하여 협의하는 과정에서 언쟁을 벌이는 등 감정의 골이 깊어지는 경우가 많다. 이로 인하여 매수인이 막무가내로 명도확인서 교부를 거절하면서 배당기일 이후부터 이사 가는 날까지 임료 상당액의 부당이득금을 청구하겠다고 버티면, 임차인도 보증금을 배당받지 못한 채 이사 갈 수도 없고 정 떨어진 집에서 무작정 거주할 수도 없어 매우 난감해진다.

이와 같이 매수인이 명도확인서 교부를 거절할 때에는 집행관이 작성한 인도집행조서, 아파트 관리소장이나 통장 등이 확인해준 명도확인서, 이사 간 집 임대인이나 매수한 집 매도인의 확인서, 전출신고한 주민등록등본을 제출하는 등으로 매각대상 부동산을 명도(인도)해주었음을 입증할 수 있는 서류를 제출할 수 있을 때에는 명도확인서 없이 보증금(배당금)을 수령할 수도 있다(『법원실무제요』 2권 595쪽). 다만 어느 경우든 명도해준 것을 전제로 보증금을 수령할 수 있으므로, 매수인과 적당한 선에서 합의를 한 후 명도확인서를 교부받아 제출하고 보증금을 수령하는 것이 편리하다는 점을 기억하자.

③ 배당금의 공탁

배당받아야 할 채권자에 대해서 다음에 열거하는 사유가 발생한 경우에는 배당금액을 지급하지 아니하고 공탁을 한다. 집행법원은 공탁 사유가 소멸된 때에 공탁금을 지급하거나 공탁금에 대한 배당을 실시한다.

① 채권에 정지조건 등이 붙어 있는 때 : 정지조건이란 어떤 조건이 성립되면 법률행위의 효력이 발생하는 조건을 말한다. 예를 들어 대학에 합격하면 자동차를 사주겠다고

할 경우, 합격이라는 장래에 일어날지도 모르는 불확실한 사실의 성립에 따라 자동차를 사준다는 법률행위의 효력이 발생한다. '합격하면'이 바로 정지조건이다.

② 가압류채권자의 채권인 때

③ 강제집행의 일시정지를 명한 취지를 적은 재판의 정본이나, 담보권 실행을 일시정지하도록 명한 확정판결의 정본이 제출되어 있는 때

④ 설정된 저당권에 가등기가 완료된 때

⑤ 배당받을 채권자가 배당기일에 출석하지 아니한 때

CHAPTER 7

경매의 절반, 명도 실무

01
명도란 무엇인가

경매란 쌍봉 도전

낙찰봉
명도봉

- 인도와 명도의 뜻
- 사전조치행위
- 명도의 구분

법원경매를 통해서 부동산을 구입하고자 할 때 민사집행법이나 물권법, 채권법, 민사특별법, 기타 공법 등에 의한 권리분석이 중요하다는 사실은 아무리 강조해도 지나치지 않다. 아울러 권리분석 못지않게 중요한 것이 바로 물건분석이나 입찰가격 결정 및 매각대상 부동산을 점유자로부터 넘겨받는 명도절차이다.

위에 열거한 여러 가지 중요한 사항 중 명도절차를 제외하면 모두 입찰하기 이전 단계에서 분석이 끝나야 하지만, 명도절차는 입찰을 통하여 낙찰받은 이후에 대금을 납부하고 이루어지기 때문에 다소 소홀하게 생각할 수 있다. 특히 일부 입찰자들은 낙찰만 받고 대금을 납부하면 집행법원에서 매각 부동산을 넘겨주는 절차인 명도를 대신해주는 것으로 오해하는 경우도 있는데, 이는 사실과 다르다.

매각 부동산을 넘겨받아 소유권을 행사하기 위해서는 점유자들이 조건 없이 스스로 넘겨주거나 합의를 통해서 넘겨받아야 한다. 만약 합의가 이루어지지 않을 때에는 부득이 인도명령결정문 등 집행권원을 근거로 관할 집행관 사무실에 강제집행(집행명도)을 신청하여 부동산을 넘겨받는 것 외에 다른 방법이 없다.

이에 본 장에서는 명도의 의미와 종류를 상세히 살펴보고, 필자가 명도 실무과정에서 경험했던 합의명도와 집행명도의 사안별 대응사례를 소개하고자 한다. 즉 점유자의 장기간 부재 시의 무인명도, 점유자가 변경되는 경우의 집행명도, 점유자가 환자인 경우의 집행명도, 자해나 폭력이 우려되는 경우의 집행명도, 다수의 점유자가 담합하여 대응하는 경우의 집행명도, 재침입이 우려되는 집행명도 등에 대한 대응방법을 알아보는 등 독자들이 합의명도와 집행명도를 하고자 할 때 유용한 지침이 될 수 있도록 기술하였다. 본 장에 소개하는 명도 사례들이 경매투자의 성공사례를 만들어가는 길잡이로 활용되었으면 하는 바람이다.

| 인도와 명도의 뜻 | 매각대금을 납부한 후 부동산의 점유자와 매수인 간의 합의 또는 민사집행법의 절차에 따라 집행권원(채무명의)인 인도명령결정문이나 명도소송의 승소 판결문을 얻고 송달증명 등을 첨부, 관할법원 집행관의 강제집행절차에 의하여 매각대상 부동산의 점유를 넘겨받는 전반적인 절차를 명도라고 한다. 인도(引渡)의 사전적 의미는 '물건이나 권리 따위를 타인에게 넘겨주는 것'이며, 명도(明渡)의 사전적 의미도 '토지나 건물을 타인에게 넘겨주는 것'으로 풀이되어 있어 크게 구분되는 단어는 아니다. 경매의 인도명령이나 명도소송에서 사용하는 인도와 명도의 뜻도 크게 다르지 않은 것으로 판단된다. 다만 두 제도가 신청대상자나 신청 방법 및 시기 등 절차상의 차이점이 있기 때문에 인도와 명도라는 용어를 구분하여 사용하는 것으로 생각하면 큰 무리가 없다. 일각에서는 건물을 넘겨 |

받는 것을 명도, 토지를 넘겨받는 것을 인도라고 설명하기도 하는데, 딱히 틀린 것은 아니지만 정답도 아니라고 판단된다.

사전조치행위

① 점유이전금지가처분

매각대금을 완납한 후 명도소송의 지연이나 현상의 변경(특히 점유자 변경)이 예상되는 등, 강제집행을 실현함에 현저히 곤란을 겪을 염려가 있는 때에 그 보전을 위하여 잠정적, 가정적으로 행해지는 처분으로 가압류와 같은 보전소송의 일종이다. 특히 명도소송 진행 중에 매각대상 부동산에 대한 악의적인 점유자 변경이 있으면 소송상의 피고를 변경해야 하는 문제가 발생하고, 승소 후 강제집행을 하기 전에 점유자를 변경하는 경우에는 승계집행문을 부여받아야 하는 등의 번거로움과 집행절차 지연이 뒤따를 수 있으므로, 강제집행 시까지 점유자가 변경되는 것을 사전에 방지할 필요가 있다.

이를 위하여 하는 것이 점유이전금지가처분이다. 즉 명도소송 제기와 함께 점유이전금지가처분을 함으로써 점유자가 변경되는 것을 예방하는 절차이다. 인도명령을 신청할 때에도 점유이전금지가처분을 신청하는 경우가 있는데, 명도소송과 달리 인도명령결정은 단기간에 이루어지기 때문에 신청하지 않는 경우도 많다.

❷ 유체동산과 채권 가압류

가압류는 금전채권이나 금전으로 환산할 수 있는 채권을 위하여 채무자의 동산(부동산 포함)에 대한 강제집행을 보전하기 위하여 취할 수 있는 조치로, 가처분과 같은 보전소송의 일종이다. 매각대상 부동산 점유자의 성향으로 보아 대화를 통한 해결이 어렵거나 불가능하다고 판단되는 경우에는 명도소송이나 인도명령신청과 함께 차임(월세) 상당액의 부당이득지급 청구소송을 제기하고, 이를 근거로 불법 점유자의 유체동산(가재도구)을 가압류한 후 소송을 진행할 필요가 있다(압박수단). 특히 보증금 중 일부나 전부를 배당받는 점유자인 경우, 그 배당금액에 대한 채권 가압류를 한 후 명도소송 등을 진행하면 의외로 쉽게 합의사항을 이끌어낼 수도 있다.

그러나 매수인은 하루라도 빨리 대상 부동산을 인도받는 것이 궁극적인 목적이라는 점을 염두에 둘 필요가 있다. 자칫 오판(誤判)하여 위와 같은 방법을 잘못 사용할 경우에는 점유자와 감정적 마찰을 빚어 오히려 인도받는 기간이 더 지연될 위험이 있다. 따라서 지속적인 협의와 설득으로 합의점을 찾아가는 것이 매우 중요하며, 부당이득금 청구는 최후의 방법으로 활용해야 한다는 점에 주의하자.

명도의 구분

◼ 합의명도와 집행명도

매각대금을 납부한 후 동소를 점유하는 자에게 어느 정도의 거주기간을 주고 이사비용을 지불하기로 하는 등, 협의를 통하여 일정한 합의점을 찾아 부동산의 점유를 넘겨받는 절차를 '합의명도'라고 한다. 그리고 합의가 이루어지지 않거나 점유자의 행방을 알 수 없는 경우에는 인도명령결정문 등 집행권원을 근거로 관할법원 집행관 사무소에 강제집행을 신청하여 강제적으로 부동산의 점유를 넘겨받는 절차를 '집행명도'라고 한다. 단, 여기서 합의명도와 집행명도의 구분은 필자가 실무에서 구분하여 사용하는 용어이며, 명도의 명확한 구분을 위한 강학상의 용어임을 밝혀둔다.

실무경험을 바탕으로 추정해보면 매각대상 부동산에 대하여 합의명도로 해결되는 경우가 약 90%가량이며, 집행명도까지 가는 경우는 전체의 10% 정도로 합의명도의 비율이 현저히 높은 편이다. 합의명도 비율이 높은 이유는 명도 시점까지 오는 동안 약 1년여의 기간이 경과하면서 동소의 점유자도 나름대로 이사 갈 준비(점유를 이전해줄 준비)를 해오고 있고, 매수인 또한 집행명도에 소요되는 비용을 감안해서 이사비용 또는 위로금 명목의 비용을 지불하고 해결하려는 노력을 하기 때문이다.

① 배당금이 전무한 점유자

소유자나 채무자 및 임차인의 배당금액이 전무한 경우에는 합의가 쉽지 않겠지만, 점유자를 이해해주는 입장에서 대화를 유도하고 내가 소유자라는 식의 권위적이고 감정적인 대응은 자제해야 한다. 또한 지속적이고 적극적으로 점유자를 설득하는 한편으로 이사 갈 때까지 준비기간 동안 거주하게 해주는 것은 물론이고, 이사비용 또는 위로금 명목의 금원을 지급하겠다는 등의 안을 제시하여 합의를 유도하여야 한다. 그리고 다른 한편으로는 일방적으로 양보하기보다 합의가 안 될 경우에는 부득이하게 집행명도를 할 수밖에 없는데, 그 결과가 어떻게 될 것이라는 약간의 위협적인 의사도 전달하는 등 냉온을 오가는 양면적인 설득이 효과적일 수도 있다.

합의명도 시 점유자에게 주는 이사비용 등이 정해진 것은 아니므로 강제집행 시 소요비용을 산출해보고 그 금액을 전후하여 책정하면 되며, 점유자의 이사에 필요한 준비기간은 통상 배당기일 후 약 1개월 정도를 감안하는 것이 일반적이다. 개략적인 강제집행비용은 집행면적을 기준으로 2평당 15만 원 정도이므로, 집행면적 20평을 기준으로 한다면 150만 원 전후의 이사비용을 책정하면 될 것이다.

② 임차인이 보증금 일부를 배당받는 경우

대항력 없는 임차인이 보증금 일부를 배당받는 경우에는

매수인의 인감도장이 날인된 명도확인서와 인감증명서를 매수인으로부터 교부받아 법원에 제출해야만 배당을 수령할 수 있으므로 합의점을 찾기가 용이할 수 있다. 매각대상 부동산을 조기에 인도받기 위해서는 전체 보증금 중에서 배당받지 못하는 보증금액과 정황 등을 감안하여 통상적인 이사비용이나 위로금 명목의 비용이 필요할 수도 있다. 만약 임차인이 일부 보증금을 배당받기를 거부하는 등으로 명도를 지연시킬 때에는 임료 상당의 부당이득금 채권으로 배당금에 대하여 채권 가압류도 검토해보아야 한다.

③ 임차인이 보증금 전부를 배당받는 경우
임차인이 배당절차에서 보증금 전액을 배당받는 경우에도 매수인의 인감도장이 날인된 명도확인서와 인감증명서를 교부받아 제출해야만 배당금을 수령할 수 있으므로 일반적으로 추가비용의 부담 없이 부동산의 점유를 넘겨받을 수 있다. 다만 주의해야 할 것은 점유를 넘겨줄 것이 확실한 경우에만 명도확인서와 인감증명서를 교부해주어야 한다는 점이다.

▶ 실무에서 명도확인서를 교부해주는 방법을 예시하면 다음과 같다.
가. 현 점유자와 임대차계약을 다시 체결하고자 하는 경우
나. 이사 갈 곳의 실제 임대차계약서나 매매계약서를 확인

한 경우

다. 배당금을 교부받아 그중 일부는 교부해준 뒤 나머지는 매수인이 보관하고, 임차인이 약속한 날에 이사 가지 않으면 월차임을 지불하겠다는 확인서나 각서 등을 교부받아두는 경우

라. 점유자와의 지속적인 대화 등을 통하여 진실한 신뢰가 쌓인 경우

합의명도, 이것만은 주의하자

합의명도 시 보증금 일부 또는 전액을 배당받을 수 있는 임차인의 경우에는 매수인의 인감도장이 날인된 명도확인서와 인감증명서는 점유를 넘겨받는 데 중요한 수단이므로 배당기일까지 지속적인 대화를 통하여 합의를 이끌어내도록 노력해야 하고, 합의하기 이전이나 확실한 약속 없이 명도확인서를 교부해주지 않도록 주의해야 한다. 배당기일이 지나도 언제든지 명도확인서와 인감증명서를 제출하면 배당금을 즉시 수령할 수 있으므로, 배당기일까지 합의가 이루어지지 않는 경우에도 명도확인서를 먼저 교부해주는 것은 피해야 한다.

점유자가 보증금 중 일부 또는 전액을 배당받을 수 있음에도 과다한 이사비용을 요구하는 등 무리한 요구를 하여 계속해서 합의가 이루어지지 않을 경우, 배당금액에 대하여 채권가압류를 신청하는 것이 합의를 이끌어내는 데 효과적인 방법이 될 수 있다.

④ 집행명도

매각대금을 납부하고 점유자와 합의가 이루어지지 않거나 점유자의 행방을 알 수 없는 경우, 인도명령결정문이나 명도소송에서 승소한 판결문 등 집행권원(채무명의)의 집행문을 부여받아 송달증명을 첨부하고 집행관 사무소의 협조를 얻어 강제집행을 하는 절차를 집행명도라고 한다. 집행명도는 점유자와 심한 마찰을 유발할 수 있고 경우에 따라 인사사고가 발생할 수 있으므로, 가능한 모든 방법을 동원하여 합의명도를 유도한 후 끝내 합의가 불가능한 경우에 최후의 수단으로 사용해야 한다.

❷ 조조(早朝)명도와 공휴일 및 야간명도

① 조조명도

집행명도는 통상적으로 집행관의 근무시간에 한하여 하는 것이 원칙이지만 부득이한 경우에 조조명도를 할 수도 있다. 조조명도란 일출 전에 집행하는 명도를 말하는데 실무에서만 사용하는 용어이며, 강제집행 신청 시 조조명도를 별도로 신청하는 것은 아니다.

점유자가 대체로 이른 아침에는 있으나 낮에는 없고 늦은 밤에 돌아오는 경우, 매수인 또는 그 대리인으로부터 현장 상황에 대한 설명을 들은 집행관의 판단에 따라 부득이한 경우에 한하여 시행할 수 있다. 조조명도는 집행관의 적극적인 협조가 있어야만 가능하며, 집행 노무비는 정상적인 집행 시보다 20~30%의 추가부담이 발생할 수도 있다. 다만 집행현장에서 반출되는 가재도구 등 유체동산을 현장에 적치하지 않고 창고에 보관하는 것이 일반화된 최근에는 조조명도를 신청할 필요성이 적고 실익도 크지 않다.

② 공휴일 및 야간명도

공휴일 또는 야간에 집행하는 명도를 말하며, 이는 부득이한 경우 매수인이나 그 대리인의 신청에 의하여 해당 법원의 허가가 있어야만 가능한 집행이다. 다만 이 또한 비용도 많이 들고 법원의 허가를 받아야 하기 때문에 실무적으로는 많이 이용되지 않는 편이다. 공휴일이나 야간명도 집행 시에는 채무자에게 법원의 허가명령을 증명하는 문서를 보여주고 집행하여야 한다(민사집행법 제8조).

❸ 유인(有人)명도와 무인(無人)명도

매각대금을 납부한 후 집행권원(인도명령결정문, 명도소송 판결문)을 얻어 이를 근거로 집행을 하기 전까지는 유인명도든 무인명도든 매수인이 임의로 개문(開門)을 하고 들어가거나 강제로 점유를 침탈하는 것은 불법이므로 주의해야 한다. 우리나라는 민법이나 형법상 모두 자력구제(自力救濟)가 원칙적으로 금지되어 있으므로, 매각대금 납부로 소유권을 취득하였다고 해도 합법적인 점유 이전의 방법으로 부동산을 인도받아야 한다.

특히 점유자가 없고 내부에 유체동산이 없을 것으로 추정되는 경우에는 임의로 문을 열고 들어가고 싶은 유혹에 빠지기 쉽다. 유혹에 못 이겨 문을 열고 들어가도 동소의 점유자가 이의를 제기하지 않으면 큰 문제가 없겠지만, 점유자가 사후에 나타나 고가의 유체동산이 분실되었다거나 개문에 따른 주거침입죄나 절도죄 또는 재물손괴죄 등의 혐의로 고소를 할 수도 있다. 이 경우 형사상의 조사를 받아야 함은 물론이고 형사처분을 받을 수도 있으며, 고소를 취하해주는 조건으로 과다한 합의금을 요구할 수 있으므로 각별히 주의해야 한다.

① 유인명도

집행대상 부동산에 명도대상 점유자가 있을 경우에 하는 명도를 유인명도라고 한다. 매수인은 점유자가 있을 때 집행을 해야만 집행절차가 용이할 수 있고, 집행비행도 절약할 수 있으므로 가능하면 유인명도를 택하는 것이 좋다. 점유자가 집행 목적물 안에 있음에도 집행을 방해할 목적으로 출입문을 열어주지 않는 경우에도 유인명도에 속하고, 이때 집행관은 '잠근 문과 기구를 여는 등 적절한 조치'를 취할 수 있으며, 이로 인하여 점유자의 저항을 받는 경우에는 경찰 또는 군대의 원조를 요청할 수도 있다.

채무자의 주거에서 집행을 실시하려는데 채무자나 사리를 분별할 지능이 있는 그 친족이나 고용인 등을 만나지 못한 때에는 성인 2명이나 특별시, 광역시의 구 또는 동 직원,

시·읍·면 직원 또는 경찰공무원 중 한 사람을 증인으로
참석시키고 집행할 수 있다. 그러나 실무에서는 대부분 동
행한 증인 2명의 입회하에 집행하는 것이 일반적이다.

집행 후 반출되는 유체동산의 보관책임은 원칙적으로 명
도 대상자인 채무자에게 있다. 다만 채무자가 유체동산을
보관할 만한 경제적인 능력이 없거나 능력은 있어도 다른
장소로 이전하여 보관하지 않을 것이 충분히 예상되는 경
우에는 매수인이 보관하도록 2000년 5월 3일부로 대법원
지침이 정해진 바 있다. 이는 명도집행으로 반출된 유체동
산을 집행장소 인근에 적치했다가 방치하거나 버리는 등
으로 인하여 주민들의 민원이 발생하는 것을 방지하고, 쾌
적한 환경을 보존하고자 하는 데 그 목적이 있다.

② 무인명도

무인명도란 명도대상 점유자의 행방을 알 수 없거나, 연락
도 되고 행방은 알고 있지만 집행목적물에 거주하고 있지
아니한 경우에 하는 명도를 말한다. 무인명도의 경우에 대
상 부동산 내에서 반출되는 유체동산은 집행관이 목록을
작성하여 보관하고, 매수인 또는 그 대리인은 유체동산 자
체의 보관책임을 지게 된다. 보관책임의 기간은 유체동산
의 소유자가 인수해갈 때까지이므로 그때까지의 보관비용
을 매수인이 대납해야 하는 등 사후처리의 어려움이 따르
게 된다.

창고 등에 보관된 가재도구 등 유체동산을 채무자가 장기간 인수해가지 않을 것으로 예상되거나, 과다한 보관비용이 발생할 것으로 판단되는 경우에는 채무자의 최종 주소지로 보관된 유체동산을 찾아가라는 최고를 내용증명으로 2~3회 정도 한다. 그 후에도 찾아가지 않으면 집행비용(보관비용 포함)의 확정 신청과 매각명령 신청을 통해 보관 중인 유체동산을 매각한 후, 그 매각대금을 집행비용에 충당하고 나머지가 있으면 채무자(소유자) 명의로 공탁을 하여 매수인(채권자)은 보관책임을 면하면 된다.

보관된 유체동산의 처리방법

강제집행 장소에서 반출되어 창고에 보관된 유체동산은 보관비용이 발생하므로 계속하여 보관할 수 없고, 채무자가 찾아가지 않을 경우에 동산 매각절차를 밟아 처리해야 하는데, 동산 매각절차 중 첫 번째가 '채무자의 최종 주소지'를 파악하여 내용증명을 보내는 것이다.

채무자의 최종 주소지는 매각대상 부동산 소재지일 수도 있지만, 이미 다른 곳으로 주민등록을 이전한 경우가 많다. 이전해간 최종 주소지를 모를 경우에는 관할법원 집행관 사무소에서 발행해주는 '주소보정명령서'를 근거로 주민등록초본을 발급받아 첨부해야 한다. 주민등록 등·초본은 주민센터(읍·면·동사무소)에서 본인 또는 세대원만 발급받을 수 있지만, 소송이나 경매목적 수행상 필요한 경우에는 법원의 보정명령서를 제시하고 매수인(낙찰자)도 발급받을 수 있다(주민등록법 제29조 제2항).

02

명도 실무 절차 및 사례

- 명도(강제집행) 실무절차
- 점유자의 성향과 사례별 명도 대응법

명도(강제집행) 실무절차

1 집행력이 있는 집행권원

강제집행을 신청할 때에는 법원에 비치되어 있는 강제집행신청서를 작성하고 집행권원(채무명의)을 첨부하여야 한다. 집행권원이란 인도명령 대상자를 상대로 한 경우에는 인도명령결정문, 명도소송 대상자를 상대로 한 경우에는 승소한 판결문(집행력이 있는 판결정본)을 말한다. 그러므로 매각대금을 납부하고 소유권을 취득하여도 바로 강제집행을 신청할 수 있는 것이 아니라, 반드시 인도명령신청이나 명도소송을 제기하여 별도의 집행권원을 얻어야만 강제집행을 신청할 수 있다.

2 송달증명원, 집행문부여, 확정증명원

인도명령결정문을 송달받은 채권자(매수인 또는 그 대리인)는 동 결정문에 집행문을 부여받고 송달증명서를 발급받아 첨부하여 강제집행을 신청하면 된다. 명도소송을 통하여 승소한 판결문을 송달받은 채권자(매수인 또는 그 대리인)는 판결문에 집행문을 부여받고 송달증명서와 확정증명원까지 발급받아 첨부하여 강제집행을 신청해야 한다.

다만 상소(항소, 상고) 등으로 인하여 판결이 확정되지 않은 경우에는 확정증명원은 필요하지 않고, 이때는 1심 재판의 판결문에 따른 가집행을 신청하면 된다. 그러나 피고 측에서 법원에 '가집행 정지신청'을 하고 동 신청이 받아들여진 경우에는 최종심(대법원)에서 판결이 확정되기 이전에는 강제집행을 신청할 수 없다. 다만 가집행 정지신청을 하기 위해서는 일정 금액을 공탁해야 하기 때문에 많이 이용하는 제도는 아니다.

❸ 집행 예납비용의 납부 및 접수

① 창고보관료 예치

강제집행 시 유인·무인 명도를 불문하고 반출되는 채무자의 가재도구 등 유체동산을 창고에 보관하는 것이 원칙이며, 운반비와 창고보관료(통상 3개월분)를 예치해야 한다. 이 비용은 채무자가 부담하는 것이 원칙이지만, 현실적으로 채무자가 부담할 수 없기 때문에 채권자가 선납한 후 채무자에게 청구해야 한다. 그러나 채무자의 변제능력이 부족하여 현실적으로 불가능한 것이 현실이다.

② 집행 예납비용의 납부

강제집행신청서를 접수할 때 집행 예납비용을 납부해야 하는데, 예납비용은 접수비용과 집행 노무비로 구분하여 납부한다. 통상적인 접수비용은 집행수수료, 집행관(사무원)의 여비, 집행관(사무원)의 노무비를 포함하여 약 10만 원 정도이며, 강제집행에 따른 노무자들의 인건비는 접수 시에 건물 면적이나 층수 등을 감안하여 납부할 수 있다.
집행 노무비는 집행관이 집행현장을 1회 이상 답사(계고)한 후 집행장소에 과다한 물건이 있어서 많은 소요시간이 필요하거나, 건물의 구조가 복잡하거나, 위험한 장소인 경우 등 집행의 난이도에 따라 산정하여 납부하기도 한다. 강제집행 비용은 노무자들의 인건비가 대부분을 차지하며, 다음 표를 기준으로 하여 산정하는 것이 일반적이다.

☑ 집행명도 시 노무자 수 기준표

구분	종별	항목	실평수	노무자 수	비고
집행명도 사건	단독주택 및 공동주택	1	5평 미만	2~4명	
			5평 이상 10평 미만	5~7명	
			10평 이상 20평 미만	8~10명	
			20평 이상 30평 미만	11~13명	
			30평 이상 40평 미만	14~16명	
			40평 이상 50평 미만	17~19명	
		2	50평이상	매 10평 증가 시마다 2명 추가	1항에 추가
		3	2층부터 1개 층 증가 시	1, 2항 인원수에 매 층마다 2명 추가	E/V 사용 시 제외
	사무실 및 영업장소	1	주택 1, 2호 기준으로 하되 조정 가능		
철거사건		1	주택 1, 2호 기준으로 하되 각 2명씩 추가 가능		

▶ 실무에서의 참고사항

① 강제(명도)집행 시 집행 노무자 1인당 인건비는 9만 원(2017년 기준)이다.

② 무인명도, 조조명도, 휴일명도, 야간명도 시에는 ①항의 비

용에 약 30% 전후 추납한다.

③ 집행불능 처리하고 다시 집행하고자 하는 경우 일반적으로 약 30% 전후 추납한다.

④ 실무상 집행명도 시의 노무비 등 총 예상 집행비용(속칭 명도비용)의 산정이 필요할 때에는 실제 집행면적 2평당 15만 원 정도의 비용을 반영하여 산정한다. 무인명도, 조조명도, 휴일명도, 집행불능의 사유가 발생할 가능성을 고려하여 약 30~50%가량의 추가비용을 감안한다.

⑤ 강제집행 시의 노무비 등 총 집행비용은 정확하게 산정할 수 없고, 집행방법과 시기, 집행장소의 현황, 피집행자의 대응, 기타 필요경비 등 현장상황에 따라 다를 수 있으므로 이를 반영하여야 한다.

⑥ 위의 각 사항에 따라 예상 집행비용이 산정되면 이를 기준으로 한 비용을 전후하여 합의명도 시 이른바 이사비용 책정에 반영한다.

4 집행관 사전답사(계고)

강제집행신청서에 필요한 서류를 첨부하고 집행비용을 예납한 후 해당 법원 집행관 사무실에 접수하면 강제집행에 따른 사건번호가 부여되고 담당 집행부와 집행관이 지정된다. 담당 집행부가 정해지면 집행관은 신청채권자와 사전협의를 거쳐 집행현장을 방문하여 집행의 난이도와 점유자의 유무, 유체동산의 과소, 집행시간대의 점검 등 집행명도에 따른 제반

사항 등을 체크하고, 점유자를 만난 경우 임의로 퇴거하지 않을 때에는 집행명도가 불가피함을 최종적으로 통보해준다. 이 절차를 이른바 계고(戒告)라 하며, 계고 시에 계고기간(1주 내지 2주)을 주지만 구체적인 집행시기를 통보하지는 않는다.

5 강제집행(집행명도) 실무절차

① 집행 계고

집행관의 계고는 일정 기간까지 매수인에게 부동산을 인도하지 않으면 강제집행을 할 수밖에 없다는 경고이자 최후통첩이다. 다만 계고는 민사집행법상 의무적으로 해야 하는 것은 아니므로 하지 않을 수도 있고 2회를 할 수도 있는데, 1회를 하는 것이 일반적이다.

② 집행 실행

채무자가 계고기간이 경과할 때까지 부동산을 인도하지 않으면 특정한 날을 잡아 집행을 실행한다. 집행일은 점유자가 알 수 없도록 해야 하며, 집행관과 매수인의 협의로 결정할 수도 있고, 집행관의 업무일정에 맞추어 집행관이 결정할 수 있다. 강제집행 시 피집행자가 집행시간을 알 수 없도록 신경 써야 하고, 집행현장에는 반드시 신청채권자 또는 그의 대리인 외에 성인 2명 이상이 동행(집행 직전에 입회증인이 필요할 수 있음)해야 하며, 열쇠업자와 반출되는 유체동산의 보관을 위한 창고업자의 동행도 필요하므로 이에 대한 준비도 해야 한다(집행관의 협조 필요).

강제집행 시 집행관은 인도명령결정문 등 집행권원을 채무자에게 보여준 후, 목적물 내부에 보관 중인 현금, 유가증권이나 고가의 귀중품이 분실·훼손될 수 있고, 별도로 보관하지 않으면 책임이 없다는 사실을 채무자에게 고지하고 집행개시를 선언한다. 개시선언과 함께 동행한 노무자들이 가재도구 등 유체동산을 반출하는데, 집행시간은 주거용 건물을 기준으로 약 1시간 정도 소요되지만 공장이나 창고 등 반출되는 물품이 많거나 집행 난이도에 따라 늘어날 수 있다. 반출이 완료되면 집행관은 인도(명도)집행조서를 작성하고 매수인(대리인)이 서명날인함으로써 집행은 종료된다. 만약 점유자가 없거나 채무자가 문을 열어주지 않고 저항할 때에는 동행한 매수인(대리인) 외에 성인 2명의 입회증인을 세우고 강제로 문을 열고 집행할 수 있으며, 극심한 저항 등 부득이한 사정이 발생할 때에는 집행불능으로 처리하고 다시 집행일을 잡는다.

③ 운반비와 보관비

반출된 유체동산의 상하차 비용과 운반비는 5톤 화물차 1대당 50만 원 정도이며, 창고보관료는 5톤 컨테이너 1대 기준으로 20만 원 내지 30만 원 정도이다(2016년 수원지방법원 기준). 이 비용은 접수할 때 선납하는 경우가 대부분이다.

④ 최고(催告)와 매각명령

채무자가 보관된 유체동산을 장기간 찾아가지 않거나 불가능할 것으로 예상되면 채무자의 주민등록상 최종 주소지로 보관된 유체동산을 찾아갈 것을 내용증명으로 2~3회 통지하고, 1개월 이내에 찾아가지 않을 때에는 담당 집행관에게 유체동산 매각허가신청을 할 수 있다. 집행법원의 매각명령(허가)을 받은 때에는 매각절차를 거쳐 매각한다.

⑤ 집행비용 충당

보관된 동산 매각대금은 채권자의 집행비용에 충당하고, 나머지가 있으면 채무자에게 지급하거나 공탁을 하는 것으로 집행명도는 종료된다.

6 강제(명도)집행비용의 확정

강제집행비용이란 명도집행의 준비, 개시, 종료와 관련하여 발생한 비용으로 집행권원의 송달비용, 확정증명 및 집행문 부여에 따른 인지대, 집행기관에 납부한 각종 수수료 및 집행관 노무비와 여비, 기타 집행 신청비용 등이 포함된다. 강제(명도)집행으로 채무자의 가재도구 등 유체동산을 창고업자에게 보관시킨 경우에는 법원에 집행비용 확정과 보관된 유체동산에 대한 매각명령을 신청하여 동 환가대금으로써 집행비용을 충당하고, 나머지가 있다면 채무자(소유자) 명의로 공탁하는 것으로 보관책임을 면하고 집행명도를 종결해야 한다.

☑ 강제집행 및 동산 매각절차 한눈에 보기

순서	접수할 서류	접수장소
1	인도명령신청서(대금을 납부한 후 6개월 이내)	민사신청(집행)과
2	집행문부여와 송달증명신청서	상동(上同)
3	강제집행신청서(인도명령결정문 첨부)	집행관 사무소
4	집행비용(접수비용) 예납	집행관실—구내은행
5	집행계고(접수 후 2주일 전후)	집행현장
6	노무비용 납부(2018년 현재 1인 9만 원)	집행관실—구내은행
7	집행 실행(입회증인 2명, 열쇠 · 차량 · 창고업자 필참)	집행현장
8	반출된 유체동산 운반 및 보관	이동—창고업자
9	채무자에게 독촉장 2회 정도 발송(보관장소 적시)	우체국(내용증명)
10	동산매각명령(동산환가명령) 신청	집행관 사무소
11	동산 매각절차에 소요될 집행비용 예납	구내은행
12	보관된 유체동산 감정	집행관실—감정평가사
13	유체동산 매각(응찰자 없으면 낙찰자가 매수하여 처분)	보관장소
14	위 절차를 진행하면서 집행비용 확정결정 신청 병행	민사신청(집행)과
15	동산 매각대금에서 강제집행에 사용한 비용 정산	

* 동산매각명령 절차는 집행관 사무소(각 집행관)마다 조금씩 차이가 있으므로 협의 필수

* 동산매각명령이라고도 하고 동산환가명령이나 특별환가명령이라는 용어도 혼용(混用)

* 채무자에게 독촉(최고)장을 발송할 때에는 최종 주소지로 발송하며, 의무적 발송은 아니지만 집행관사무소에서는 통상적으로 1회 또는 2회 정도 발송을 요구한다. 주요 내용은 집행관 사무소 또는 채권자(대리인)의 연락처 등을 알려준 뒤 강제집행비용(노무비, 운반비, 창고보관료 등 포함)을 지급하고 보관된 유체동산을 찾아가라고 독촉하는 것

강 제 집 행 신 청 서

○○지방법원 ○○지원 집행관사무소 집행관   귀하

<table>
<tr><td rowspan="4">채
권
자</td><td>성 명</td><td></td><td>주민등록번호
(사업자등록번호)</td><td></td><td>전화번호</td><td></td></tr>
<tr><td rowspan="2"></td><td rowspan="2"></td><td rowspan="2"></td><td rowspan="2"></td><td>우편번호</td><td>□□□-□□□</td></tr>
<tr></tr>
<tr><td>주 소</td><td colspan="5"></td></tr>
<tr><td></td><td>대리인</td><td colspan="2">성명 (   )</td><td colspan="2">전화번호</td></tr>
<tr><td rowspan="3">채
무
자</td><td>성 명</td><td></td><td>주민등록번호
(사업자등록번호)</td><td></td><td>전화번호</td><td></td></tr>
<tr><td rowspan="2"></td><td rowspan="2"></td><td rowspan="2"></td><td rowspan="2"></td><td>우편번호</td><td>□□□-□□□</td></tr>
<tr></tr>
<tr><td>주 소</td><td colspan="5"></td></tr>
<tr><td colspan="2">집행목적물 소재지</td><td colspan="5">□ 채무자의 주소지와 같음

□ 채무자의 주소지와 다른 경우
소재지 :</td></tr>
<tr><td colspan="2">집 행 권 원</td><td colspan="5"></td></tr>
<tr><td colspan="2">집행의 목적물 및
집 행 방 법</td><td colspan="5">□ 동산가압류   □ 동산가처분   □ 부동산점유이전금지가처분
□ 건물명도   □ 철거   □ 부동산인도   □ 자동차인도
□ 금전압류   □ 기타 (   )</td></tr>
<tr><td colspan="2">청 구 금 액</td><td colspan="5">원(내역은 뒷면과 같음)</td></tr>
</table>

위 집행권원에 기한 집행을 하여 주시기 바랍니다.

※ 첨부서류

1. 집행권원   1통   20   .   .   .
2. 송달증명서 1통   채권자   (인)
3. 위임장   1통   대리인   (인)

※ 특약사항

1. 본인이 수령할 예납금잔액을 본인의 비용부담하에
   오른쪽에 표시한 예금계좌에 입금하여 주실 것을
   신청합니다.
                      채권자   (인)

<table>
<tr><td rowspan="3">예
금
계
좌</td><td>개설은행</td><td></td></tr>
<tr><td>예 금 주</td><td></td></tr>
<tr><td>계좌번호</td><td></td></tr>
</table>

2. 집행관이 계산한 수수료 기타 비용의 예납통지 또는 강제집행 속행의사 유무 확인 촉구를 2회 이상 받고도 채권자가 상당한 기간 내에 그 예납 또는 속행의 의사표시를 하지 아니한 때에는 본건 강제집행 위임을 취하한 것으로 보고 완결처분해도 이의 없음.

                                          채권자   (인)

1 유체동산(가재도구)이 있는 경우(압류)

집행장소에 가재도구 등 유체동산이 적치되어 있을 때에는 매수인이 임의로 개문하는 것은 금물이다. 특히 대금을 납부하기 전에는 물론이고 납부한 이후에도 사람의 왕래가 없다는 이유로, 또는 공실 여부를 확인하기 위하여 개문의 유혹을 뿌리치지 못하고 문을 열고 들어가는 경우가 있는데, 이는 매우 위험한 일이므로 무조건 자제해야 한다.

특히 경매를 당한 곳의 유체동산은 다른 채권자들이 (가)압류를 해놓은 경우가 많고, 그 (가)압류물이 없어졌거나 훼손된 경우에는 형사책임이 가중될 수 있다. 그러므로 반드시 인도명령결정문 등의 집행권원을 이용하여 강제집행을 신청하고, 집행관이 참여하여 개문을 하는 등 적법한 절차에 따라 인도받아야 한다.

2 유체동산(가재도구)이 없는 경우

집행장소에 가재도구 등 유체동산이 없다는 것을 우연히 알게 된 경우에도 매수인이 임의로 개문하고 들어가는 것은 불법이다. 따라서 인도명령결정문 등의 집행권원을 이용하여 강제집행을 신청하고 집행관이 참여하여 개문을 하는 등 적법한 절차에 따라 인도받아야 한다. 유체동산이 없고 빈집(공실)으로 추정될 경우, 매수인이 직접 개문을 하면 다음과 같은 형사처분을 받을 수 있으므로 각별히 주의해야 한다.

① **주거침입죄**(형법 제319조)

사람의 주거나 관리하는 건조물 또는 점유하는 방실에 침입한 자와 퇴거를 요구받고도 불응한 자는 3년 이하의 징역 또는 500만 원 이하의 벌금에 처한다.

② **특수주거침입죄**(형법 제320조)

단체 또는 다중의 위력을 보이거나 위험한 물건을 휴대하여 주거침입죄를 범한 때에는 5년 이하의 징역에 처한다.

③ **절도죄**(형법 제329조)

타인의 재물을 절취한 자는 6년 이하의 징역 또는 1천만 원 이하의 벌금에 처한다. 매수인의 주거침입으로 인하여 점유자의 재물(물건)이 없어졌다고 주장할 경우에는 절도죄의 혐의를 받을 수 있다.

④ **재물손괴죄**(형법 제366조)

타인의 재물이나 문서 또는 전자기록 등을 손괴 또는 은닉, 기타 방법으로 효용을 해한 자는 3년 이하의 징역 또는 700만 원 이하의 벌금에 처한다. 점유자가 직접 설치한 고가의 보조열쇠 등을 훼손하고 문을 연 경우에는 타인의 재물을 손괴한 혐의를 받을 수 있다.

⑤ **공무상 비밀표시 무효죄**(형법 제140조)

공무원이 그 직무에 관하여 실시한 봉인 또는 압류, 기타 강제처분의 표시를 손상 또는 은닉하거나 기타 방법으로 그 효용을 해한 자는 5년 이하의 징역 또는 700만 원 이하의 벌금에 처한다. 유체동산이 (가)압류된 장소를 임의로 문을 열고 들어갔을 때에는 (가)압류된 물건의 훼손 또는 분실 등으로 인한 형사책임이 가중될 수 있으므로 주의해야 한다.

궁금해서 못 살겠다, 문을 열어봐야지!

매각대금을 납부한 후 부동산의 점유자가 이사를 갔는지 안 갔는지 불분명하고, 특히 유체동산이 있는지 없는지 직접 확인하고 싶더라도 직접 개문하는 것은 불법이므로 기간이 지연되더라도 점유이전금지가처분을 신청한 후에 집행관과 동행하여 개문하는 것이 현명한 방법이다. 상담을 하다 보면 점유자가 없고 내부에 유체동산이 없을 것으로 추정된다면서, 임의로 문을 열고 들어가면 어떤 문제가 발생하는지 물어보는 경우가 많다. 그러나 임의로 개문한 경우에 점유자가 이의를 제기하면 앞에서 기술한 바와 같이 형사처분을 받을 수도 있고, 그에 따른 과다한 합의금을 요구할 수도 있으므로 각별히 주의해야 한다.

❸ 성명불상의 불법점유자에 대한 집행명도

매수인은 대금을 납부한 후 6개월 이내에 매각대상 부동산의 점유자를 상대로 인도명령을 신청할 수 있고, 점유자가 스스로 이사 가지 않는 등 부동산 인도에 대하여 합의에 이를 수 없을 때에는 그 결정문을 집행권원으로 강제집행을 신청하여 인도받을 수 있다. 문제는 집행관 현황조사내역 등 법원 기록에 나타나지 않은 성명불상의 자가 매각대상 부동산을 점유하고 있을 경우, 피신청인(점유자)을 특정할 수 없기 때문에 난감할 수밖에 없다. 이와 같이 성명불상자가 점유하고 있을 때에는 소유자나 채무자 또는 집행관 현황조사 당시에 점유자로 파악된 자를 피신청인으로 하여 인도명령을 신청하고, 동 결정문을 집행권원으로 강제집행을 신청한다.

강제집행 시 인도명령결정문상의 피신청인과 점유자가 상이할 경우에 집행관은 집행불능 처리를 한 후 집행(불능)조서를 작성하고 집행절차를 종료한다. 이 과정에서 매수인이 적극적으로 개입하고 집행관의 협조를 얻어 성명불상자의 신원을 파악할 수 있는데, 이 사람을 상대로 새로이 인도명령을 신청(집행조서 첨부)하거나 승계집행문을 부여받아 강제집행을 종료할 수 있다. 대법원 판례도 "불법점유를 이유로 하여 그 명도 또는 인도를 청구하려면 현실적으로 그 목적물을 점유하고 있는 자를 상대로 하여야 하고, 불법점유자라 하여도 그 물건을 다른 사람에게 인도하여 현실적으로 점유를 하고 있지 않은 이상 그자를 상대로 한 인도 또는 명도청구는 부당하다"고 판시하고 있다(대법원 판례 70다1508호).

■ 환자 등 거동이 불편한 사람 거주

매각대상 부동산을 방문해보면 환자나 고령으로 거동이 불편한 점유자를 만날 수 있는데, 그대로 집행할 경우 인사사고가 우려되기 때문에 명도집행이 불가능하거나 어려울 수밖에 없다. 이 경우 집행관과 긴밀한 협의가 필수이고, 인사사고 예방을 위하여 앰뷸런스를 대기시키거나 사전에 특별한 방법을 동원하여 응급실 등 병원으로 입원시킨 후 무인명도를 검토해볼 필요도 있다. 다만 상황이 급박한 채무자의 어려운 사정과 사후 재침입 등을 고려하여 지속적인 합의점을 찾아 해결하려는 노력이 필수이다.

⑤ 다수 점유자의 담합이 예상되는 명도

원룸이나 투룸 형태의 다가구주택이나 상업용 건물(빌딩) 등 점유자가 다수인 경우에는 명도기간이 장기화될 수 있고, 그에 따른 명도비용도 많은 금액이 소요될 수 있다. 그 소요기간과 비용을 최소화하는 것이 수익과 직결되는 문제이기 때문에 민감할 수밖에 없다.

다수의 점유자가 담합하여 대응할 것이 예상되는 경우, 명도를 하려는 실무자마다 나름의 전술(전략)이 있고, 특히 명도를 당하는 상대방이 다수이기 때문에 정답은 있을 수 없다. 상당히 막연하지만 그나마 정답이라면 대화술을 익히고 지속적으로 고도의 협상력을 발휘하여 합의점을 찾아 해결하라는 것이다. 명도를 잘하려면 상대방의 의중(마음속)을 헤아리는 대화술과 협상력이 중요하다고 말하는 이유이기도 하다.

▶ 정답은 없지만 필자의 경험을 바탕으로 간단하게 기술한다.
  ① 담합을 주동하는 점유자가 누구인지 파악한다.
  ② 모든 수단과 방법을 동원하여 다수의 점유자 중 1~2명은 내 편으로 만든다.
  ③ 주동자를 상대로 주도권을 갖고 협상을 한다.
  ④ 주도권을 빼앗기면 오히려 끌려 다니게 되고 명도는 요

원해진다.

⑤ 내 편을 이용하여 지속적으로 점유자들의 동태를 파악한다(지피지기 백전불태).

⑥ 합의를 하든 강제집행을 하든 주동자를 먼저 명도대상으로 삼는다.

⑦ 명도는 당근(합의안)과 채찍(집행)을 적절하게 활용할 수 있어야 성공한다.

⑧ 주동자를 명도하고 나면 나머지는 오합지졸(烏合之卒)이다.

6 폭력과 자해 및 화재소동이 우려되는 집행명도

집행명도는 불시에 진행하는 것이므로 집행을 당하는 채무자가 고분고분하게 집행에 응해줄 것을 기대하기란 애초에 무리이다. 유인명도에서 흔히 발생할 수 있는 일이 폭력과 자해 및 화재소동이다. 집행현장에서 이와 같은 일이 우려되는 때에 집행관은 대부분 집행불능 처리를 하는데, 이 경우 노무비의 30% 정도를 추가 납부해야 하므로 매수인은 집행불능이 되지 않도록 사전에 철저히 준비를 해야 한다. 사전협의 과정에서 채무자의 성향 등을 감안할 때 자해나 화재 소동 등이 예상되는 경우에는 집행관에게 협조를 구하여 특수 노무자가 필요할 수 있고, 매수인도 방어능력이 있는 다수의 일행과 동행하여 만일의 사태에 대비해야 한다.

여기서 잠깐!

공무집행방해죄(형법 제136조)

직무를 집행하는 공무원에 대하여 폭행 또는 협박한 자는 5년 이하의 징역 또는 1천만 원 이하의 벌금에 처한다.

⇒ 집행관이 경찰도 아닌데 이 규정을 고지하고 점유자를 설득하여 집행을 강행할 수 있을까? 필자는 부정적인 입장인데 독자들은 어떻게 생각하는지 궁금하다.

☑ 주유소 집행명도

주유소에 대한 강제집행도 까다로운 명도 중의 하나이다. 주유기와 지하 유류탱크 문제도 있지만, 무엇보다도 유류탱크에 저장되어 있는 유류의 처리방법에 따른 어려움으로 인하여 집행불능이 될 수 있으므로 사전에 집행관과 긴밀한 협의(협조)를 하는 것이 필수이다.

① 주유기(종물)와 유류저장탱크(부합물)

주유소의 주유기가 비록 독립된 물건이기는 하지만, 유류저장탱크에 연결되어 유류를 수요자에게 공급하는 기구로서 주유소 영업을 위한 건물이 있는 토지상에 설치되었다는 점 등을 감안할 때, 그 주유기는 계속해서 주유소 건물 자체의 경제적 효용을 다하게 하는 작용을 하고 있으므로 주유소 건물의 상용에 공하기 위하여 부속시킨 종물이다. 또한 주유소 지하에 매설된 유류저장탱크를 토지로부터 분리하는 데 과다한 비용이 들고, 이를 분리하여 발굴할 경우 그 경제적 가치가 현저히 감소할 것이 분명하므로 그 유류저장탱크는 토지에 부합하는 부합물이다(대법원 판례 94다6345호). 즉 특별한 사정이 없는 한 주유기와 유류저장탱크는 매각대상 부동산의 종물과 부합물로 매수인의 소유이다.

② 저장된 유류의 처리

강제집행은 집행문에 적시된 매각대상 부동산을 매수인에게 넘겨주는 절차인데, 부동산에서 반출되는 집기비품 등 동산은 집행관이 보관하는 것이 원칙이다. 그러나 집행관이 직접 보관하는 것은 아니고 집행관의 승낙하에 매수인이 선택한 창고업자에게 보관시키는 것이 일반적이다. 다만 보관장소로 이동하는 데 과다한 비용이 들거나 현실적인 어려움이 예상될 경우에는 이동하지 않고 채권자의 승낙하에 채권자에게 직접 보관하게 할 수 있다. 이른바 현장보관 강제집행이며, 여기에는 집행관의 판단과 협조가 절대적이다.

주유소에 대한 강제집행 시 유류탱크에 기름(LPG)이 있을 때에는 사전에 집행관에게 매수인이 직접 보관(현장 또는 이동)하겠다는 신청을 할 필요가 있다. 이 경우 집행관의 동의가 있으면 주유기 등으로 유류탱크에서 기름(LPG)을 꺼내어 그 용량을 계량한 후 다시 유류탱크에 넣어 채권자가 보관하게 하는 형태로 집행을 종료한다. 그 후 채무자가 유류를 찾아가지 않거나 합의가 이루어지지 않으면 동산 매각절차를 통하여 매각하고 보관책임을 면하면 된다.

다만 주유소 강제집행 시 집행관의 특별한 협조가 필수인데다, 유류저장 탱크에서 유류(가스)를 꺼내 계량하려면 전문가와 장비가 필요하고, 그 비용과 사후 동산 매각절차에 소요될 기간 등을 감안하면 사전에 협의를 통하여 합의점을 찾아 해결하는 것이 좋다. 어려운 명도일수록 합의가 최우선이며, 강제집행은 차선이라는 점을 반드시 기억해야 한다.

8 재침입(일명 재침)이 우려되는 집행명도

① 재침의 의미

재침은 민사집행법상 법률용어는 아니며, 강제집행이 완료된 이후에 집행을 당한 점유자가 집행장소에 침입하거나 시건장치(施鍵裝置)를 교체하는 것을 실무에서 흔히 재침이라고 표현한다. 인도명령결정문 등 집행권원(채무명의)을 얻어 집행명도를 종료하면 집행관은 집행조서를 작성하고 집행에 참여한 채권자나 그 대리인으로부터 서명날인을 받으며, 이것으로 집행은 종료되고 집행권원(판결문, 결정문)의 수명도 다하게 된다.

그러므로 집행명도를 종료한 이후에 점유자들이 재침한 경우, 더 나아가 재침한 후 점유를 제3자에게 이전했을 때에는 경우에 따라 집행권원을 다시 얻어 집행해야 하는 심각한 문제가 발생할 수 있다. 따라서 집행이 종료된 후에도 전 점유자들의 저항이 계속되거나, 계속될 우려가 예상되는 등 재침입이 의심되는 경우에는 하루 이틀 정도는 재침할 수 없도록 날을 새거나, 최소한 자주 왕래하면서 현장을 지키도록 해야 한다. 물론 재침을 하면 형법상 부동산 강제집행 효용침해죄 또는 주거침입죄 등으로 처벌을 받을 수는 있으나, 형사처분이 민사적인 해결을 수반하는 것은 아니므로 재침이 우려될 때에는 현장을 지키는 등의 방법을 마련해야 한다.

② 자력구제권과 자력탈환권

민형사상 자력구제는 원칙적으로 금지되어 있지만 부동산 점유자는 그 점유를 자력으로써 방위(자력방위권)할 수 있으며, 나아가 부정하게 침탈된 경우에는 '침탈 후 직시(直時)' 가해자를 배제하여 이를 탈환(자력탈환권)할 수 있다. 그러므로 집행명도 후에 전 점유자들이 재침을 하고자 하는 경우에는 이를 저지하며 자력으로 방위할 수 있다.

만약 재침을 당한 경우에는 즉시 재침입자를 배제하고 그 점유를 자력으로 탈환할 수도 있으나, 상당한 시간이 경과한 이후에는 자력구제를 할 수 없기 때문에 또다시 집행권원을 얻어 강제집행을 해야 한다. 따라서 이와 같은 난감하고 긴급한 상황이 발생하지 않도록 주의해야 한다.

강제집행 시 알아야 할 주요 법률 및 판례

▶ 부동산 강제집행 효용침해죄(형법 제140조의 2)

강제집행으로 명도 또는 인도된 부동산에 침입하거나 기타 방법으로 인하여 강제집행을
해한 자는 5년 이하의 징역 또는 700만 원 이하의 벌금에 처한다.

▶ 자력구제(민법 제209조)

점유자는 그 점유를 부정히 침탈 또는 방해하는 행위에 대하여 자력으로써 이를 방위할
수 있으며, 점유물이 침탈되었을 경우에 부동산일 때에는 침탈 후 직시 가해자를 배제하
여 이를 탈환할 수 있다.

▶ 직시(直時)란?

재침입 시 매수인(낙찰자)에게 자력탈환권을 인정하는 '침탈 후 직시'란 어떤 의미인지와
관련하여 대법원 판례를 보면, '객관적으로 가능한 한 신속히' 또는 '사회관념상 가해자를
배제하여 점유를 회복하는 데 필요하다고 인정되는 범위 안에서 되도록 신속히'라고 판시
하고 있다. 또한 시간적으로 "강제집행이 종료된 후 불과 2시간 이내에 자력으로 그 점유
를 탈환한 것은 민법상 점유자의 자력구제권의 행사에 해당한다"고 판시하고 있다(대법
원 판례 86다카1683호, 91다14116호).

▶ 불법점유를 이유로 하여 그 명도 또는 인도를 청구하려면 현실적으로 그 목적물을 점
유하고 있는 자를 상대로 하여야 하고, 불법점유자라고 하여도 그 물건을 다른 사람에게
인도하여 현실적으로 점유를 하고 있지 않은 이상, 그자를 상대로 한 인도 또는 명도 청구
는 부당하다(대법원 판례 70다1508호).

9 수목이 소재하는 토지 인도(명도)받기

낙찰받은 토지 지상의 수목은 종물로 보기 때문에 원칙적으로 매수인의 소유이다. 다만 수목이 타인 소유가 명백한 경우 등 매각물건명세서에 입찰 외(평가 외)로 분류한 경우에는 매수인 소유가 되지 못한다. 이 경우 법정지상권이 성립한다면 지료(토지사용료)를 받아야 하므로 별론으로 하고, 법정지상권이 성립할 수 없다면 지장물(수목) 철거와 토지인도 및 부당이득금반환 청구소송을 제기하여 승소한 후에 토지를 인도받을 수밖에 없다. 그런데 이식(利殖)의 어려움 등 수목의 특성상 단기간 내에 합의하기도 어렵고 토지를 인도받는 데 상당한 기간이 소요될 수밖에 없다.

지상에 수목이 소재하는 토지를 인도받는 실무에서 절차와 방법을 소개한다(수목 외에 다른 지장물이 있는 경우에도 대부분 이 방법을 이용할 수 있다).

① 지장물(수목) 철거와 토지인도 및 부당이득금반환 청구소송을 제기한다.
② 소장 사본과 접수증명원을 첨부하여 수목을 가압류한다.
③ 지상에 꽂을 수 있게 만든 푯말(나무판, 철판, 스테인리스판)과 테이프를 준비한다.
④ 집행현장에 푯말을 꽂고 압류물이라 쓰인 종이를 투명 테이프로 붙인다.
⑤ 승소할 때까지 이식해가지 않으면 압류하고 동산 매각

절차를 진행한다.

　⑥ 매각대금으로 소송비용과 집행비용을 충당하고 나머지 가 있으면 채무자에게 지급하거나 공탁을 한다.

이상 실무절차인데, 상당한 비용과 기간이 소요될 수밖에 없으므로 합의가 최우선이다.

⑩ 대사관 등이 점유하는 건물명도

외국 대사관이나 영사관 또는 외교관이 상주하는 사무소는 우리나라 사법권이 미치지 못하는 치외법권(治外法權) 지역이기 때문에 인도명령결정이 인용되기 어렵고, 인용된다고 하더라도 스스로 인도해주지 않는 한 현실적으로 강제집행이 불가능하다. 그러므로 외국 대사관 등이 입주해 있는 곳은 협의를 통하여 인도받을 수밖에 없으므로 이를 감안하고 입찰해야 한다. 합의가 이루어지지 않을 경우에는 임료 상당액의 부당이득금반환 청구소송을 검토해볼 수 있겠지만, 승소판결을 받는다고 해도 스스로 인도해주지 않을 때에는 역시 강제집행을 할 수 없기 때문에 협의를 통하여 해결하는 방법 이외에 다른 대안은 없다.

부동산 종류별
입지분석 및
임장 노하우

■ 입지분석

부동산에 대한 공부(公簿) 발급과 열람 및 임장활동 등을 통하여 입지분석을 할 때에는 부동산의 종별에 따라 약간은 다를 수 있겠지만, 다음 사항들을 기본적으로 확인하여야 한다. 또한 중요한 것은 물건분석에 앞서 부동산을 구입하고자 하는 주목적을 분명히 해야 한다는 점이다. 즉 취득 후 실제 소유(직접 사용 등)가 목적인지, 단기간의 전매차익이 목적인지, 장기적인 계획하에 시세 상승으로 인한 차익이 목적인지, 임대수익이 목적인지, 장기간 보유하면서 재건축 등 정비사업을 기대할 것인지, 증축 등 기타 특별한 개발행위에 목적을 두는 것인지 등 활용방법에 대한 계획이 선행되어야만 그에 부합하는 부동산을 선별하는 데 용이하다.

① 학교나 학원 등의 교육시설, 지하철이나 버스 등의 교통편의시설, 대형 할인마트, 병원이나 의원, 시장, 백화점, 관공서 등의 생활편의시설, 공원이나 호수 등 자연환경, 기타 쾌적한 환경이 조성되어 있는가, 또는 그와 같은 곳으로의 접근성 등을 확인한다.

② 공장지대로서 소음이나 공해문제는 없는지, 혐오시설이나 기피시설은 없는지, 유흥가가 밀집되어 있고 여관 등 숙박업소는 없는지 등을 파악한다.

③ 토지이용계획확인원과 지적도 등의 공부를 발급받아

도로와의 접근성이나 맹지 여부, 접도(接道)의 넓이, 지형, 국토의 계획 및 이용에 관한 법률상의 용도지역이나 용도지구 등을 파악하고, 정비사업(재개발이나 재건축 등)을 비롯해 기타 지역적인 발전 가능성은 있는지 등 입지적인 면을 감안하여 향후 환금성에 문제는 없는지 등을 필수적으로 체크해야 한다.

④ 점유자가 있거나 물건이 보관되어 있는 건물의 경우, 점유자 수와 물건의 양을 파악하는 등 명도의 난이도와 강제집행비용(접수비, 노무비, 운반비, 보관비용 등)을 예상해보고, 합의명도를 위한 이사비용 책정 시 반영한다.

2 임장활동(臨場活動)

부동산은 개별성(個別性)과 부동성(不動性)이 그 특징이기 때문에 경매뿐만 아니라 일반매매를 통하여 부동산을 매입하고자할 때에도 가장 중요하고 필수적인 사항이 바로 임장활동이다. 임장활동이란 부동산이 소재하는 현장을 방문하여 점유자나 이해관계인 및 이웃(이장)을 찾아가 탐문조사하여 보고들은 정보와 공부(公簿) 및 법원기록 등을 통하여 지득(知得)한 내용을 비교분석해보는 것을 말한다.

특히 현장을 방문했을 때 서류상으로 파악이 불가능한 내부시설의 누수문제나 기타 수리를 필요로 하는 부분과 예상되는 수리비용도 파악해보아야 한다. 또한 명도비용과 명도의 난이도 예측을 위한 점유자의 성향 파악, 주변의 유사 부동산의 실거래가격과 시장의 활성화 정도, 개발호재, 기피시설이나 혐의시설 유무 등을 상세하게 분석하여야 한다. 그리고 이 분석자료를 바탕으로 입찰가격을 결정한다.

여기서 잠깐!

임장 시 필수 확인사항

임장활동은 시간이 남아서 가보거나 품을 잡기 위하여 가는 것이 아니라, 수익을 창출하기 위하여 발품을 파는 노력이자 노동이다. 간절한 마음으로 이것만은 확인하고 와야 한다.

1. 관공서 홈페이지, 인터넷, 중개업소, 주민(지인) 등을 통하여 소재지의 호재(주거환경, 교육환경, 생활편의시설 유무, 개발 가능성, 교통 등 사회기반시설 확충)와 악재(혐오시설과 기피시설)를 파악한다. 중개업소를 방문하여 정보를 얻는 것도 중요한 수단인데, 중개업자에게 전적으로 의존하는 것은 위험하다. 유익한 정보를 얻을 수도 있지만 경쟁자가 될 수도 있으니, 대화를 하면서 취할 것은 취하고 버릴 것은 버리는 경험과 지혜가 필요하다.

2. 임장은 발품을 파는 노력이요 노동이다. 가능하면 대중교통을 이용하는 것이 도움이 되며, 승용차를 이용하는 경우에도 다소 원거리에 주차를 하고 걸어가면서 주변을 살피고, 중개업소 외에 만나는 사람마다 정보를 묻는다. 목적지까지 가는 동안 진입환경도 확인할 수 있고 입지적인 호재와 악재도 발견할 수 있기 때문이다.

3. 법원 감정가격은 참고로만 활용하고 임장활동을 통하여 실거래가격 파악에 매진하자. 아무리 강조해도 지나치지 않은 것이 실거래가격이다. 아파트 등 주거용 건물은 실거래가격 파악이 용이하지만 상업용 건물, 공장, 토지의 실거래가격 파악은 쉽지 않으므로 실제 매수인을 가장하여 탐문조사를 해보는 등 여러 곳의 중개업소를 방문하여 얻은 가격정보를 비교해보고, 주민을 만나 가격정보를 얻는 것도 유익한 방법이다. 국토교통부 홈페이지에서 제공하는 인근 유사 물건의 실거래가격을 확인하고 참고하는 것도 잊어서는 안 된다. 경매는 매매가격보다 저렴하다는 이유가 가장 큰 장점이므로, 시세 파악에 실패한다면 경매로 취득하는 것이 무의미할 수 있다는 점을 명심하자.

단독주택
(다가구주택,
다중주택)

1 토지이용계획확인원을 발급받아 용도지역을 파악해야 하고 일반주거지역일 경우 종세분화(1종은 4층 이하의 건축이 가능하고 용적률 100% 이상 200% 이하, 2종은 150% 이상 250% 이하의 건축이 가능하고, 3종은 원칙적으로 층수의 제한은 없고 용적률은 200% 이상 300% 이하가 적용된다. 세부적인 사항은 지방자치단체의 조례로 정한다)를 확인해야 한다. 이를 통하여 건폐율과 용적률을 파악하고, 지적도를 발급받아 지형(땅의 모양새)도 확인할 필요가 있다.

2 공부를 발급받아 준공연도와 위반건축물 여부, 증축이나 정비사업(재건축과 재개발 등)을 할 때 중요한 접도의 넓이, 리모델링 가능성, 해당 지역의 개발 가능성을 체크한다.

3 임대수익을 기대한다면 역세권이나 대학가 주변 및 고시촌 등이 유리하다.

4 주택가인 점을 감안하여 유흥업소가 많은 곳, 우범지역, 혐오시설이나 기피시설 등이 있는 곳은 피하고, 기타 교육환경과 대중교통이나 생활편의시설 접근성 등을 확인한다.

5 반드시 임장활동을 통하여 수리를 요하는 부분과 기본적인 수리비용, 명도대상 인원이나 그 난이도 등을 파악하여 입찰가격 결정에 반영하여야 한다. 임장활동을 통해서 수리비용의 파악이 어려운 경우에는 목측으로 추정해볼 수도 있고, 그 상태에 따라 매각가격의 3% 내지 5% 정도의 수리비용을 감안한다.

1 공동주택은 일반적으로 단지 규모가 크면 클수록 가격적인 면이나 환금성 면에서 경쟁력이 우수하며, 기타 부대 복리시설, 편의시설 면에서도 유익하다. 특히 아파트의 경우 일명 '나 홀로 아파트'는 피하는 것이 좋고, 최소 300세대 이상의 단지가 환금성 면에서 유익하다.

2 공동주택은 대지 지분이 넓은 것을 선택한다. 준공된 지 오래된 공동주택일수록 재건축 등 정비사업을 할 가능성이 높은데, 대지 지분은 전용면적의 100% 이상이면 상당히 넓은 편에 속하고 80% 정도만 되어도 넓은 편이다.

3 아파트의 경우 복도식인지 계단식인지를 파악할 필요가 있다. 일반적으로 계단식 아파트가 복도식보다는 전용면적이 넓고 상대적으로 소음이 적어 선호도가 높고, 가격적인 면에서 우위다. 그리고 전통적으로 동, 층, 향 등을 중요시(이른바 로열층이라고 부르며, 남향과 중간층 이상의 고층을 선호)하지만 최근에는 아파트 브랜드에 따라 가격 차이도 발생하고, 조망권(眺望權)이 더 중요시되고 있는데 강과 산이 대표적이다.

4 주차대수 등 주차시설과 차량출입 용이성, 접도의 넓이, 고속도로나 자동차 전용도로 이용과 진출입이 용이한지 등을 확인한다.

5 준공연도와 건물의 상태 등을 확인해보고, 정비사업의 가능성이 있거나 입소문이 돌고 있다면 해당 시·군·구청을 방문하여 사업 진행사항을 확인하며, 주민이나 입주자 및 중개

업소의 의견이나 동향도 파악해야 한다.

6 건축물대장을 발급받아 분양면적(전용면적 및 공유면적)을 확인하고, 월평균 관리비와 과다징수 문제, 연체관리비는 없는지 확인한다. 전 소유자의 연체관리비와 관련하여 전용부분을 제외한 공용부분의 관리비는 매수인 등 그 특별승계인이 인수해야 한다는 것이 대법원 판례이다(2001다8677호).

공용부분 관리비

공용부분의 관리비는 인건비 등 일반관리비, 장부기장료, 경비비, 승강기 유지보수비(수선유지비), 청소비, 소독비, 위탁관리 수수료, 화재보험료 등으로 전체 관리비의 60~70% 정도이다. 특히 연체관리비가 전액 정산되지 않을 경우에는 관리사무소에서 입주를 못 하게 하는 등 애로가 발생할 소지가 다분하므로 주의해야 한다. 관리사무소를 직영하는 아파트 단지는 대법원 판례를 제시하는 등의 방법으로 수월하게 설득할 수 있지만, 용역업체에서 관리하는 경우에는 설득하기 쉽지 않다.

근린생활시설
(상가건물, 빌딩)

1 도시계획확인원을 발급받아 용도지역 등을 파악하고, 관할 행정기관을 방문하여 건폐율이나 용적률 등을 확인해본다.

2 지적도를 발급받아 접도의 넓이나 지형을 확인해본다. 일반적으로 선호하는 지형은 가장형, 정방형이다.

3 차량 진출입의 편리성 유무와 주차대수를 알아본다.

4 투자금액 대비 예상 임대수익률이 중요하고, 중개업소 등을 탐문하여 주변 임대시세와 임대수요 및 공실률을 알아보는 것도 필수이다. 임대수요는 사무실이 밀집되어 있는 역세권과 대학가나 관공서 주변의 먹자골목이 높다.

5 상가 등의 배후에 대형 아파트 단지, 다세대주택과 연립주택이 많을수록 상권 형성에 유익하여 임대수요가 창출된다.

주유소

1 주유소에 입찰하고자 하는 경우에는 무엇보다도 토지와 건물 외에 주유기, 지하 유류탱크, 캐노피(canopy) 등 부대시설이 감정가격에 포함되어 있지 않으면 추가로 매입비용이 소요될 수 있고, 매각(낙찰)이 불허가될 소지도 있으므로 주의한다. 최근 캐노피 시설은 주유원이나 주유기, 기타 시설물에 대하여 비나 햇빛으로부터 보호해주는 기능 외에 패션화, 조형화, 고층화되면서 주유소의 이미지 결정(얼굴 역할)에 중요한 요소로 작용하고 있으므로 이를 감안할 필요가 있다.

2 휴일을 포함하여 요일별로 차량의 통행량을 체크해보는 것은 기본이며, 주유를 위한 입지나 레이아웃 형태가 차량 진출입에 용이한 구조인지 파악해야 한다. 차량의 통행량을 체크할 때는 버스나 택시 등 영업용 차량은 고정 거래처에서 주유하는 것이 일반적이므로 제외하는 것이 좋은데, 1일 통행량은 최소 500대 정도이면 무난한 편이고, 그 이상 1,000대 정도에 이른다면 통행량이 많은 편에 속한다고 볼 수 있다.

3 주유소의 임장활동 시에 또 하나 중요한 것은 주유소 소재지 방향 후미의 일정 거리 뒤에서 운전자의 가시성(可視性)이 양호한가를 반드시 확인하는 것이며, 맞은편 도로에서 진출입이 가능한지도 확인해보는 세심함이 필요하다.

공장

1 공장저당법에 의하여 진행되는 공장 경매의 키포인트는 내부에 있는 기계기구의 감정가격 비율과 기계기구의 실질적인 사용가치를 파악하는 것이다. 그러나 공장이 폐문되어 있거나 운영이 중단된 곳이 많기 때문에 기계기구의 가치와 현존 여부 및 현황(상태)을 파악하기란 매우 어렵다. 실존하는 기계기구조차 고가의 중요부품 등이 소재불명인 경우가 많으므로 해당 기계기구를 목측으로 감정할 수 있는 전문가와 동행하거나, 기계기구를 직접 활용할 것이 아니라면 전체 감정가격에서 기계기구의 감정가격을 공제한 금액을 기준으로 저감

된 비율을 감안하여 입찰해야 실수할 위험이 없다.

2 국도나 지방도로, 고속도로 등의 접근성을 파악하여 물류비용이 과다하게 지출되지 않는 곳을 선택해야 하며, 원활한 인력수급이 가능한 지역인지도 파악해야 한다. 특히 주의할 것은 공로(公路)에서 공장까지 진입로가 사도(私道)일 수도 있으므로, 입지나 지형상으로 보아 의심 가는 부분이 있다면 지적도와 등기부등본을 발급받아 확인해야 한다.

3 공장은 전기요금이나 수도요금이 과다하게 연체되어 있을 수 있으므로, 연체된 공과금 파악도 중요하다. 만약 단전이나 단수가 된 곳이라면 새로이 연결하는 데 필요한 비용 등도 파악해야 한다. 공장부지에 다량의 폐기물 등이 방치되어 있는 경우에는 이를 치우는 데 필요한 비용이 상당할 수 있으므로 그 예상비용도 입찰가격 결정에 반영하여야 한다.

4 공장을 낙찰받아 기존 업종이 아닌 업종전환을 고려하는 경우에는 업종별 인허가조건이나 업종제한은 없는지, 용도변경은 가능한지 사전에 파악해두도록 한다.

공과금 인수 불가

전 소유자가 연체한 전기요금과 수도요금은 원칙적으로 신 소유자에게 승계되지 않는다.

1. 한국전력공사의 전기공급규정에 신 수용가가 구 수용가의 체납전기요금을 승계하도록 규정되어 있다고 해도, 이는 공사 내부의 업무처리지침을 정한 데 불과할 뿐이다. 따라서 국민에 대하여 일반적 구속력을 갖는 법규로서의 효력은 없으므로, 수용가가 위 규정에 동의하여 계약의 내용으로 된 경우에만 효력이 생긴다.

2. 수도법 제17조의 규정에 의하여 제정된 시의 수도 급수조례에 급수장치에 관한 권리의무는 당해 급수장치가 설치된 건물 또는 토지의 처분에 부수하며, 급수장치에 관한 소유 또는 관리권을 취득한 자는 이 조례에 의하여 그 취득 전에 발생한 의무에 대하여도 이를 승계한다고 규정되어 있다. 그러나 위 규정은 급수장치에 관한 권리의무의 승계에 관한 것으로서, 건물의 구 소유자의 체납 수도요금 납부의무가 건물에 대한 소유권을 취득하였다는 것만으로 신 소유자에게 승계된다고 할 수 없다(대법원 판례 92다16669호).

나대지

1 토지이용계획확인원과 지적도를 발급받아 용도지역, 건폐율, 용적률, 진입로 및 접도 문제, 지형 등을 파악한다.

2 현장답사 시에는 지적도를 지참하고, 탐문 등을 통하여 개략적인 나대지의 위치를 살펴보면서 동 지상에 무허가건물이나 기타 정착물, 공작물은 없는지 파악하고, 사후에 토지를 인도받는 데 애로사항이나 비용이 소요될 수 있는지 확인한다.

3 활용하고자 하는 용도에 적합한지 용도지역과 면적 등을 최종적으로 확인해야 한다. 낙찰받은 경우에는 즉시 지적공

사에 현황측량(경계복원측량)을 신청하여 그동안 지득한 지적사항이나 공부상의 지적도와 일치하는지 확인하고, 면적이 부족하다든가 감정평가내용과 상이한 부분이 있다면 그 정도에 따라 매각불허가를 신청하는 등으로 대응해야만 불이익을 피할 수 있다.

임야

1 임야를 낙찰받아 어떤 용도로 활용하고자 하는지를 결정하는 것이 매우 중요하다.

2 공로와 연결되는 도로가 개설되어 있는지 확인한다. 만약 진입도로가 없다면 개설 가능성은 있는지와 개설하는 데 소요될 예상비용을 파악하고, 전기와 수도의 인입시설에 소요될 비용을 산정해 입찰가격에 반영해야 한다.

3 국토의 계획 및 이용에 관한 법률상 개발행위 가능성과 형질변경과 지목변경 및 분할은 가능한지 여부 등을 확인해야 한다.

4 임야도를 발급받아 현장을 답사하여 지형이나 경사의 정도와 지상에 분묘나 기타 지장물은 없는지 확인해야 한다.

5 규모가 있는 임야라면 낙찰받았을 경우 개발행위를 위하여 분할이나 형질변경은 가능한지와 대체 산림자원 조성비(대체조림비)는 어느 정도 납부해야 하는지 확인한다.

최고가 매수신고인이 된 이후에는 매각허가결정이 있기 전까지 현황(경계복원)측량을 실시하여 경계를 확인하고, 입찰 전에 파악한 임야도나 감정평가서 등의 내용과 동일한지 여부를 반드시 확인해야 하며, 면적이 부족한 경우 사정 변경이 심각할 때에는 매각불허가를 신청하는 등으로 대응해야만 예측하지 못한 손해를 예방할 수 있다.

여기서 잠깐!

형질변경과 대체 산림자원 조성비

형질변경이란 경작을 위한 행위 이외의 절토, 성토, 정지, 포장 등의 방법으로 토지의 형상을 변경하는 행위와 공유수면을 매립하는 행위를 말하며, 개발행위허가를 받아야 한다. 대체 산림자원 조성비(산지전용부담금과 대체조림비)란 산림(임야)을 타 목적으로 사용하기 위해 형질변경허가를 받은 경우에 그 면적과 같은 면적의 산림조성에 소요되는 비용이다. 이 비용은 매년 단위면적당 금액을 달리하여 산림청에서 고시하는 금액에 공시지가를 더한 금액의 1%이다.

농지
(전, 답, 과수원)

1 농지는 원칙적으로 본인의 농업경영에 이용하거나 이용할 자가 아니면 취득할 수가 없으므로, 농지 입찰에는 소유권이전이 가능한지 여부와 농지취득자격증명서를 발급받아 매각(낙찰)허가결정기일까지 제출할 수 있는지를 파악해야 한다.

2 그 외에 농지를 취득하여 농사를 지을 것인지, 개발을 할 것인지 등 그 목적을 확실하게 정해야 하고, 도로와의 접근성,

형질변경(농지전용허가) 등 개발행위 가능성, 전기나 수도 인입 시설의 용이성, 지적분할 문제, 농지보전부담금(농지전용부담금 +대체농지조성비) 등 전기(前記)한 임야의 물건분석과 유사한 분석이 이루어진 후에 입찰 여부를 결정하도록 한다. 농지보전 부담금은 공시지가의 30%이다.

농지취득자격증명 신청절차

1. 경매와 농지

경매를 통하여 농지(전, 답, 과수원)이거나 현황상 실질적으로 농지로 사용되고 있는 토지를 취득하고자 할 경우에는 농지취득자격증명서를 발급받아 집행법원에 제출해야 매각허가결정을 받을 수 있다. 만약 최고가 매수신고인이 매각허가결정기일까지 농지취득자격증명서를 제출하지 못하는 경우에는 매각(낙찰)이 불허가되고, 새로운 매각(경매)기일을 지정하여 경매를 다시 실시하게 된다. 이때 최고가 매수신고인이 제출했던 입찰보증금은 대부분의 법원이 반환을 해주지 않으므로 상당히 주의해야 한다.

2. 농지취득자격증명(이하 농취증) 신청절차

① 최고가 매수신고인이 되기 이전에는 농취증을 발급받을 수 없고, 농취증 발급에 필요한 처리기간은 신청한 날로부터 4일이므로 매각허가결정기일까지 집행법원 경매계에 농취증을 제출하기가 쉽지 않다. 그러므로 사전에 관할 읍·면사무소 시민봉사실이나 농지과 등 관련부서를 방문하여 농취증 발급절차와 입찰예정자의 인적사항을 알려주고, 농취증 발급이 가능한가에 대한 상담이 선행되어야 한다(통작거리는 폐지되었다).

② 농지법상 농지 취득의 최소면적은 1,000㎡ 이상이어야 하므로 입찰 전에 농취증 발급이 가능한 면적인지 확인한다. 다만 주말농장이나 체험영농(농업인이 아닌 개인이 주말 등을 이용하여 취미 또는 여가활동으로 농작물을 경작하거나 다년성 식물을 재배하는 일)을 위하여 취득하는 것이 목적인 경우에는 1,000㎡ 미만도 가능하며, 이 경우에는 농업경영계획서 작성 없이도 농취증 발급신청이 가능하다.

③ 매각기일에 최고가 매수신고인이 되면, 즉시 집행관으로부터 최고가 매수신고인증명서를 교부받는다.

④ 관할 읍·면사무소를 방문하여 비치된 농지취득자격증명 발급신청서와 농업경영계획서(영농계획서)를 작성하여 농지과나 산업계 등 관련부서에 접수한다.

⑤ 농취증 발급신청서가 접수되면 농지과나 산업계 등 관련부서에서 검토(필요한 경우 현지조사 실시)에 들어가는데, 특별한 경우 외에는 동 증명서를 발급해주며 농취증을 발급받으면 매각결정기일까지 법원 경매계에 제출한다.

경매의 정도

1판 1쇄 발행 2018년 1월 29일
1판 2쇄 발행 2023년 4월 15일

글 김부철(지지옥션 법무팀장)
편집 강은
발행 지지옥션
발행인 강명주
기획·마케팅 이창동

디자인 ALL design group
인쇄 올인피앤비

전화 02-711-9114
등록일자 2010년 4월 16일 제2008-000021호
주소 서울 용산구 청파로 49길3, 지지옥션빌딩 7층
ISBN 979-11-959514-1-3 03320
가격 16,700원

ⓒ 지지옥션 2018, Printed in Korea.